工程项目经济分析

周锦安　曹玉贵　编著

黄河水利出版社
·郑州·

内 容 提 要

本书较为全面地阐述了工程项目经济分析，主要内容包括：工程项目经济分析基础、工程项目现金流量估算、工程项目融资分析、工程项目财务分析、工程项目费用效益分析、工程项目不确定性分析和工程项目价值工程分析等。

本书在理论和方法上强调先进性，内容上注重实用性，既可作为大专院校相关专业师生的教学及参考用书，也可作为工程项目投资管理和相关人员的理论研究及实际工作的参考用书。

图书在版编目(CIP)数据

工程项目经济分析/周锦安，曹玉贵编著.—郑州：黄河水利出版社，2011.8

ISBN 978-7-5509-0103-2

Ⅰ.①工… Ⅱ.①周… ②曹… Ⅲ.①工程项目经济分析 Ⅳ.①F403.7

中国版本图书馆 CIP 数据核字(2011)第 171662 号

组稿编辑：王路平　电话：0371-66022212　E-mail：hhslwlp@126.com

出 版 社：黄河水利出版社

地址：河南省郑州市顺河路黄委会综合楼14层　邮政编码：450003

发行单位：黄河水利出版社

发行部电话：0371-66026940、66020550、66028024、66022620(传真)

E-mail：hhslcbs@126.com

承印单位：河南地质彩色印刷厂

开本：787 mm×1092 mm　1/16

印张：11

字数：254 千字　印数：1—2 000

版次：2011 年 8 月第 1 版　印次：2011 年 8 月第 1 次印刷

定价：29.00 元

前　言

工程项目的建设过程不仅要研究技术问题，而且要研究经济问题。工程项目经济分析贯穿于工程项目的始终，是工程技术人员进行可行性研究必须考虑的重要内容。通过对工程项目进行经济分析，可以有效地避免投资决策失误，提高工程项目的经济效益和社会效益。

本书根据我国实际情况和作者多年的教学及实践经验，在吸收国内外相关理论方法的基础上，对工程项目经济进行了深入系统的分析。全书共7章，分别介绍了工程项目经济分析基础、工程项目现金流量估算、工程项目融资分析、工程项目财务分析、工程项目费用效益分析、工程项目不确定性分析和工程项目价值工程分析等内容。本书有两大特点：一是强调理论和方法的先进性。为使本书能够全面反映工程项目经济分析的最新发展，作者不仅广泛参考了国内外这一领域研究的新内容和新方法，而且把多年来在相关方面的最新研究成果也融入其中。二是注重内容的实用性。本书在突出理论性的同时，特别注意理论与实践的联系，强调理论的实践背景以及对于实践的指导意义，突出各种分析方法的实用性和可操作性。

本书由周锦安和曹玉贵共同编写，具体编写分工如下：第1章、第2章、第5章和第7章由周锦安编写；第3章、第4章和第6章由曹玉贵编写。

在本书的编写过程中，作者参考了国内外相关文献，吸收了一些最新研究成果，由于篇幅的限制，虽然在参考文献中已经作了注释，但难免存在遗漏，在此对相关文献和研究成果的作者一并表示衷心的感谢！

由于时间仓促，加之作者自身的学识水平和实践经验有限，本书不可避免地存在不妥、不足，甚至错误之处，诚挚地希望读者批评指正，以便再版时修改完善。

编著者

2011年6月

目 录

第 1 章　工程项目经济分析基础

1.1　资金时间价值

1.1.1　资金时间价值概念

资金时间价值理论于 20 世纪 50 年代开始在西方国家得到广泛应用。我国自改革开放以来,也开始广泛接受并应用资金时间价值理论,目前其在我国经济建设中发挥着不可忽视的作用。

资金时间价值又称为货币的时间价值,是指货币经过一定时间的投资和再投资后所增加的价值。一定量的资金在不同的时点上具有不同的价值。

从定义可以看出,货币只有在投资的条件下经过一定的时间才能增值。比如,我们现将 10 万元存入银行,若银行存款年利率是 1%,则这 10 万元经过一年时间的投资增加了 0.1 万元,这 0.1 万元的利息就是资金的时间价值;再如,将这 10 万元对企业进行生产投资,通过购买原材料、生产产品、销售产品等一系列生产经营活动,企业生产出新的产品,获得了利润,实现了资金的增值,这里的利润就是资金的时间价值。然而,如果这 10 万元既不存入银行,也不进行其他投资,仅仅把它放在家里,放的时间再长也不会发生增值。也就是说,资金只有在周转使用过程中才会产生时间价值。

那么,资金时间价值是如何衡量的呢?

衡量资金时间价值的尺度有两种:一是绝对尺度,即利息或利润等;二是相对尺度,即利率或利润率。从量的规定性来看,资金时间价值相当于没有风险和没有通货膨胀条件下的社会平均资金利润率。在投资某项目时,若预期报酬率低于社会平均利润率,企业将无利可图,会放弃投资。因此,资金时间价值是评价企业投资方案的基本标准。例如,某项目的预计年投资报酬率是 13%,若银行贷款年利率是 14%,则该项目投资不可取。

1.1.2　资金等值计算

由于资金具有时间价值,同等金额的资金在不同时点上是不等值的,而不同时点上发生的金额不等的资金可能具有相等的价值。例如,2008 年的 100 元和 2011 年的 100 元是不等值的,在年利率为 1% 的情况下,今年的 100 元和明年的 101 元是等值的。

所谓资金等值计算,是指在理想资本市场条件下,将某一时点的资金按照一定的利率折算成与之等价的另一时点的资金的计算过程。为了计算方便,假定资金的流入和流出是在某一时间(通常为一年)的期末进行的。

1.1.2.1　单利终值和现值的计算

单利(Simple Interest)是计算利息的一种方式,在该方式下,只有本金能带来利息,利息必须在提取以后再以本金的形式投入才能生利，否则不能生利。

1. 单利终值的计算

终值(Future Value)就是本利和，是指若干期以后包括本金和利息在内的未来价值。

单利终值是指在利率为 i 的条件下，现值 P 与按单利计算的利息之和。其计算公式为：

$$F = P(1 + ni) \tag{1-1}$$

式中 F——终值；

P——现值；

i——利率；

n——计息期数。

【例 1-1】 某企业从银行获得一笔金额为 5 000 元的贷款，期限 3 年，贷款年利率为 1%，按单利计息，到期一次还本付息，则该企业到期应归还多少钱？

解：$F = P(1 + ni) = 5\,000 \times (1 + 3 \times 1\%) = 5\,150$(元)

2. 单利现值的计算

现值(Present Value)是指未来的一笔钱或一系列收付款项，按给定的利息率计算得到的现在价值。由终值求现值的过程称为贴现或折现。

单利现值是指在年利率为 i 的条件下，以后某期的资金即终值 F 按单利方式折算到现在的价值。其计算公式为：

$$P = F(1 + ni)^{-1} \tag{1-2}$$

【例 1-2】 某企业 5 年后需要一笔 100 万元的款项，若 5 年期存款年利率为 9%，在单利计息方式下，该企业现在需一次存入多少钱？

解：$P = F(1 + ni)^{-1} = 100 \times (1 + 5 \times 9\%)^{-1} = 68.97$(万元)

1.1.2.2　复利终值计算

复利(Compound Interest)是计算利息的另一种方式。在该方式下，不仅本金能带来利息，利息也能生息，俗称“利滚利”。

1. 一次支付终值

假设现在有一笔资金 P，按年利率 i 进行投资，则 n 年后的终值 F 为：

$$F = P(1 + i)^n \tag{1-3}$$

式(1-3)表示在年利率为 i 的条件下，终值 F 与现值 P 之间的等值关系。其中，系数 $(1 + i)^n$ 为一次支付终值系数或复利终值系数，用符号 $(F/P, i, n)$ 表示，在实际应用中，可根据已知的 i 和 n 查阅按不同年利率和期数编制的复利终值系数表。

【例 1-3】 某企业为建造某工程项目，向银行贷款 100 万元，贷款年利率为 7%，4 年后一次还本付息，则 4 年后应归还的金额是多少？

解：4 年后应偿还的金额为：

$$F = P(1 + i)^n = 100 \times (F/P, 7\%, 4) = 100 \times 1.310\,8 = 131.08\text{(万元)}$$

2. 等额支付年金终值

投资项目的现金流量可能集中在某个时点上一次支付，也可能在多个时点上发生，现金流量的大小可能相等，也可能不相等。等额系列现金流量是指现金流量序列是连续的，且数额是相等的，即年金。根据年金每次收付发生的时点不同，可将年金分为：

(1)每期期末等额收款或付款的年金,称为后付年金,即普通年金。

(2)每期期初等额收款或付款的年金,称为先付年金。

(3)距今若干期以后发生的每期期末等额收款或付款的年金,称为递延年金。

(4)无限期连续收款或付款的年金,称为永续年金。

除非特别说明,下面所涉及的年金均为后付年金。年金(Annuity)简写为 A。

等额支付年金终值如同等额零存整取的本利和。例如,从现在开始,每期期末等额存入一笔资金 A,若年利率为 i, 连续存入 n 期,n 期末时的终值之和就是等额支付年金的终值(见图 1-1)。

图 1-1　等额支付年金终值示意图

从图 1-1 可知年金终值即复利终值之和。n 期年金终值为:

$$F = A + A(1+i)^1 + A(1+i)^2 + \cdots + A(1+i)^{n-1} \tag{1-4}$$

式(1-4)两边同乘以$(1+i)$,得:

$$(1+i)F = A(1+i)^1 + A(1+i)^2 + A(1+i)^3 + \cdots + A(1+i)^n \tag{1-5}$$

用式(1-5)减式(1-4),得$(1+i)F - F = A(1+i)^n - A$,即:

$$F = A\frac{(1+i)^n - 1}{i} \tag{1-6}$$

其中,$\frac{(1+i)^n - 1}{i}$称为等额支付终值系数或年金终值系数,用符号$(F/A,i,n)$表示,在实际应用中,为方便计算,可直接查阅年金终值系数表。

【例 1-4】　某人为孩子上大学储备资金,每年年末存入银行 3 000 元,若存款年利率为 10%,每年复利计息一次,连续存 20 年可以得到多少资金?

解:$F = A\frac{(1+i)^n - 1}{i} = A(F/A,i,n)$

$= 3\,000 \times (F/A,10\%,20) = 3\,000 \times 57.275\,0 = 171\,825$(元)

3. 等额支付偿债基金

为筹措将来的一笔资金 F,每年应存储多少资金 A,即已知终值 F,求与之等价的等额年值 A,是等额支付年金终值的逆运算。其计算公式为:

$$A = F\frac{1}{(F/A,i,n)} = F\frac{i}{(1+i)^n - 1} \tag{1-7}$$

其中,$\frac{i}{(1+i)^n - 1}$称为等额支付偿债基金系数,用符号$(A/F,i,n)$表示。

【例1-5】 某人打算在5年后还清一笔100 000元的债务,假设年利率为5%,从现在起他每年年末应等额存入银行多少金额?

解:$A=F\frac{i}{(1+i)^n-1}=100\ 000\times\frac{1}{(F/A,5\%,5)}=100\ 000\times(A/F,5\%,5)$

$=100\ 000\times0.181\ 0=18\ 100$(元)

1.1.2.3 复利现值计算

1. 一次支付现值

这是已知终值F、利率i及周期数n,求现值P,是一次支付终值计算的逆运算,其计算公式为:

$$P=F(1+i)^{-n} \tag{1-8}$$

其中,系数$(1+i)^{-n}$为一次支付现值系数或复利现值系数,用符号$(P/F,i,n)$表示,在实际应用中,可查阅附表。

【例1-6】 某项投资5年后可获利40万元,假设投资报酬率为10%,则现在应投入多少资金?

解:已知终值F,求与之等价的现值P,即:

$$P=40\times(1+10\%)^{-5}=40\times(P/F,10\%,5)$$
$$=40\times0.620\ 9=24.836(万元)$$

2. 等额支付年金现值

如果每年末等额收入或支出年金A,求n年内每年末等额收入或支出年金的现值之和,这就属于等额支付年金现值问题,也就是已知A、i、n,求P。

如图1-2所示,现值P等于将每期末取得的年金A按复利折算到0时点的复利现值之和。

$$P=A(1+i)^{-1}+A(1+i)^{-2}+\cdots+A(1+i)^{-n} \tag{1-9}$$

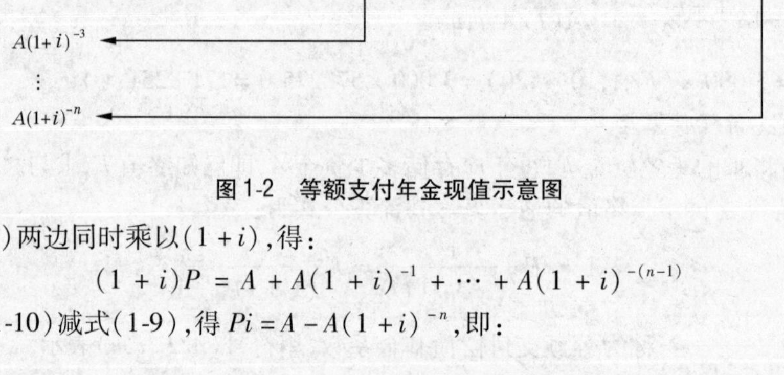

图1-2　等额支付年金现值示意图

式(1-9)两边同时乘以$(1+i)$,得:

$$(1+i)P=A+A(1+i)^{-1}+\cdots+A(1+i)^{-(n-1)} \tag{1-10}$$

用式(1-10)减式(1-9),得$Pi=A-A(1+i)^{-n}$,即:

$$P = A\frac{1-(1+i)^{-n}}{i} \tag{1-11}$$

其中，$\frac{1-(1+i)^{-n}}{i}$为等额支付现值系数，用符号$(P/A,i,n)$表示。在实际应用中，可查阅年金现值系数表。

【例1-7】 某投资项目当年建成投产，寿命5年，预期每年净收益为20万元，按7%的折现率计算，恰好能在寿命期内把期初投资全部收回，问企业现在能接受的投资额是多少？

解：根据等额支付现值计算公式，该工程期初投资P为：

$$P = A\frac{1-(1+i)^{-n}}{i} = A(P/A,i,n)$$
$$= 20\times(P/A,7\%,5) = 20\times 4.1002 = 82.004(\text{万元})$$

3. 等额支付资金回收

等额支付资金回收计算是等额支付现值计算的逆运算，即已知现值P、年利率i和计算期n，求与之等价的等额年值A，其计算公式为：

$$A = P(A/P,i,n) = P\frac{i}{1-(1+i)^{-n}} \tag{1-12}$$

其中，$\frac{i}{1-(1+i)^{-n}}$为等额支付资金回收系数，用符号$(A/P,i,n)$表示。这是一个重要系数，在对投资项目进行评价时，它表示在考虑资金时间价值的条件下，对于项目初始投资，在项目寿命内每年至少回收的资金额。

【例1-8】 若投资某个期限为10年的工程项目，以8%的年利率借入10万元资金，那么每年应至少回收多少资金才可行？

解：$A = P\frac{1}{(P/A,i,n)} = 10\times(A/P,8\%,10) = 10\times 0.1490 = 1.490(\text{万元})$

1.2　工程项目现金流量

1.2.1　工程项目现金流量概念

进行工程项目经济分析，首先必须掌握工程项目各年的现金流量状况。这里所说的现金流量是指长期工程项目从筹建、设计、施工、正式投产使用直至报废清理的整个期间内形成的现金流入量与流出量。其中，现金是指货币资本，它包括纸币、硬币、汇票和银行存款等；现金流入量与流出量之间的差额，称为净现金流量。因此，现金流量又是现金流入量、现金流出量和净现金流量的统称，人们也常将现金流量简称为现金流。

1.2.1.1　现金流入量(CI)

现金流入量指在工程项目研究期内每年实际发生的现金流入，包括年销售收入、固定资产报废时回收的残值以及期末收回的垫支的流动资金等。第j年的现金流入量用CI_j表示。

1.2.1.2 现金流出量(CO)

现金流出量指在工程项目研究期内每年实际发生的现金流出,包括企业的初始固定资产投资、垫支的流动资金、销售税金及附加、年经营成本等。第 j 年的现金流出量用 CO_j 表示。

1.2.1.3 净现金流量(NCF)

净现金流量用公式表示为:

$$NCF_j = CI_j - CO_j \tag{1-13}$$

现金流量具有较大的综合性,可据以正确评价各工程项目的综合经济效益。因此,具体估算各个工程项目形成的现金流入和流出的数量、时间以及逐年的净现金流量,是正确评价项目投资效益的一个必要条件。如果对其估计不够准确,判断势必会出现偏差,这样,不仅难以达到有效地运用资本的目的,而且可能导致投资决策上的失误。

为了更好地理解现金流量的概念,可以画出现金流量图。一般情况下,习惯上将工程项目的现金流入量或现金流出量视为期末发生的。现金流量图就是将研究期内各现金流入、流出的数量及发生的时间用数轴的形式来表示,时间点 0 表示资金运动的起始点或研究的某一基准点,如图 1-3 所示。

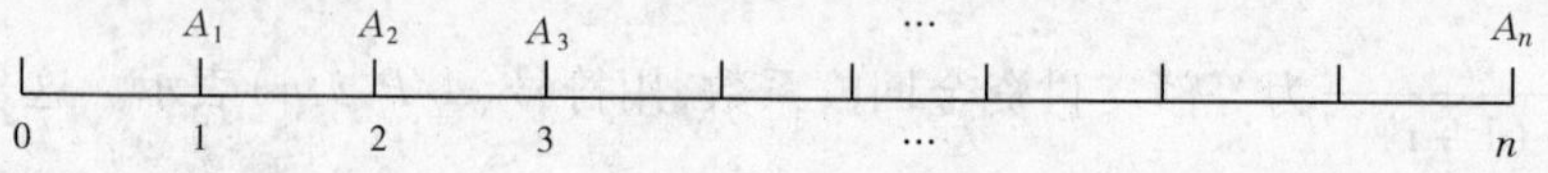

图 1-3 现金流量图

图 1-3 中数轴表示一个从 0 开始到 n 的时间序列,每一个刻度表示一个时间单位或一个计息期(单位可以是年、半年、季或月等),从 1 到 n 分别表示各计息期的终点。时间坐标垂直线上方数据 A_i($i=1,2,\cdots,n$)表示各期现金流量的大小。必要时,可以用箭头方向表示现金流的方向,向上表示流入,向下表示流出。

1.2.2 工程项目现金流量计算

1.2.2.1 工程项目计算期间

工程项目计算期间是计算现金流量时必须考虑的基本因素。按时间划分,一个工程项目通常分为建设期和运营期(或经营期、使用期)两个阶段,这两个时期之和是项目的计算期,也称项目寿命期。运营期又分为试产期和达产期(完全达到设计生产能力期)两个阶段。试产期是指工程项目投入生产,但生产能力尚未完全达到设计能力时的过渡阶段。达产期是指生产能力达到设计水平后的时间段。运营期需要根据工程项目主要设备的经济使用寿命确定。

项目计算期、建设期和运营期之间的关系用式(1-14)表示:

$$\text{项目计算期} = \text{建设期} + \text{运营期} \tag{1-14}$$

图 1-4 为工程项目计算期构成示意图。

【例 1-9】 某企业拟投资建立一个工程项目,在建设起点开始投资,经过 2 年后投产,试产期为 1 年,工程项目中主要固定资产的预计使用寿命是 10 年。根据上述资料,计算项目各期间指标。

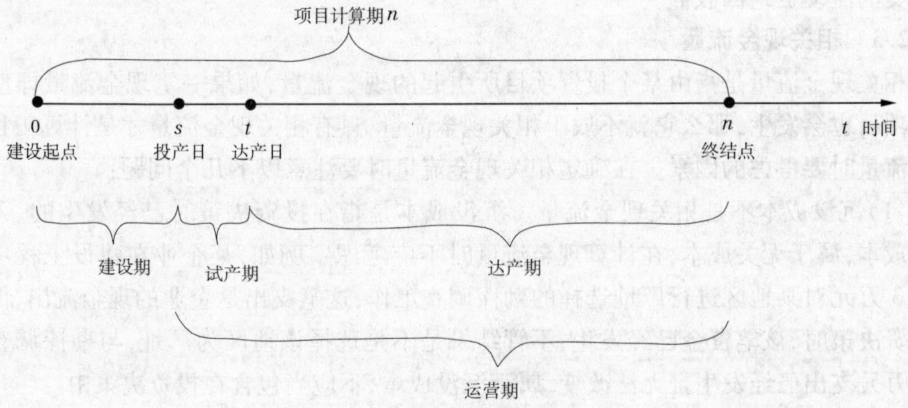

图 1-4　工程项目计算期构成示意图

解: 建设期 = 2 年

运营期 = 10 年

达产期 = 10 − 1 = 9(年)

项目计算期 = 2 + 10 = 12(年)

1.2.2.2　项目现金流量的组成部分

1. 初始现金流量

初始现金流量是投资时发生的现金流量,通常包括投资在固定资产上的资金和垫支的流动资金两个部分。其中,垫支的流动资金一般将在项目终结时全部收回。这部分初始现金流量不受所得税的影响,通常为现金流出量。用公式表示为:

$$初始现金流量 = 投资在固定资产上的资金 + 垫支的流动资金 \tag{1-15}$$

需要注意的是,若投资在固定资产上的资金是以企业原有的旧设备进行投资的,在计算现金流量时,应以设备的变现价值作为其现金流出量,并要考虑由此造成的所得税影响因素。用公式表示为:

$$\begin{aligned}初始现金流量 = {} & 投资在流动资产上的资金 + 设备的变现价值 - \\ & (设备的变现价值 - 账面价值) \times 所得税税率\end{aligned} \tag{1-16}$$

2. 营业现金流量

营业现金流量是指项目投入使用后,因生产经营活动在项目使用寿命周期内产生的现金流入量和流出量。其中,现金流入量指营业现金收入,现金流出量指营业现金支出和缴纳的税金。假设年营业收入均为现金收入,扣除折旧后的营业成本均为现金支出,也就是付现成本,那么每年的营业现金流量可以表示为:

$$\begin{aligned}年营业现金流量 &= 现金流入量 - 现金流出量 \\ &= 年营业现金收入 - 付现成本 - 相关税金 \\ &= 年营业现金收入 - 付现成本 - (年营业现金收入 - 付现成本 - 折旧) \times 税率 \\ &= (年营业现金收入 - 付现成本 - 折旧) \times (1 - 税率) + 折旧 \\ &= 税后净利 + 折旧\end{aligned} \tag{1-17}$$

3. 终结现金流量

终结现金流量是指工程项目终结时发生的现金流量。其主要包括固定资产残值收入和垫支的流动资金回收额。

1.2.2.3 相关现金流量

相关现金流量是指由某个投资项目所引起的现金流量,如果一笔现金流量即使没有投资项目也会发生,那么它就不属于相关现金流量,只有相关现金流量才是计算工程项目现金流量时要考虑的因素。在确定相关现金流量时要注意以下几个问题:

(1)沉没成本不是相关现金流量。沉没成本是指在投资决策时已经发生的、无法改变的成本,属于无关成本,在计算现金流量时不应考虑。例如,某企业在建设工程项目前支出 3 万元对某地区进行厂址选择的勘探调查工作,这笔支出是企业的现金流出,但由于在投资决策时,该笔资金已经发生,不管结果是不是选择该地区为厂址,与勘探调查相关的 3 万元支出已经发生且无法改变,属于沉没成本,不应当包含在投资决策中。

(2)筹资成本不作为现金流出处理。这是全投资假设,即假设项目中全部投入资金均为企业的自有资金。当投资项目所需资金来自于负债时,为取得该笔债务所支付的筹资费用和债务的偿还要视为自有资金处理,不作为现金流出量。

(3)要考虑机会成本。在投资方案选择中,因选择一种方案而放弃了另外的投资方案的代价,就是机会成本。在投资决策时,要考虑机会成本的影响。例如,在考虑是否更换旧设备生产新产品时,该机器设备当前的可变现价值就是继续使用旧设备的机会成本。

1.2.2.4 现金流量计算举例

【例 1-10】 某公司准备购入设备扩充生产能力,现有一方案可供参考,该方案需要投资 18 000 元,固定资产采用直线法计提折旧,使用年限为 5 年,期满有残值 3 000 元,5 年中每年的销售收入为 12 000 元。付现成本第一年为 4 500 元,以后每年递增 600 元修理费,另外垫支流动资金 4 500 元,所得税税率为 30%,假定投资均在年初一次投入,各年营业现金流量均在各年年末一次发生,终结现金流量为最后一年年末发生。试求该方案的现金流量。

解: 该方案的年折旧额 $=\dfrac{18\ 000-3\ 000}{5}=3\ 000$(元)

然后计算该方案的营业现金流量和全部现金流量,计算过程及计算结果见表 1-1 和表 1-2。

表 1-1 营业现金流量计算过程及计算结果 (单位:元)

年度	销售收入	付现成本	折旧	税前净利	所得税	税后净利	现金净流量
	①	②	③	④=①-②-③	⑤=④×30%	⑥=④-⑤	⑦=①-②-⑤=③+⑥
1	12 000	4 500	3 000	4 500	1 350	3 150	6 150
2	12 000	5 100	3 000	3 900	1 170	2 730	5 730
3	12 000	5 700	3 000	3 300	990	2 310	5 310
4	12 000	6 300	3 000	2 700	810	1 890	4 890
5	12 000	6 900	3 000	2 100	630	1 470	4 470

表 1-2　全部现金流量计算过程及计算结果　（单位:元）

年度	固定资产投资	流动资金垫支	营业现金净流量	固定资产残值	流动资金收回	现金净流量合计
0	－18 000	－4 500				－22 500
1			6 150			6 150
2			5 730			5 730
3			5 310			5 310
4			4 890			4 890
5			4 470	3 000	4 500	11 970

注:表中“－”表示现金流出,其他为现金流入。

【例 1-11】　某工程项目在固定资产上需投资 100 万元,3 年建成,价款分 5 年付给承包商。建成投产后,每年可生产、销售产品 200 万元。销售收入的正常付款期限为 3 个月,因而在应收账款上需经常投入资金 50 万元(3 个月的销售额),固定资产的使用年限为 5 年,采用直线法计提折旧。试计算该工程项目各年的现金流量。

解:根据现金流量的含义,这一工程项目所形成的现金流量为:①现金流出,包括固定资产和流动资产(区分为应收账款和其他两部分)上的投资;②现金流入则包括经营利润、固定资产折旧、应收账款的收回和流动资产其他项目的变现。每年现金流动的具体情况如表 1-3 所示。

表 1-3　某工程项目现金流动具体情况　（单位:千元）

项目	年份									合计
	1	2	3	4	5	6	7	8	9	
固定资产	－200	－200	－200	－200	－200					－1 000
固定资产折旧				200	200	200	200	200		1 000
经营利润				100	100	100	100	100		500
应收账款的收回				－500					500	0
流动资产中其他项目				－200				200		0
净现金流量	－200	－200	－200	－600	100	300	300	500	500	500

注:表中“－”表示现金流出,其他为现金流入。

第2章　工程项目现金流量估算

2.1　工程项目投资估算

2.1.1　投资估算的意义和作用

工程项目投资估算是指对拟建工程项目的建筑工程、设备购置、工程安装及其他费用等工程投资的粗略估计。工程项目投资一般包括拟建工程项目的固定资产投资、固定资产投资方向调节税、建设期借款利息和垫支的流动资金之和。其中,固定资产投资是指工程项目按照拟定投资规模(分期建设项目为分期投资规模)、产品方案、建设内容进行建设所需的费用,主要包括建筑工程费、设备购置费、安装工程费以及与工程建设有关的其他费用和预备费用等,一般发生在项目开工到竣工验收期间,但如果生产经营期中补充购买固定资产,购买固定资产的费用也属于固定资产投资。同时,对于工业工程项目来说,当它建成后,如果没有流动资金也是不能进行生产的。因此,建设一个项目所需要的资金,除包括新增固定资产的基本建设投资外,还应包括垫支的流动资金,它等于流动资产与流动负债的差额。换句话说,工程项目可行性研究中的总投资,主要是由工程项目的基本建设投资(即固定资产投资)和垫支的流动资金两大部分所组成的。相应地,工程项目投资估算也主要包括固定资产投资估算和垫支的流动资金估算。

无论是新建项目还是对现有企业进行技术改造,投资额估算的准确性是工程项目可行性研究中经济分析的一个很重要的和直接相关的计算参数,因为它直接关系到项目经济分析的结论和可行性研究的质量,并最终影响到项目的投资决策。根据计算,投资每增加10%,生产成本上升3%左右,年利润减少5%左右,投资利润率降低1.5%左右。可见,一个工程项目投资估算的准确与否,对工程项目的成本、利润、收益均有较大的影响。因此,投资估算是可行性研究或规划方案中的一项极为重要的基础工作,同时亦是与经济分析直接相关的重要的计算参数之一,对此世界各国均十分重视。国外在作可行性研究时规定投资估算误差不得超过±10%,我国也作了相应的规定,国家发展计划委员会《关于简化基本建设项目审批手续的通知》(计资[1984]1684号)规定:"投资估算和初步设计概算的出入不得大于10%,否则将对项目重新进行决策。"因此,准确地估算项目投资,对于保证项目其他财务数据的正确估算,真实地反映项目的经济效果,避免投资决策失误有着重要的作用。一般来说,投资估算有以下3个方面的作用:

(1)投资估算是筹措基本建设资金和银行批准贷款的依据。

(2)投资估算是确定设计任务书的投资额和控制初步设计概算的依据。

(3)投资估算是可行性研究和在项目评估中进行技术经济分析(如计算固定资产折旧、投资回收期和投资收益等指标)的依据。

2.1.2　固定资产投资估算

2.1.2.1　固定资产投资构成

固定资产是指使用期限超过一年,单位价值在规定标准以上,并且在使用过程中保持原有物质形态的资产,包括房屋及建筑物、机器设备、运输设备、工具器具等。《工业企业财务制度》规定:“不属于生产经营主要设备的物品,单位价值在 2 000 元以上,并且使用期限超过两年的,也应作为固定资产。”

固定资产投资是指工程项目建设中为建设或购置固定资产所预付的那部分资金。按其用途划分一般包括:

(1)工程费用。包括建筑工程费用,设备、工具器具及生产用具购置费用和设备安装工程费用等。其中,建筑工程费用包括各种房屋和构筑物(如矿井、桥梁、铁路等)的建筑工程费,各种管道、电力及电信线路的敷设工程费,农田水利、场地平整和绿化等工程费,以及设备基础、金属结构制作安装、矿井开拓、露天煤矿的剥离、油气钻井、水利、防空、防洪等特殊工程费。设备、工具器具及生产用具购置费用包括需要安装和不需要安装的为工程建设项目购置或自制的达到固定资产标准的设备购置费,由设备原价和设备运杂费构成;为保证建设项目初期正常生产所必须购置的第一套达不到固定资产标准(2 000 元以下)的设备,仪器,工卡模具及柜、台、架等工器具及生产用具购置费;直接为生产设备配套、初期生产必须备用,并用以更换机器设备中易损坏的重要零部件及其材料的备品备件购置费和设备内部填充物、生产用的贵重金属和材料购置费等。设备安装工程费用包括各种需要安装的机械设备的装备、装置工程、与设备相连的工作台等的装设工程;附属于被安装设备的管线敷设工程,附属于被安装设备的绝缘、保温、油漆、测定等单体试运转的费用和有关设备附件及管线敷设的费用等。

(2)工程其他费用。包括建设单位管理费(如建设单位开办费、建设单位经费)、土地征用费及迁移补偿费、土地使用权出让金、勘察设计费、科研试验费、工程保险费、投产准备及试车生产费、造地支农费、造林绿化费、施工机构转移费及供电补贴费等与建筑安装、设备购置无关但又必须支出的建设费用。其中,土地征用费是指建设项目通过划拨方式获得无限期的土地使用权所需支付的费用;土地迁移补偿费是指征用耕地的补偿费,包括被征用土地地上、地下附着物及青苗补偿费,征用城市郊区的菜地应缴纳新菜地开发建设基金,耕地占用税或城镇土地使用税以及土地登记费和征地管理费等;土地使用权出让金是指建设项目通过土地使用权出让形式,取得土地有期限的使用权。

(3)预备费用。包括基本预备费和工程造价调整预备费。其中,基本预备费是指在初步设计和概算内难以预料的工程费用,如设计及施工过程中所增加的工程费用,一般自然灾害造成损失和预防灾害所采取的措施费,为鉴定工程质量对隐蔽工程进行必要挖掘和修复的费用等;工程造价调整预备费或称设备材料价差,是指建设项目在建设期间由于价格等变化引起工程造价变化的预测预留费,如设备、工具器具价格上涨,建筑、安装工程费用上涨,以及其他建设费用上涨等。

(4)固定资产投资方向调节税。是对进行固定资产投资的单位和个人实际完成投资额征收的一种行为税。固定资产工程项目按其单位工程分析确定适用利率。一般根据国家产业政策和项目经济规模实行 5 个档次的差别税率(0、5%、10%、15%、30%)。投资方向调节税应列入项目总投资进行财务评价和国民经济分析,但税款不作为设计、施工和其他取费的依据。

(5)建设期借款利息(国外称为资本化利息)。是指建设期内应计提的贷款利息总额。但必须注意的是,按照我国财务制度规定,长期负债的利息,筹建期间发生的计入开办费,生产期间发生的计入财务费用,清算期间发生的计入清算收益。

以上各项费用的总和构成工程项目的建设投资。如果工程项目从国外引进设备,还应包括海运费、运输保险费、进口设备关税及其他税金、国内运输费、外贸部门及银行手续费、国外设计及技术资料费,以及引进设备检验费和相应的其他费用等。

工程项目建成后,建设投资即转为固定资产,固定资金就是固定资产的货币表现。根据现行规定,工程费、管理费中往往有些小项目不能列为本项目的固定资金,其中最主要的是厂外铁路编组站、气体输送管道、厂外高压输电线路和较大的热电站等。因此,在可行性研究中,应把这类小项目作为一个独立的单元进行经济分析。就企业本身的固定资产而言,它是指企业进行生产经营活动所必需的劳动手段和其他设施,如机械设备、厂房、建筑物及其他设施等。固定资产可在生产中使用较长的时间,基本不改变其实物形态,而其价值则随着它在使用中的磨损逐步转移到生产产品中去。

2.1.2.2 固定资产投资估算方法

固定资产投资估算的方法很多,各有其适用条件和范围,而且其精度也各不相同。采用哪种方法估算固定资产投资主要取决于要求达到的精度,而精度又是由工程项目研究和设计所处不同阶段以及数据资料的可靠性决定的。在实际工作中,应根据项目的性质、占有的技术经济资料和数据的具体情况,选用适宜的估算方法。固定资产投资常用的估算方法主要有以下几种。

1. *生产能力指数估算法*

生产能力指数估算法又称生产规模指数法,是指利用已经建成项目的投资额或其设备投资额,估算类型相同但规模不同的拟建项目投资额或其设备投资额的一种投资估算方法。两个类似的企业或车间,在一般情况下,生产规模大的,其所需建设投资相对多一些,而生产规模小的,建设投资则相对少一些。但是,根据统计分析,生产规模和投资额的变化趋势并不是绝对的线性关系,对于生产能力不同的两个同类企业,其投资与两个企业生产能力之比的指数幂成正比。因此,利用生产能力指数估算法估算固定资产投资的计算公式为:

$$X = Y\left(\frac{C_2}{C_1}\right)^n C_f \tag{2-1}$$

式中 X——拟建工程项目的固定资产投资额;

Y——已知同类型工程项目的固定资产投资额;

C_2——拟建工程项目的生产规模或生产能力;

C_1——已知同类型工程项目的生产规模或生产能力;

C_f——不同时期、不同地点的定额、单价、费用变更等因素的综合调整系数;

n——生产规模或生产能力指数,在正常情况下,$n<1$。

其中,生产规模指数 n 是一个关键因素。威廉姆(William)和纳尔逊(Nelson)通过调查36种化工产品及其工厂生产规模的关系得到 $n=0.6$,所以生产能力指数估算法又称为0.6指数法。不同行业、性质、工艺流程、建设水平、生产率水平的工程项目,应取不同的指数值。如化工系统工程项目 n 一般选取0.6~0.7;高温高压工业生产工程项目 n 一般选取0.3~0.5。而对不同生产力水平的国家,同类型工程项目 n 值的选取也是不同的,如化学工业,美国取0.6,英国取0.66,日本取0.7。选取 n 值的一般原则是:主要靠增大设备或装置的尺寸扩大生产规模时,n 取0.6~0.7;当以增加同类设备或装置的数量扩大生产规模时,n 取0.8~0.9。

由于生产能力指数估算法建立在两个相类似的项目之间的参数关系上,并根据同类型企业单位生产能力投资估算拟建工程项目的固定资产投资,因此比较简单易行。但它要求类似工程项目的资料必须可靠,并且基本条件应相同,否则误差就会增大。同时,由于工程项目的建设时间、地点、外部条件、内部条件等多方面的差异,这种方法的准确程度相对比较差,适用范围也必然受到限制。它一般适用工艺过程比较简单、工程内容比较固定的单项工程项目,并且通常用于机会研究或初步可行性研究阶段,并且拟估算工程项目的生产能力与原有已知资料工程项目的生产能力的比值一般不能超过50倍,而在10倍以内效果较好。

【例2-1】 已知建设日产10 t氢氰酸装置的投资额为18 000万元。试估算建设日产30 t氢氰酸装置的投资额。

解:生产能力指数选用 $n=0.52$,由于物价上涨,综合调整系数选用 $C_f=1.2$,则:

$$X = Y\left(\frac{C_2}{C_1}\right)^n C_f = 18\,000 \times \left(\frac{30}{10}\right)^{0.52} \times 1.2$$

$$= 38\,243.43(\text{万元})$$

若将设计中化工生产系统的生产能力提高1倍,投资额将增加(对于未予明确的化工过程,一般取 $n=0.6$):

$$\frac{X}{Y} = \left(\frac{C_2}{C_1}\right)^{0.6} C_f = \left(\frac{3}{2}\right)^{0.6} \times 1.2 = 1.5$$

计算表明,生产能力提高1倍,投资额将增加50%。此即为所谓的规模效应。

2. 因子估算法(又称系数法)

因子估算法是指以拟建工程的主体项目的费用或主体设备的费用为基数估算工程项目投资额的一种方法,其估算公式为:

$$K = f \cdot X \cdot CF \tag{2-2}$$

式中　K——工程项目的全部费用;

f——因子或系数;

X——主体项目或主体设备的产量或容积;

CF——费用上涨系数。

这种方法在国外的可行性研究中经常采用,而且具体资料和计算方法很多,归纳起来有以下几种情况:

(1)以设备费为基数乘以一个因子,以求拟建工程项目的总投资。

(2)以设备费为基数,按一定程序分别乘以各专业工程的投资系数(或分项工程的投资系数)及费用系数,以求拟建工程项目的总投资。

(3)以主体工艺设备的市场价格为基数,先求每吨设备的工厂(或车间)投资,然后按设备的总吨数求工厂(或车间)的总投资。采用这种方法时,应注意设备价格水平,相应地乘以一个系数。设备价格高的工程,相应地,建安工程费用和其他工程费用比例要小,当然系数就应小一些,反之比例应大一些。

现以第(2)种情况为例,说明因子估算法的具体应用。设 $CF=1$,并以主要设备投资为基数,投资系数为投资比例。这时,因子估算法就转化为我国工程项目经济分析中经常使用的方法,即分项比例估算法。

所谓分项比例估算法,就是事先对过去同类工程进行调查分析,找出工程项目主要设备投资占工程项目建设总投资的比例,只要估算出拟建工程项目主要设备投资,即可按比例找出工程项目建设总投资,具体包括设备投资估算、建筑物与构筑物投资估算和其他投资估算。

首先,计算设备投资估算。设备投资按其出厂价格加上运输费、安装费等,其估算公式为:

$$K_1 = \sum_{i=1}^{n} [Q_i P_i (1 + L_i)] \tag{2-3}$$

式中 K_1——设备的投资估算值;

Q_i——第 i 种设备所需数量;

P_i——第 i 种设备的出厂价格;

L_i——同类项目同类设备的运输、安装费用系数,目前国内尚无公认的合理数据,国外一般采用0.43;

n——所需设备的种数。

其次,计算建筑物与构筑物投资估算,其估算公式为:

$$K_2 = K_1 L_b \tag{2-4}$$

式中 K_2——建筑物与构筑物的投资估算值;

L_b——同类项目中建筑物与构筑物投资占设备投资的比例或投资系数,露天工程取0.1~0.2,室内工程取0.6~1.0。

最后,计算其他投资估算,其估算公式为:

$$K_3 = K_1 L_w \tag{2-5}$$

式中 K_3——其他投资的估算值;

L_w——同类项目其他投资占设备投资的比例或投资系数。

因此,工程项目固定资产投资总额的估算值 K 为:

$$K = (K_1 + K_2 + K_3) \times (1 + S) \tag{2-6}$$

式中 S——考虑不可预见因素而设定的费用系数,一般为10%~15%。

【例2-2】 已知某钢铁厂轧钢车间主厂房部分的各专业工程的投资系数如表2-1所示。设工艺操作设备价格为200万元,设计与管理费用为工程费用的10%,不可预见费用取管理费用及工程费用之和的5%。试计算该车间主厂房全部建成后的总投资。

表 2-1　投资系数表

工艺操作设备	$f_1 = 1.000$	供电及传动设备	$f_7 = 0.180$
土建工程	$f_2 = 0.070$	给水排水工程	$f_8 = 0.030$
起重运输设备	$f_3 = 0.082$	车间照明	$f_9 = 0.007$
工业炉	$f_4 = 0.121$	采暖通风	$f_{10} = 0.020$
汽化冷却	$f_5 = 0.005$	工艺管道	$f_{11} = 0.004$
余热锅炉设备	$f_6 = 0.040$	自动化仪器	$f_{12} = 0.020$

解：首先，由于工艺设备是基本建设中最基本、最活跃的与生产能力直接相关的部分，也是确定工程项目内容的基本数据之一，因此可以选择工艺设备费用为计算基础。

其次，建立因子系数或投资系数：

$$f = \sum_{i=1}^{12} f_i = 1.579$$

最后，求建设项目的总投资：

$$C = 200 \times 1.579 \times (1 + 0.10) \times (1 + 0.05) = 364.75(\text{万元})$$

很显然，系数估算法是建立在已完成较多实际工程的工程项目，并对这些项目的有关资料进行统计分析的基础上的。因此，使用这种方法时必须注意：

(1)系数包括的范围。系数是否包括管理费用、开工费用(试车费用)以及其他工程的各项费用，工程中是否有引进设备或引进项目。

(2)系数建立的时间。因为随着时间的推移，工厂的造价往往也在不断地变化。因此，使用系数时要注意调整价差。

(3)产量少、规模小的工厂，系数可大一些，反之系数则小一些。

另外，这种投资估算方法的准确程度相对较低，其准确程度取决于已掌握的统计资料和选择比重系数的试验。因此，它一般适用于工程项目建议书阶段。

3. 资金周转率法

资金周转率法是从资金周转的定义出发推算工程项目投资额的一种方法，其估算公式为：

$$C = \frac{QP}{t_r} \tag{2-7}$$

式中 C——拟建项目的投资；

Q——产品的年产量；

P——产品单价；

t_r——资金周转率。

这种方法简便易行，节约时间和费用，但因项目相关数据的确定性较差，因而投资估算的精度较低，仅适用于项目规划或建议书阶段。

4. 建设费用指数法

采用建设费用指数法的条件是已知过去已建项目的投资，而拟建的项目又与已建的项目规模相同或基本类似，拟建与已建两个项目投资的差异仅仅是由于建设的时间不同而引起的，其估算公式为：

$$C = C_1 \frac{K_2}{K_1} \tag{2-8}$$

式中　C——拟建项目的投资；

C_1——与拟建项目相同或基本类似的已建项目的投资；

K_1——估算投资时间的费用指数；

K_2——与 C_1 相应时间的费用指数。

在西方国家，不同行业都有一些刊物及时报道费用指数的变化，这种指数一般是以某一年度为100%，其他年度与这一年度的相对百分数，即费用指数。

5. 概算指标估算法

概算指标估算法是根据拟建工程项目的初步设计和有关资料，按照国家规定的编制初步设计概算的方法，以工程项目的单位工程为对象，利用概算指标估算固定资产投资的一种方法。这是国内应用最为广泛的一种方法。采用这种方法的前提是事先要编制出概算指标。概算指标应能动态地体现出不同地区、不同行业、不同时间的实际情况。近年来，各地区各部门结合其工程建设的特点和实际，积累多年资料，编制了比较系统的概算指标体系，这对采用概算指标法进行投资估算起到了很大的作用。但由于在可行性研究阶段，初步设计尚未开始，资料也没有初步设计阶段那样齐全、详尽，因此不可能作出详细的概算，只能参照概算的程序进行估算。其方法与步骤如下：

(1)将工程项目分解为单项工程，如主要生产装置、辅助生产装置、公用工程、服务工程、厂外工程等项目。

(2)依据概算手册中的概算定额或指标编制每一单项工程中的单位工程概算，如建筑工程概算、设备安装工程概算、工具器具和生产用具购置概算，概算的估算可套用单位概算指标。

(3)汇总单项工程所属的各单位工程的概算，编制单项工程概算。

(4)由各单项工程概算、其他费用概算和预备费(不可预见费)汇总而成工程项目固定资产投资总概算，即工程项目固定资产投资总估算。

具体估算方法介绍如下。

1)工程费用估算

工程费用包括建筑和安装工程费及设备购置费。其中，建筑和安装工程费由直接费、间接费、计划利润和税金等四部分组成。直接费由直接工资、直接材料费、施工机械使用费和其他直接支出组成；间接费由施工管理费和其他间接费用组成，通常是以直接费为基础，按照拟建项目所在地区的费率计算；计划利润以建筑工程的直接费与间接费为基数，按照一定的费率计取；税金包括营业税、城市维护建设税和教育费附加，营业税以建筑工程的直接费、间接费和计划利润之和为基数，按照一定的费率计取。建筑工程费可按建筑工程量，拟建项目所在地区的建筑物、构筑物工程概算综合指标估算。安装工程费可按设备原价的百分比估算，在没有设备安装清单或安装价目表时，则利用设备安装概算指标进行估算，具体估算时，厂房按建筑面积“m^2”或建筑体积“m^3”指标估算；标准构筑物按

“个”或“座”指标计算,非标准构筑物按类似工程指标估算时,可按基本技术条件估算工程量,再按综合概算单价计算。厂内外生活建筑一般按所在地或中央主管部门规定的面积指标和经济指标计算,如果指标中未包括间接费和利润,则应另行计算。把项目所包括的所有单项工程的建筑工程概算价值汇总,即为项目的建筑工程费。

设备购置费分为国内购置设备费和国外进口设备购置费。对于国内购置的设备,其费用包括设备原价及运杂费两部分。若属标准设备,其原价可按国家地方或主管部门规定的设备出厂价计算。若属非标准设备,其原价可按设备设计要求、制造内容及有关规定加以估算,其具体方法是按设备制造成本加上税收、利润进行计算。设备运杂费包括运输费、包装费、装卸费、仓库保管费等,可根据设备价格乘以主管部门或地方规定的运杂费综合费率加以计算。

对于国外进口设备,其费用包括引进设备清算价以及国内外运杂费两部分。引进设备清算价一般包括离岸价格或船上交货价格(FOB),到岸价格或成本加保险费、运费价格(CIF)和离岸加运费价格或成本加运费价格(C&F)三种情况。这三种价格术语的含义是完全不同的,应按国外报价资料或参照已与外商签订合同的类似设备价格确定设备货价,并按有关规定计算国内费用和国外费用。国内费用包括保险费、进口关税、产品增值税、银行手续费、外贸手续费等。若按设备离岸价格计算,则国外费用还应包括海运费和海运保险费等。

2)工程其他费用

工程其他费用项目多,如建设单位管理费、勘察设计费、联合试车费、生产职工培训费、工具器具购置费、土地征用费、拆迁补偿费、临时设施费、施工机械转移费及不可预见工程费等,这些费用可参考类似工程项目,根据本项目的具体情况分别按不同的规定费率或取费标准计取。

3)预备费

预备费包括基本预备费和工程造价调整预备费。其中,基本预备费以工程费用与工程其他费用之和为基数,按一定的基本预备费率(一般为 10% ~15%)计算;工程造价调整预备费或称设备材料价差,是指建设项目在建设期间由于价格等变化引起工程造价变化的预测预留费。设备材料价差估算的方法很多,这里仅介绍一种比较简便易行的方法,其计算公式为:

$$P_c = \sum_{t=1}^{m} \{ I_t [(1+f)^{n+t} - 1] \} \tag{2-9}$$

式中　P_c——涨价预备费,即建设期设备材料价差;

I_t——以现行价格计算的建设期第 t 年的投资分配额;

f——价格上涨指数或建设期设备材料价差系数;

n——自可行性研究报告评价意见上报至项目建设前的年份,一般小于 5 年;

m——工程项目建设期年份。

这里,为了工程项目之间具有可比性,设备材料等价格采用了现行价格,而没有采用预测价格。同时,计算价格的系数应根据不同行业的特点选定规定的数值,如建材行业为 8% ~10%、水电行业为 4% ~6%、化工行业为 6%等。一般而言,材料价差系数为 6% ~

8%,与国家控制物价指数的努力相吻合。

【例 2-3】 某工程项目可行性研究报告 2011 年上报,预计 2013 年可开始建设,建设期为 2 年,建设期间,以现行价格计算的每年国内部分的工程投资分别为 600 万元和 400 万元。试求建设期设备材料价差。

解:依据题意,$n=2, I_1=600, I_2=400$,并取 $f=0.06$,则:

$$P_c = 600\times[(1+0.06)^{2+1}-1]+400\times[(1+0.06)^{2+2}-1]$$
$$=114.61+104.99$$
$$=219.60(\text{万元})$$

如果办事拖拉或资金不能尽快落实,致使工程项目无法按预期时间建设,可行性研究报告 2011 年上报,但 2014 年才能开工建设,其他条件不变,这时 $n=3$,则:

$$P_c = 600\times[(1+0.06)^{3+1}-1]+400\times[(1+0.06)^{3+2}-1]$$
$$=157.49+135.29=292.78(\text{万元})$$

即由于从可行性研究报批到工程项目具体实施间隔时间延长,而造成投资额上涨 73.18 万元。

以上三种投资费用之和,即为工程项目总投资。很明显,投资中未包括建设期利息。

用概算指标估算法进行投资估算,精度比较高,多适用于详细可行性研究阶段,因为用各类系数、指数估算的投资一般比较粗糙,已不能满足详细可行性研究的深度和精度要求。

6. 分项工程投资累加法

分项工程投资累加法是将拟建项目分解成若干个可以进行独立估算的投资环节或部分,分别对各环节或各部分进行单独的投资估算,各环节或各部分投资的合计就是整个工程项目的投资。各子项的划分可粗可细,视具体情况而定,并且各环节或各部分投资的估算方法比较灵活,由具体条件确定。可以用生产能力指数估算法、分项比例估算法,也可以用概算指标估算法。分项估算后,再逐项累加,即得整个拟建工程项目的总投资,其估算公式为:

$$C=\sum_{i=1}^{n}(P_iK) \tag{2-10}$$

式中 C——拟建工程项目的投资;

P_i——第 i 独立部分的投资;

n——能够独立估算的数目;

K——成套设备外的工程费用和其他基本建设费用系数。

由于这种估算方法针对性较强,准确度相对提高,而且方便灵活,因此广泛适用于各类工程项目的投资估算。国内可行性研究中的投资估算也多采用此法。

2.1.3 流动资金投资估算

这里所说的流动资金,是针对工业企业而言的。在工程项目建成投产时,要向其投入流动资金,以保证生产经营活动的正常进行;在项目经济寿命周期终了,停止生产经营活动时,要如数回收投产时或投产后垫支的流动资金。在工程项目经济分析和评价中,流动资金投资是工程项目的现金流出量,流动资金回收是工程项目的现金流入量。因此,流动资金和基本建设资金一样,是生产性建设项目的一个重要物质条件。一方面,工厂可能因缺乏流动资金而不能投入正常生产;另一方面,可能因占用过多的流动资金而影响项目投产后的经济效益。因此,必须了解工程项目流动资金的构成,在此基础上适当地估算拟建工程项目所需要的流动资金。

2.1.3.1　流动资金的构成

流动资金是指在工业工程项目投产前预先垫付的,在投产后的生产经营过程中用于购买原材料、燃料动力、备品备件、支付工资和其他费用以及被在产品、半成品、产成品等存货占用的周转资金。在生产经营活动中,流动资金以现金及各种存款、存货、应收及预付款项等流动资产的形式出现,在整个寿命期内,流动资金始终被占用且周而复始地流动。直到项目寿命期结束时,全部流动资金才能退出生产与流通,以货币资金的形式被回收。

因此,工程项目流动资金是流动资产的货币表现,是为维持生产正常运行所占用的全部周转资金。流动资产是指可以一年以内或者超过一年的一个营业周期内变现或者运用的资产,包括货币资金、应收账款、存货等。

(1)货币资金。是指企业在生产经营活动中停留于货币形态的那一部分资金,是企业流动资金的重要组成部分。企业要维持正常的生产经营活动,必须有一定数量的货币资金。

货币资金包括现金和各种存款。现金是指库存现金,流动性较大,可直接支用,也可以立即投入流通。各种存款是指企业存入银行的各种款项,它可以用于企业各项经济往来的结算,补充库存现金等。现行现金管理制度和结算制度规定,企业的货币资金除在规定限额以内可以保存少量现金外,其余必须存入银行。

(2)应收账款。是指企业对外销售商品、提供劳务等形成的尚未收回的被购货单位或接受单位占用的本企业资金。

(3)存货。是指企业在生产经营活动中为销售或者耗用而储存的各种资产。存货是流动资产的重要组成部分,是企业开展正常经营活动的重要物质前提。工业企业的存货包括各种原材料、燃料、包装物、低值易耗品、在产品、外购商品、协作件、自制半成品、产成品等。

2.1.3.2　流动资金的估算方法

流动资金的估算一般有两种方法,一种是粗估法,即扩大指标估算法;另一种是分项详细估算法。在工程项目经济分析时,要依据深度要求选用适当的流动资金估算方法。

1. 扩大指标估算法

扩大指标估算法是指预先估算一个比流动资金更大的指标的数额,如销售收入、经营成本、固定资产投资等,然后参照同类规模相似企业中流动资金与相应指标的比率,并将其设定为本项目中流动资金与相似项目的比率,最后将两者相乘所得即为流动资金的估算数额。有时可用单位产量占用流动资金的比率结合项目的设计产量来确定流动资金估算值。

1)按产值或销售收入的资金率估算流动资金

通常,一般加工工业项目多采用产值或销售收入资金率进行估算,其估算公式为:

$$流动资金 = 年产值(或年销售收入) \times 产值(或销售收入)资金率 \tag{2-11}$$

2)按经营成本或总成本资金率估算流动资金

经营成本或总成本是一项综合性指标,能反映项目的物质消耗、生产技术和经营管理水平以及自然资源赋存条件的差异等实际情况,所以一些采掘工业项目常采用经营成本或总成本资金率估算流动资金,其估算公式为:

$$流动资金 = 年经营成本(或总成本) \times 经营成本(或总成本)资金率 \tag{2-12}$$

3)按固定资产价值资金率估算流动资金

有些建设项目如火电厂可按固定资产价值资金率估算流动资金,其估算公式为:

$$流动资金 = 固定资产价值总额 \times 固定资产价值资金率 \tag{2-13}$$

4)按单位产量资金率估算流动资金

有些建设项目可按单位产量占用流动资金来估算,其估算公式为:

$$流动资金 = 年生产能力 \times 单位产量资金率 \tag{2-14}$$

2. 分项详细估算法

分项详细估算法是按流动资金在生产经营过程中各种占用形态,分项计算资金占用量,从而估算出工程项目正常生产时需要的流动资金数量。这种估算方法的精度较高,其估算公式为:

$$流动资金 = 流动资产 - 流动负债 \tag{2-15}$$

$$流动资产 = 应收账款 + 存货 + 现金 \tag{2-16}$$

$$流动负债 = 应付账款 \tag{2-17}$$

$$流动资金本年增加额 = 本年流动资金 - 上年流动资金 \tag{2-18}$$

流动资产和流动负债各项的估算公式如下:

$$应收账款 = \frac{年经营成本}{周转次数} \tag{2-19}$$

其中

$$周转次数 = \frac{360}{最低周转天数} \tag{2-20}$$

最低周转天数按实际情况并考虑保险系数分项确定。其一般等于项目发货后所在地银行向用户所在地银行发出发货账单最长时间(天),加上电报(电传)在途时间,加上用户所在地银行接到通加后向用户发出应缴货款通知的最迟时间,加上用户所在地银行向项目所在地银行发送承付通知的最迟时间,加上通知在途时间,加上银行收到通知办理货款入账并通知项目的时间。

$$存货 = 外购原材料、燃料费 + 在产品 + 产成品 \tag{2-21}$$

外购原材料、燃料费应分项计算,其估算公式为:

$$外购原材料、燃料费 = \frac{年外购原材料、燃料费}{周转次数} \tag{2-22}$$

$$在产品 = \frac{年外购原材料、燃料及动力费 + 年工资及福利费 + 年修理费 + 年其他制造费用}{周转次数} \tag{2-23}$$

$$产成品 = \frac{年经营成本}{周转次数} \tag{2-24}$$

$$现金 = \frac{年工资及福利费 + 年其他费用}{周转次数} \tag{2-25}$$

其中

$$\begin{aligned}年其他费用 = &制造费用 + 管理费用 + 财务费用 + 销售费用 - \\ &(工资及福利费 + 折旧费 + 维简费 + 摊销费 + 修理费 + 利息支出)\end{aligned} \tag{2-26}$$

上述括号内项目是指制造费用、管理费用、财务费用及销售费用中有关的项目。

$$应付账款 = \frac{年外购原材料、燃料及动力费}{周转次数} \tag{2-27}$$

在项目分析中，流动资金一般应在投产前开始筹措，并且为简化计算，规定流动资金在投产第一年开始按生产负荷进行安排，其借款部分按全年计算利息并计入财务费用，项目计算期末回收全部流动资金。

2.1.4　建设期利息的计算及支付

建设期利息又称本金化利息或资本化利息，是指工程项目在建设期间固定资产投资借款的应计利息。建设资金凡属借款性质的，都应按规定计算投资借款建设期利息，建设期利息计算到按设计规定的标准，全部工程完工移交生产为止。但移交生产后至达到设计生产能力前的生产期收尾工程的投资借款利息，不作为建设期利息，而计入生产期的财务费用。

由于国内外投资借款建设期利息有各自不同的内容和计算方法，因此应分别进行计算。

2.1.4.1　国内借款

在工程项目经济分析中，凡属国内借款，无论实际上是按季计息还是按月计息，一律简化为按年计息，并且建设期利息按复利计算。因为银行实行的是“随支随贷”原则，各年度借款并非在年初一次支出，而是分期借支，逐步使用，所以前期的借款本息按金额复利计息，当年的借款视为年中支用，按半年计息。其计算公式为：

$$建设期每年应计利息 = \left(年初借款累计 + \frac{本年借款支用}{2}\right) \times 年利率 \tag{2-28}$$

$$还清年份应计利息 = \frac{年初借款累计}{2} \times 年利率 \tag{2-29}$$

建设期所欠利息转入本金在生产期支付，每年的支付数额依偿还能力而定，若偿还能力尚不足付息，可将欠息部分转入下年年初累计。

2.1.4.2　国外借款

国外借款的来源渠道很多，其借款偿还条件也各不相同，一般应按已经明确的或预计可能的（当尚未明确时）财务费用和借款偿还条件（偿还方式、偿还期限和宽限期）计算。一般是半年计算一次，还要另加一些贷款费用，如管理费、代理费、承担费及杂费等。在工程项目评估中，为简化计算，可用年实际利率按年计息。为简化一些贷款费用的计算，也可选用略高于实际利率的利率计算，其计算公式同国内借款利息计算公式。

必须注意的是，在具体进行项目经济分析时，应对贷款机构的贷款条件、发放时间、利息计算、费用情况（如承诺费、管理费等）等了解清楚，再进行计算，若有的贷款规定按年初用款计算，则借款发生半年也要按全年计算。

2.2 工程项目成本估算

工程项目成本费用（实际为产品成本）是进行工程项目经济分析和不确定性分析的基础，主要用于计算利润表、现金流量表、确定流动资金的需要量等，因此产品成本费用的估算也是一项重要的基础工作。应当指出的是，在技术经济分析中，对费用和成本的理解与企业财务会计中的理解不完全相同。技术经济分析强调对现金流量的考察分析，在这个意义上，费用和成本具有相同的性质。因此，在本书的叙述中若无特殊说明，一般不严格区分费用与成本的概念。

2.2.1 工程项目成本费用的内容

工程项目成本费用是指项目在一定时期（一般为一年）内为生产和销售一定种类和数量的产品或提供劳务而发生的全部耗费。不同行业、不同产品的成本费用的内容不尽相同，并且可以按不同的标准进行分类，形成不同表现形式的构成内容。成本费用的分类方法很多，为便于工程项目成本费用的估算，以工业工程项目为例，主要介绍以下三种分类方法。

2.2.1.1 按成本费用的经济内容分类

企业的生产经营过程就是物化劳动与活劳动耗费的过程。因此，企业的生产费用按经济内容可以将其化分为劳动资料方面的费用、劳动对象方面的费用和活劳动方面的费用三大类。在实际工作中，为了反映上述三方面费用的具体构成内容，又将其再细分为若干费用要素。因此，生产费用按经济内容所作的分类也叫做费用要素的分类。具体可分为以下几种费用项目：

（1）外购材料。指企业为进行生产经营而耗用的一切向外单位购进的原料及主要材料、半成品、辅助材料、包装物、修理用备件、低值易耗品等。

（2）外购燃料。指企业为进行生产经营而耗用的向外单位购进的各种固体、液体和气体燃料。外购燃料与外购材料从性质上看是相同的，可归为一类。但由于在许多企业中，燃料是重要的能源，在成本中所占比重较大，故将其单独列为一类进行核算。

（3）外购动力。指企业为进行生产经营而耗用的向外部购入的电力、热力等动力。

（4）工资。指企业应计入生产成本和期间费用的全部职工工资。

（5）职工福利费。指企业依据规定，按工资总额的一定比例计算提取的应计入生产成本和期间费用的职工福利费。

（6）折旧费。指企业按规定的固定资产折旧方法计提的折旧费用，但出租固定资产的折旧费不包括在内，以免重复统计。

（7）利息支出。指企业在生产经营期间发生的利息净支出，它是借入款项的利息支出减去存款利息收入后的净额。

(8)税金。指企业计入产品成本费用的各种税金。进入产品成本费用的税金有土地使用税、房产税、车船使用税、印花税,以及进口原材料、备品备件的关税和增值税。其中,进口原材料及备件的关税和增值税体现在原材料费用中;土地使用税等在其他费用中包含,它是对城市、县城、建制镇、工矿区范围内使用土地的单位和个人,按其实际使用土地面积征收的一种税,采用分类定额幅度税率,实行从量定额计征。各种税金按照现行税法规定的税目、税率、计税依据进行计算。

(9)其他支出。指不属于以上各项费用要素的其他费用支出,如差旅费、修理费、设计制图费、外部加工费、租赁费、保险费以及现金支出等。

工程项目的成本费用按其经济内容的分类,提供了物化劳动和活劳动的耗费数额,可以反映企业在一定时期内发生了哪些性质的费用,并以此分析成本费用的构成及其比重,从而有利于加强成本费用的管理。但是,这种分类的不足之处是不能反映各项成本费用的用途,以及这些成本费用与产品产量之间的关系,因此不利于开展各项费用支出合理性的分析。

2.2.1.2　按成本费用的经济用途分类

成本费用中有些应计入产品成本,有些则不计入产品成本。计入产品成本的生产费用,在生产过程中的用途也不一样,有的直接用于生产,有的用于生产的管理和组织工作。为了便于估算产品成本和考核各项费用定额,在进行成本分析的时候,通常要按照成本费用经济用途分类。成本费用按经济用途分类又称为产品生产成本项目,简称成本项目。工业企业的成本费用,据此标准可以划分为生产成本(制造成本)和期间费用两类。

1. 生产成本(制造成本)

生产成本(制造成本)指企业产品生产部门为产品生产而发生的费用。由于这类费用在生产过程中的用途也有区别,有的直接用于产品生产,有的是基层生产部门组织和管理生产发生的费用,有的甚至是用于补偿生产过程中的损失,因此按经济用途又进一步划分为以下若干成本项目:

(1)直接材料,也称原材料。指企业产品生产过程中,经过加工后直接构成产品实体或主要部分的原料、主要材料和外购半成品,以及有助于产品形成的辅助材料费用等。

(2)直接人工,或称工资及福利费。指企业直接从事产品生产人员的工资、奖金和各种津贴,以及按规定计提的职工福利费。

(3)制造费用。指企业基层生产单位(如车间、分厂)为组织和管理生产而发生的各项间接费用,包括生产单位(分厂、车间)管理人员工资、职工福利费、折旧费、维简费、修理费以及其他间接费用。制造费用是不能直接计入产品成本的各项费用,它需要采用一定方法分配计入生产成本。

2. 期间费用

期间费用指经营过程中发生的,与产品制造过程没有直接联系的非生产性成本耗费。按照经济用途又进一步划分为营业费用、管理费用和财务费用三类。

(1)管理费用。指企业行政管理部门为组织和管理生产经营活动而发生的各项费用。其包括企业统一负担的公司经费、工会经费、劳动保险费、待业保险费、董事会费、咨询费、审计费、诉讼费、业务招待费、税金、土地使用费、土地损失补偿费、技术转让费、技术开发费、无形资产摊销、开办费摊销、坏账损失、职工教育经费、技术开发和其他费用。

(2)销售费用。指企业在销售产品或提供劳务过程中发生的应当由企业负担的各项费用。其具体包括应由企业负担的运输费、装卸费、包装费、保险费、广告费以及为销售本企业产品而专设的销售机构的职工工资、福利费、业务费等经常费用。企业内部销售部门因属于行政管理部门,所以它所发生的费用开支属于管理费用而非销售费用。

(3)财务费用。指企业为筹集生产经营所需资金而发生的各项费用。其包括生产经营期间发生的利息支出、汇兑损失以及金融机构手续费等。

工程项目的成本费用按经济用途分类,有利于反映产品生产成本的具体构成,对成本计算和确定损益具有重要意义。

必须注意的是,工程项目成本费用按经济用途分类和按经济内容分类是两种最基本的分类方法,它们从不同的角度反映企业生产经营过程中的耗费,前者主要反映用到哪里去,后者主要说明发生了哪些耗费。以工资项目为例进行比较,按经济用途分类的“直接人工”项目中的工资,仅指直接从事产品制造的生产工人的工资;而按经济内容分类的“工资”项目,则不仅包括生产工人的工资,而且包括车间、分厂等部门和总厂(部)管理人员的工资。

2.2.1.3 按成本费用的习性分类

成本费用习性是指成本费用与产量的依存关系。成本费用按其习性可分为变动成本费用、固定成本费用和混合成本费用三类。

(1)变动成本费用。指在一定时间和产量范围内,随产品产量或业务量的变动而成正比例变动的那部分费用,如构成产品实体的原材料费用,计件工人工资等。

(2)固定成本费用。指在一定时间和产量范围内,与产品产量变动没有直接联系的相对固定的费用,如采用直线法按月计提的固定资产折旧费、管理费用等。

(3)混合成本费用。指在相关范围内,虽然也随产品产量变动而变化,但非呈正比例变化的费用。如维修费,不论是否生产,都需支付维修费用,当产量增加时,维修费用也随之增加,但维修费与产量增加的幅度不成比例。

由于混合成本费用总可以采用一定的方法如高低点法、回归直线法等将其进一步分解为固定成本费用与变动成本费用,因此产品的总成本费用最终可划分为变动成本费用和固定成本费用,即:

$$\text{总成本费用} = \text{变动成本费用} + \text{固定成本费用} \tag{2-30}$$

在工程项目经济分析中,把成本费用按其习性划分为变动成本费用和固定成本费用的意义在于,计算工程项目经济分析中的经营成本和进行不确定性分析。

2.2.2 工程项目成本费用的估算

可行性研究阶段的成本费用估算,大多要借助于有关资料,并分析同类产品各种费用的构成以供参考和利用。生产成本是经济分析中的一个基础数据,应尽可能地估计准确。工程项目成本费用的估算通常采用按生产成本费用要素估算的方法即“要素成本估算方法”;并且在具体技术经济分析评价中,为了便于计算,通常按照各费用要素的经济性质和表现形态将其归并，从而把成本费用分成外购材料（包括主要材料、辅助材料、半成品、包装费、修理用备件和低值易耗品等）、外购燃料及外购动力、工资及福利费、折旧费、摊销费、利息支出、修理费和其他费用等9项。这里的其他费用是指在制造费用、管理费用、财务费用和销售费用中扣除工资及福利费、折旧费、修理费、摊销费、利息支出后的费用。由于不同行业、不同项目产品的详细费用要素不尽相同，现就上述7项费用要素的估算方法简述如下。

2.2.2.1　外购材料

外购材料的常见估算方法有外购材料的分别估算和外购材料的整体估算两种。

1. 外购材料的分别估算

外购材料的分别估算即把外购材料分为原料及主要材料和其他材料分别估算。对于原料及主要材料，首先，按不同规格、不同来源（不同到厂价格）分别填列；其次，按各车间和设施的年耗量（车间、设施产品年产量×单位产量消耗量）加总后乘以到厂价格。对于其他材料，参照类似企业统计资料，根据其他材料费占原料及主要材料费的比率估算。

2. 外购材料的整体估算

外购材料的整体估算即把外购材料作为整体进行估算，其估算公式为：

$$Q_{y} = (1+\mu)\left[(1-\theta)\sum_{i=1}^{m}(R_{yi}G_{ri})\right] \tag{2-31}$$

式中　Q_y——外购材料费；

m——外购材料数目；

μ——外购材料运杂费占其费用比重；

θ——回收有用外购材料占其费用比重；

R_{yi}——年消耗第 i 种外购材料数量；

G_{ri}——第 i 种外购材料单价。

2.2.2.2　外购燃料及外购动力

外购燃料及外购动力的估算公式为：

$$j_{y} = \sum_{i=1}^{m} P_{yi}C_{ri} \tag{2-32}$$

式中　j_y——燃料及动力费；

m——燃料及动力数目；

P_{yi}——年消耗第 i 种燃料或动力数量；

C_{ri}——第 i 种燃料或动力单价。

必须注意的是，材料、燃料和动力等消耗仅计算外购的部分，不计算自产自用部分，以避免重复。

2.2.2.3　工资及福利费

1. 工资及附加费用

工资及附加费用按下式计算：

$$\text{全厂职工工资及附加} = \text{年人均工资及附加} \times \text{职工总数} \tag{2-33}$$

或按下列估算公式估算：

$$I_f = I_\varepsilon t(1 + \alpha)W \tag{2-34}$$

式中 I_f——工人工资及工资附加费；

I_ε——平均每小时工资额；

t——平均单位产品工时定额；

α——工资附加费率；

W——产品年产量。

2. 职工福利费

职工福利费按照企业职工工资总额的 14% 提取。

2.2.2.4 折旧费

工业项目投入运营之后，固定资产在使用过程中会逐渐磨损和贬值，其价值逐步转移到产品中去，这种伴随固定资产损耗发生的价值转移称为固定资产折旧，转移的价值以折旧费的形式计入"品成本"，并通过产品的销售得以补偿。折旧费应从固定资产的无形损耗和有形损耗两个方面来考虑确定。所谓无形损耗，就是原有固定资产已经陈旧和因出现新的效率更高的机器设备或物美价廉的机器设备，从而引起原有固定资产的贬值；所谓有形损耗，则是机器设备在使用和保管中发生的一些物理变化，如破坏、磨损、腐蚀等。应提取折旧的固定资产有：房屋和建筑物、在用的机器设备、仪器仪表、运输车辆、工具器具；季节性停用和因修理停用的设备；以经营租赁方式租出的固定资产，以融资租赁方式租入的固定资产。这类固定资产到服务年限终止时折旧不完的部分，通常称为残值。

折旧在成本估算和经济分析中占有很重要的位置。折旧费的计算主要取决于折旧年限和折旧率。现在国外许多厂家的设备更新周期多在 10 年左右，其折旧率高达 10%。工厂的建筑物、构筑物以及公共设施等，经济寿命更长一些，有的寿命可达三五十年或更长的时间，土地则保有永久价值。

固定资产折旧的计算方法，按折旧对象的不同可分为个别折旧法、分类折旧法和综合折旧法；按固定资产在项目经营期内折旧费用的变化性质可分为平均年限法、工作量法和加速折旧法。

1. 分类折旧法和综合折旧法

在工程项目经济分析中，固定资产折旧既可用分类折旧法，也可用综合折旧法计算。

1）分类折旧法

分类折旧法是以每一类固定资产为对象，按照固定资产分类折旧率来计算折旧费，其计算公式为：

$$D = \sum_{i=1}^{n} [(A_i - L_i)d_i] \tag{2-35}$$

式中 D——年固定资产折旧额；

n——固定资产分类数；

A_i——第 i 类固定资产原值；

L_i——第 i 类固定资产净残值；

d_i——第 i 类固定资产折旧率。

其中，固定资产分类折旧率根据国家有关规定，并参照类似企业的统计资料确定。

2）综合折旧法

综合折旧法是以全部固定资产为对象，按综合折旧年限或综合折旧率计算折旧，其计算公式为：

$$年折旧费 = \frac{固定资产原值 - 固定资产净残值}{综合折旧年限} \tag{2-36}$$

或

$$年折旧费 = 固定资产原值 \times 综合折旧率 \tag{2-37}$$

其中，固定资产原值或固定资产的原始价值，是指购建固定资产的实际支出（包括建设期借款利息，外币借款汇兑差额及固定资产投资方向调节税）。固定资产净残值是预计的折旧年限终了时的固定资产残值减去清理费用后的余额。综合折旧率和综合折旧年限应根据不同行业的具体情况确定。

2. 平均年限法

平均年限法也称直线折旧法，是使用最广泛的一种折旧计算方法。这种方法计算得出的折旧费是一个常数，每年的固定资产折旧费是固定资产总值按其使用年限（或称服务年限）分摊的算术平均值，其计算公式为：

$$年折旧率 = \frac{1 - 预计净残值率}{折旧年限} \tag{2-38}$$

$$年折旧额 = 固定资产原值 \times 年折旧率 \tag{2-39}$$

其中，固定资产净残值与固定资产原值之比称为净残值率。净残值率一般按照固定资产原值的3% ~5%确定，低于3%或高于5%的，由企业自主确定，并报主管财政机关备案。

3. 工作量法

工作量法又称作业量法，是按产量计算年折旧费的一种折旧计算方法。它一般用于计算某些专业设备和交通运输车辆的折旧，具体计算公式包括以下两种形式。

（1）按照行驶里程计算折旧的公式为：

$$单位里程折旧额 = \frac{固定资产原值 \times (1 - 预计净残值率)}{总行驶里程} \tag{2-40}$$

$$年折旧额 = 单位里程折旧额 \times 年行驶里程 \tag{2-41}$$

（2）按照工作小时计算折旧的公式为：

$$每工作小时折旧额 = \frac{固定资产原值 \times (1 - 预计净残值率)}{总工作小时} \tag{2-42}$$

$$年折旧额 = 每工作小时折旧额 \times 年工作小时 \tag{2-43}$$

4. 加速折旧法

加速折旧法是指固定资产每期计提的折旧数额在使用初期多，在使用后期少，从而相对加快折旧速度的一种方法。按照现行企业财务制度规定，在国民经济中具有重要地位、技术进步快的电子生产企业，船舶工业企业，生产“母机”的机械企业，飞机制造企业，汽车制造企业，化工生产企业和医药生产企业以及其他经财政部批准的特殊行业的企业，其机器设备可以采用双倍余额递减法或者年数总和法计算折旧。加速折旧的方法有多种，使用较多的有双倍余额递减法和年数总和法。

1）双倍余额递减法

双倍余额递减法是以直线折旧法折旧率两倍的折旧率计算折旧额的一种加速折旧方法，其计算公式为：

$$\text{年折旧率} = \frac{2}{\text{折旧年限}} \times 100\% \qquad (2\text{-}44)$$

$$\text{年折旧额} = \text{固定资产净值} \times \text{年折旧率} \qquad (2\text{-}45)$$

应当注意的是，采用双倍余额递减法计算固定资产折旧时，应当在其固定资产折旧年限到期前两年内，将固定资产净值扣除预计净残值后的净额平均摊销。其计算公式为：

$$\text{年折旧额} = \frac{\text{固定资产净值} - \text{固定资产净残值}}{2} \qquad (2\text{-}46)$$

其中，固定资产净值是固定资产原值扣除固定资产使用时间内累计折旧总额后的差值。或按下列公式计算：

$$D = (TFC - SV)\left(1 - \frac{2}{n}\right)^m \frac{2}{n} \qquad (2\text{-}47)$$

式中　TFC——固定资产原值；

SV——固定资产残值；

$\frac{2}{n}$——双倍递减系数，n 为服务年限；

m——计算时年份；

D——年固定资产折旧费。

同样，采用这一公式计算，不可能把折旧总额分摊净尽，即资产的账面永远不会等于零，所以到一定年度以后要改用直线折旧法，这是某些西方国家税法允许的。从转换为直线折旧法之日开始，估计转换以后的剩余服务年限，并把固定资产尚未提取折旧部分的价值减去残值，再据此按直线折旧法折旧。

【例2-4】　某项目建成后形成固定资产原值为5 500万元，服务年限为15年，而固定资产残值为500万元，按双倍余额递减法计算固定资产基本折旧费。

解：先求出双倍递减系数的值：

$$\frac{2}{n} = \frac{2}{15} = 0.133\,3$$

代入式(2-47)中，求出各年的折旧费：

第1年　$D_1 = (5\,500 - 500) \times (1 - 0.133\,3)^1 \times 0.133\,3 = 577.66$（万元）

第5年　$D_5 = (5\,500 - 500) \times (1 - 0.133\,3)^5 \times 0.133\,3 = 325.94$（万元）

第10年　$D_{10} = (5\,500 - 500) \times (1 - 0.133\,3)^{10} \times 0.133\,3 = 159.40$（万元）

第15年　$D_{15} = (5\,500 - 500) \times (1 - 0.133\,3)^{15} \times 0.133\,3 = 77.95$（万元）

2）年数总和法

年数总和法是根据固定资产原值减去预计净残值后的余额，按照逐年递减的系数（即年折旧率）计算折旧额的一种加速折旧方法，其特征是每年的折旧率为一变化的分数，计算公式为：

$$年折旧率 = \frac{折旧年限 - 已使用年数}{折旧年限 \times (折旧年限 + 1) \div 2} \times 100\% \quad (2\text{-}48)$$

$$年折旧额 = (固定资产原值 - 预计净残值) \times 年折旧率 \quad (2\text{-}49)$$

或按公式：

$$D = \frac{n - m + 1}{\frac{n}{2}(n + 1)}(TFC - SV) \quad (2\text{-}50)$$

式中符号意义同前。

【例2-5】　引用例2-4中的数据，按年数总和法计算固定资产基本折旧费。

解：将题中的数据和所求的年份 m，直接代入年数总和法折旧计算公式得：

第1年　$D_1 = \frac{15 - 1 + 1}{\frac{1}{2} \times 15 \times (15 + 1)} \times (5\ 500 - 500) = 0.125 \times 5\ 000 = 625$（万元）

第5年　$D_5 = \frac{15 - 5 + 1}{\frac{1}{2} \times 15 \times (15 + 1)} \times (5\ 500 - 500) = 0.092 \times 5\ 000 = 460$（万元）

第10年　$D_{10} = \frac{15 - 10 + 1}{\frac{1}{2} \times 15 \times (15 + 1)} \times (5\ 500 - 500) = 0.05 \times 5\ 000 = 250$（万元）

第15年　$D_{15} = \frac{15 - 15 + 1}{\frac{1}{2} \times 15 \times (15 + 1)} \times (5\ 500 - 500) = 0.008\ 33 \times 5\ 000$

$= 41.65$（万元）

必须明确的是，无论采用何种方法计提折旧，在整个固定资产折旧年限内，折旧总额都是一样的。采用加速折旧法只是在固定资产使用前期计提折旧较多，而使用后期计提折旧较少。一般来说，加速折旧法有利于企业进一步发展。

另外，由于矿山、油井、天然气井等特殊资产的价值将随着已完成的采掘量而减少，故对这类资产不计折旧，而是按照生产产品数量（如采矿按每吨原矿产量）计提维持简单再生产费用，简称维简费。

2.2.2.5　摊销费

摊销费是指无形资产和递延资产的摊销费。

1. 无形资产及其摊销

无形资产是指企业能够长期使用但是没有实物形态的资产，包括专利权、商标权、非专利技术、土地使用权、商誉等。

(1) 专利权。是指政府对发明者在产品工艺、构造、款式、配方上的发明创造给予其制造、使用和出售等方面的专门特殊权。

(2) 商标权。是指商品或劳务所用的标志向政府注册而获得受法律保护的一种永久独占权。

(3) 非专利技术，也称为技术诀窍或技术秘密。是指先进实用、未申请专利、依靠保密手段进行垄断的知识和技能。其包括各种设计资料、图纸、技术规范、工艺流程、材料配方等。

(4)土地使用权。是指企业通过与土地所有者签订合同,并支付一定数额的土地有偿使用费后,在一定期限内所取得和拥有的对某一特定场地的使用权。

(5)商誉。是指企业由于信誉好而获得的客户信任,或者由于生产经营效益好,以及由于技术先进等形成的无形价值。

企业取得了无形资产,就表明企业拥有了一种法定的或特殊的权利,或证明企业拥有能够取得高于一般水平收益的能力。无形资产一般具有很大的价值,可在两个或两个以上的会计年度内效力于企业,因此在财务处理上,企业购入或按法定程序取得无形资产的支出,一般都予以资本金化,在其受益期内摊销。

与固定资产类似,无形资产通常也有一定的有效服务期,无形资产的价值也要在服务期内逐步转移到产品价值中去。无形资产的价值转移是以无形资产在其有效服务期内逐年摊销的形式体现的。无形资产的摊销采用年限平均法,凡规定有效期限的,应按规定期限分期摊销;没有规定期限的无形资产,可按照不短于10年期限分期平均摊销。

2. 递延资产及其摊销

递延资产是指企业发生的不能计入当期损益,应当在以后年度内分期摊销的各项费用,包括开办费、租入固定资产改良支出,以及摊销期限在一年以上的其他待摊费用。

(1)开办费。是指企业在筹建期内发生的各项费用,包括筹建期间人员工资、办公费、培训费、差旅费、注册登记费,以及不计入固定资产和无形资产购建成本的汇兑损益和利息支出。企业发生的下列费用,不应计入开办费:应由投资者负担的费用支出,为取得各项固定资产、无形资产所发生的支出,以及应计入资产价值的汇兑损益、利息支出等。

(2)租入固定资产改良支出。是指以经营租赁方式租入的固定资产,只有使用权,没有所有权,因此企业对租入的固定资产进行改良的支出不能计入企业的固定资产。由于改良支出的数额较大,不能一次计入当期费用成本,而应作为递延资产摊销。

应当注意的是,增加租入固定资产的效用或延长使用寿命的改装、翻修、改建等支出才应计入租入固定资产改良支出,而安装在租入固定资产上可以移动的独立设备,如暖气设备、通风设备等,不包括在租入固定资产改良支出之内。

递延资产中的开办费应在企业开始生产经营之日起,按照不短于5年的期限分年平均摊销。租入固定资产改良及大修理支出应当在租赁期内分年平均摊销。

2.2.2.6 利息支出

利息支出是指应计入项目成本费用的借款利息净支出,即利息支出减去利息收入的净额,包括固定资产投资借款利息净支出和流动资金借款利息净支出。

1. 固定资产投资借款利息计算

在工程项目经济分析中,对国内外借款,无论实际按年、季、月计息,均可简化为按年计息,即将名义年利率按计息时间折算成实际利率,并根据贷款方的要求选择不同的计息方法,计算出生产期的每年应计利息,计入财务费用中的利息支出项目。其计算公式为:

$$i = 1 + (r/n)^n - 1 \tag{2-51}$$

式中 i——年实际利率;

r——年名义利率;

n——每年计息次数。

若假定借款发生当年均在年中支用,按半年计息,其后年份按全年计息,还款当年按年末偿还,按全年计息。每年应计利息的近似公式为:

$$每年应计利息 = \left(\frac{年初借款本息累计 + 本年借款额}{2}\right) \times 年利率 \tag{2-52}$$

若等额偿还本金和利息总额,每年应计利息的近似公式为:

$$A = I_c \frac{i(1+i)^n}{(1+i)^n - 1} \tag{2-53}$$

式中　A——每年的还本付息额;

I_c——建设期末固定资产借款本金及利息之和;

i——年利率;

n——贷款方要求的借款偿还年数(由还款年开始计)。

若等额还本利息照付,每年应计利息的公式为:

$$A_t = I_c/n + I_c\left(1 - \frac{t-1}{n}\right)i \tag{2-54}$$

式中　A_t——第 t 年的还本付息额;

其余符号意义同前。

另外,国外借款除支付银行利息外,还要另计管理费和承诺费等财务费用。为简化计算,可采用适当提高利率的办法进行处理。

2. 流动资金借款利息计算

在工程项目经济分析中,流动资金借款一般应在生产前开始筹措,为简化计算,一般规定流动资金在投产第一年开始按生产负荷进行安排,其借款部分按规定的流动资金借款利率进行计算,并按全年计算利息。

2.2.2.7　其他费用

其他费用是指在制造费用、管理费用、财务费用和销售费用中扣除工资及福利费、折旧费、修理费、摊销费、利息支出后的费用。它们的估算可以按以上各项总和的一定比例或按单位产品的其他费用金额计算确定。

2.2.3　经营成本

对于工业项目或技术方案进行技术经济分析,必须考察特定经济系统的现金流出与现金流入。经营成本作为工程项目经济分析中的一个专用术语,就是为方便工程项目经济分析而从总成本费用中分离出来的以现金支出形式表现的一部分费用,或者说经营成本是工程项目建成投产后,为生产产品或提供劳务而发生的经常性的费用支出。它包括工程项目总成本费用扣除固定资产折旧费、维简费、无形及递延资产摊销费和利息支出以后的全部费用,即:

$$经营成本 = 总成本费用 - 折旧费 - 维简费 - 摊销费 - 利息支出 \tag{2-55}$$

经营成本之所以把固定资产折旧费、维简费、无形资产及递延资产摊销费和利息支出从总成本费用中扣除,其理由在于:

(1)现金流量计算与成本计算(会计核算方法)是两个不同的概念,按照现金流量的概念,现金流量计算只计算现金收支,不计算非现金收支。而按照会计核算方法,总成本费用中的固定资产折旧费、无形资产及递延资产摊销费只是项目系统内部固定资产投资的现金转移,而非现金支出。在作工程项目现金流量分析、计算工程项目运营期间各年的现金流出时,必须从总成本费用中将折旧费与摊销费剔除,同样道理也不包括矿山维简费。

(2)按照国家现行财务制度规定,工程项目生产经营期间发生的借款利息计入产品总成本费中的财务费用,由于在编制全部投资现金流量表时,全部投资都假设为自有资金,并以全部投资为计算基础,利息支出不作现金支出;而自有资金现金流量表中已将利息支出单列,所以经营成本中不应再包括利息支出。同时,与借款还本付息有关的汇兑净损失也应作相应的处理。

2.3　销售收入、利润和税金估算

销售收入、利润和税金的估算随工程项目的情况而异。首先,应分析可行性研究报告中对工程项目建设期、投产期、达产期等年限的确定,是否符合国家有关规定和一般规律,是否符合行业、产品的特点;其次,分别按不同生产负荷计算,鉴定分析项目的产品出厂价格(或销售价格)是否符合现实情况和预测变化趋势。

2.3.1　销售收入及估算

销售收入是工程项目建成投产后出售商品和提供劳务的货币收入。在进行工程项目技术经济分析中,销售收入是系统的现金流入量。计算销售收入时,假设生产出来的产品全部售出,销售量等于生产量,这样的假定与市场分析的目的是相吻合的。销售价格一般采用出厂价格,也可根据需要采用送达用户的价格或离岸价格。其计算公式为:

$$\text{销售收入} = \text{销售量} \times \text{销售单价} = \text{生产量} \times \text{销售单价} \tag{2-56}$$

当工程项目有多种产品销售时,应分别计算后加总。同时,由于计算口径的不同,销售收入可有两种形式,即含税销售收入和不含税销售收入,对应的销售价格也有含税销售价格和不含税销售价格。这里的含税价格是指包含增值税在内的销售价格。除非特别注明,本书中销售收入均指不含税销售收入,销售价格亦指不含税销售价格。

2.3.2　销售税金测算

税金是国家依据法律对有纳税义务的单位和个人征收的财政资金。国家采用的这种筹集资金的手段叫做国家税收。税收不仅为国家建设积累资金起到重要作用,而且又是调节经济活动的重要杠杆。目前,企业依法缴纳的各种税金主要有:增值税、消费税、营业税、所得税、资源税、土地增值税、城市维护建设税、房产税、土地使用税、车船使用税、代付的个人所得税、印花税、耕地占用税等。其中,增值税属于价外税,不含在销售收入中;从销售收入中直接扣除的销售税金及附加,包括消费税、营业税、城市维护建设税、资源税及教育费附加;从利润中扣除的有所得税。

值得强调的是,各种税金的估算中应该使各种税金的计算符合国家规定的税种和税率。

2.3.2.1 增值税

增值税是对我国境内销售货物或提供加工、修理修配劳务以及进出口货物的单位和个人,就其商品流转的增值额为课税依据征收的一种流转税。所谓增值额,是指纳税人从事应税货物生产经营或提供劳务而新增加的价格额,大体上相当于购销价差。一般纳税人企业当期增值税应纳税额的计算公式为:

$$应纳增值税 = 当期销项税额 - 当期进项税额 \tag{2-57}$$

$$销项税额 = \frac{销售额}{1 + 税率} \tag{2-58}$$

式中销售额为含税销售额,进项税额为购进货物或应税劳务已缴纳的增值税。

增值税税率的选定分以下几种情况:

(1)纳税人销售或者进口货物,大多数适用17%的标准税率。

(2)纳税人销售或进口粮食、煤气、自来水、书刊、饲料、农机、农药等,适用13%的低税率。

(3)纳税人出口货物,一般适用零税率。

(4)纳税人提供加工、修理修配劳务,适用17%的标准税率。

小规模纳税人按照简易办法纳税,应纳税额按不含税销售额的6%计算。

2.3.2.2 消费税

消费税是对我国境内生产、委托加工和进口应税消费品(如烟酒、化妆品、珠宝、小汽车、摩托车等)的单位及个人征收的一种流转税,税率一般为3%~45%。在我国,国家对货物在普遍征收增值税的基础上,选择部分消费品再征收消费税,目的是调节消费结构,正确引导消费方向。消费税的计算有从价定率和从量定额两种方法,计算公式分别为:

$$从价定率下的应纳消费税额 = 销售额 \times 税率 \tag{2-59}$$

$$从量定额下的应纳消费税额 = 销售数量 \times 单位税额 \tag{2-60}$$

2.3.2.3 营业税

营业税是对在我国境内提供交通运输、建筑、金融、文体、娱乐等劳务,转让无形资产或销售不动产的单位和个人,就其营业额为课税依据征收的一种流转税,其计算公式为:

$$应纳税额 = 营业额 \times 税率 \tag{2-61}$$

其中,营业额是指企业提供应税劳务、转让无形资产或者销售不动产向对方收取的全部价款和价外费用;营业税税率对应不同的营业税税目,分为4个固定的税率(3%、5%、10%、15%)和一个有弹性幅度的税率(5%~10%)。同时,对公益性强、收入水平低而需要国家扶持的项目(如文教卫生等),免征营业税。

2.3.2.4 城市维护建设税

城市维护建设税是为加强城镇的维护和建设、扩大和稳定城镇维护建设的资金来源,按纳税人实际缴纳流转税额之和的一定比例征收的一种流转税。其税率分别为:城市,7%;县城,5%;乡镇,1%。

2.3.2.5 教育费附加

教育费附加是我国为了发展教育事业,提高人民的文化素质而征收的一种附加费用。它是按企业缴纳的流转税之和的一定比例计算的,并与流转税一并缴纳,税率一般为3%。

2.3.2.6　资源税

资源税是对在我国境内开采矿产和生产盐(如原油、天然气、煤炭、黑色金属原矿、有色金属原矿、盐等)的单位及个人取得级差收入而征收的一种税。资源税按照应税产品的课税数量和规定的单位税额计算,计算公式为:

$$应纳资源税额 = 单位税额 \times 课税数量 \tag{2-62}$$

这里的课税数量指的是:开采或者生产应税产品用于销售的,以销售数量为课税数量;开采或者生产应税产品自用的,以自用数量为课税数量。其具体适用税额根据矿产产品等级划分。

2.3.2.7　企业所得税

企业所得税是对我国境内企业的生产经营和其他所得征收的一种税。企业所得税实行比例税率,法定税率为33%。其计算公式为:

$$应纳税额 = 应纳税所得额 \times 税率 \tag{2-63}$$

这里的应纳税所得额为:

$$应纳税所得额 = 收入总额 - 成本费用和损失 \pm 税收调整项目金额 \tag{2-64}$$

其中,成本是指纳税人为生产、经营商品和提供劳务所发生的各项直接支出和各项间接费用,即生产经营成本;费用是指纳税人为生产、经营商品和提供劳务等所发生的销售费用、管理费用和财务费用;损失是指纳税人在生产经营过程中的各项营业外支出等。税收调整项目金额是指纳税人在确定纳税所得额时,按国家税收有关规定对一些项目和标准进行调整的差额。

另外,目前我国内资企业所得税与外资企业所得税分开征收。

内资企业所得税税率为33%。法律、行政法规和国务院有关规定给予减免税的,依照规定执行。

外资企业所得税税率为30%,地方所得税税率为3%,合计为33%。经济特区的外资企业及经济技术开发区的生产性外资企业,减按15%的税率征收企业所得税。沿海开放区和经济特区、经济技术开发区所在城市的老市区的生产性外商投资企业减按24%的税率征收企业所得税。经营期在10年以上的外商投资企业,从开始获利年度起第一、二年免征企业所得税,第三、四、五年减半征收企业所得税。

2.3.3　利润估算

利润是销售收入扣除销售成本和销售税金后的余额。企业利润是其经营成果的体现,也是重要的财务指标。工业工程项目投产后所获得的利润可分为销售利润(或利润总额)和税后利润两个层次,利润的计算公式为:

$$销售利润 = 销售收入 - 销售税金 - 工厂成本 - 销售费用 - 技术转让费 \tag{2-65}$$

$$利润总额 = 销售利润 + 其他销售利润 + 营业外收支净额 - 资源税 \tag{2-66}$$

$$税后利润 = 销售利润 - 企业所得税 \tag{2-67}$$

由于其他销售利润和营业外收支净额是否产生及数额大小具有不确定性,很难估算,在项目评估中予以忽略不计,以及资源税的征收仅限于石油、天然气、煤税等矿产资源,所以一般的工业工程项目,其利润总额等同于销售利润。

第 3 章　工程项目融资分析

3.1　工程项目融资概述

随着人口的增长和经济的发展,人们对于公共基础设施的需求越来越大,但是政府的财力并不能完全满足这种需要,此时,项目融资应运而生。项目融资最先产生于基础设施方面,近年来,随着经济的快速发展,项目融资在资源开发、制造业等方面也得到了应用,并向国际金融方向发展。

3.1.1　项目融资的含义

项目融资是指企业为了保证项目未来发展需要而筹集资金的各种活动的总称。工程项目的建设需要大量资金,仅靠投资人的资金一般情况下不能满足,需要通过其他渠道融通资金。项目融资是融资的狭义理解,是以项目的资产或项目建成后的未来收益作为抵押筹集资金,而不是以项目业主的其他资产作为借入资金的抵押。其具有以下特点:

(1)资金来源依靠于项目自身的资产状况或现金流量,这是项目融资与其他融资最大的区别。

(2)无追索权或有限追索权。当项目由于某些原因未能建成或经营失败时,债权人只能要求以项目本身的资产或现金流量偿还,而对项目以外的其他资产无追索权。因此,利用项目融资时,项目本身必须具有比较稳定的现金流量和盈利能力。

但在实际中,纯粹无追索权是很难做到的,它不利于保护债权人的利益,因此在项目融资中,往往要求项目以外的与项目有利害关系的第三方提供各种形式的担保,即有限追索权融资方式。

3.1.2　融资的种类

融资按照不同的标准有不同的分类。

3.1.2.1　按照融资的性质分类

按照融资的性质可以分为股权融资、负债融资和衍生工具融资。

1. 股权融资

股权融资形成的是权益资金,是企业依法长期拥有、可以自主调配的资金。股权资金一般不用还本,为永久性资金,因此财务风险小,但融资成本相对较高。企业对投资者股利的分配是在税后支付的,不具有抵税效应,而且当企业破产清算时,投资者获得清偿的顺序落后于债权人。股权融资一般包括吸收直接投资、发行普通股、发行优先股、留存收益等形式。

2. 负债融资

负债融资形成的是企业的债务，到期必须还本付息，因而财务风险大，但融资成本相对较低。企业付给债权人的利息一般是在税后支付的，具有抵税效应，而且当企业破产清算时，债权人先于股东获得清偿。负债融资的具体形式包括银行借款、发行债券、融资租赁及赊购商品和劳务等形式。

3. 衍生工具融资

衍生工具融资包括兼具股权与负债融资特性的混合融资和其他衍生工具融资。目前，我国上市公司中最常见的混合融资是可转换债券融资，最常见的其他衍生工具融资是认股权证融资。

3.1.2.2 按照融资的期限分类

按照融资的期限分为短期融资和长期融资。

1. 短期融资

短期融资是指筹集资金使用期限在一年以内的融资方式，短期资金主要为了满足生产经营过程中流动资产和日常资金周转的需要。短期融资一般表现为商业信用、保理方式、短期借款及发行短期融资券等方式。

2. 长期融资

长期融资是指筹资资金使用期限在一年以上的融资方式，长期资金主要为了满足企业进行固定资产、无形资产等长期投资的需要。长期融资一般表现为吸收直接投资、发行股票、长期借款、发行企业债券等方式。

3.1.2.3 按照融资的来源分类

按照融资的来源分为内部融资和外部融资。

1. 内部融资

内部融资是指资金直接来源于企业内部的内源性融资。内部融资额的大小主要取决于企业可分配利润的多少和利润分配政策，一般无须花费筹资费用，因而融资成本较低。

2. 外部融资

外部融资是指资金直接来源于企业外部的外源性融资。外部融资是企业融资主要的方式。融资方式中的发行股票、发行债券、银行借贷等方式均属于外部融资。

3.1.2.4 按照风险承担的程度分类

按照风险承担的程度可分为激进型融资、适中型融资和保守型融资。

资产分为流动资产和固定资产，流动资产又可以分为永久性流动资产和波动性流动资产，固定资产和永久性流动资产之和为长期资产，波动性流动资产为短期资产。一般情况下，长期资产所需资金由长期资金提供，短期资产所需资金由短期资金提供，这就是适中型融资方式。当一部分长期资产由短期资金提供时，称为激进型融资方式，当短期资产中的一部分由长期资金提供时，为保守型融资方式。

3.1.2.5 按照融资的组织形式分类

按照融资的组织形式分为公司融资和项目融资。

1. 公司融资

公司融资是指以公司现有条件为基础进行融资并完成项目的投资建设，在整个项目建设过程中,不会出现新的独立法人。在公司融资中,债务人是整个公司,当债权人的本息得不到偿还时,不仅可以对项目的资产进行追索,而且可以对公司整体的资产进行追索,因而债权人的风险程度较低。

2. 项目融资

项目融资是指在建设和经营期间存在一个新的独立法人,即项目公司,项目公司负责项目的投资建设和经营还贷。有关项目融资的含义及特点在前面已经介绍,项目融资是无追索权或有限追索权的融资方式,主要用于投资风险大、需要资金大而传统融资方式又难以满足但自身现金流量较稳定的工程项目,如天然气、煤炭、石油等自然资源的开发,以及电力、运输、公用事业等基础设施的建设。

3.2　工程项目的融资方式和主要模式

3.2.1　项目法人责任制和资本金制

根据国家计划委员会于1996年3月发布的《关于实行建设项目法人责任制的暂行规定》,我国工程项目建设由项目法人承担投资风险,对工程项目建设期和经营期的一切活动全面负责。这意味着我国工程项目建设实行项目法人责任制,工程项目可行性研究被批准后,要成立正式的项目法人。按照国务院《关于固定资产投资项目试行资本金制度的通知》的规定,各类经营性投资项目(除公益性项目资金由政府财政资金安排外),必须首先落实资本金才能进行建设。项目资本金是指工程项目总投资中,由投资者认缴的出资额,这部分资金属于权益性资金,不用还本付息。项目资本金可以用货币资金出资,也可以用实物、工业产权、非专利技术或土地使用权等作价出资,但以工业产权、非专利技术作价出资的,其比例不得超过项目资本金总额的20%。

3.2.2　工程项目的融资方式

工程项目一般需要大量的资金,但投资者的资金来源是有限的,不能满足工程项目建设和经营的需要,工程项目的融资方式有权益性质的,也有债务性质的,下面对这两种性质的融资方式进行介绍。

3.2.2.1　权益性质的融资方式

1. 国家预算内投资

国家预算内投资简称国家投资,是指以国家预算资金为来源并列入国家计划的固定资产投资。其资金一般来源于国家税收,也有部分来源于国债收入。目前其包括国家预算、地方财政、主管部门和国家专业投资拨给或委托银行贷给建设单位的基本建设拨款及中央基本建设基金,拨给企业单位的更新改造拨款,以及中央财政安排的专项拨款中用于基本建设的资金。国家预算内投资,对整个投资结构的调节起到主导作用,是能源、交通、原材料及国防科研、文教卫生、行政事业建设项目投资的主要来源。

2. 自筹资金

自筹资金是目前工程项目建设资金的重要来源,它由项目法人收到的用于该工程项目建设的上级主管部门、地方和单位、城乡个人的自筹资金组成。自筹资金必须纳入国家计划，来源必须正当，并控制在国家确定的投资总规模以内，且要按照国家确定的投资方向使用，以提高自筹资金的经济效益。

3. 发行股票

股票是股份公司签发的证明股东持有公司股份的凭证，代表着股东对发行公司净资产的所有权。按照股东享有的权利和承担义务的大小，股票可以分为优先股和普通股。股票形成的是永久性资本，无须还本，但需要对股东支付一定的股利，而且发行股票会分散公司的控制权。

4. 吸收外商直接投资

吸收外商直接投资的形式主要有合资经营、合作经营、合作开发及外商独自经营等。虽然吸收外商直接投资不发生债权债务关系，但要出让一部分管理权给外商，并要向外商支付一部分利润。

3.2.2.2 债务性质的融资方式

1. 银行贷款

贷款融资是项目负债融资的重要组成部分，也是公司融资和项目融资中最常见的基本形式，有些项目融资全部由贷款组成。现阶段，银行贷款融资的提供方主要有商业银行、政策性银行、银团机构、国际金融机构等。在贷款融资中，项目本身的盈利状况和现金流量是债权人考虑的主要因素。

2. 发行债券

债券是指经济主体为筹集资金向债券投资者出具的信用凭证，持有债券的投资者可以按期收取利息和本金。随着债券市场的发展，债券融资在项目融资中发挥的作用越来越重要。1991 年，美国内陆发电项目率先在债券市场上发行了具有优先追索权的项目债券，开启了资本市场与项目融资紧密联系的先河。但我国的债券市场较国外发达国家落后，有待于进一步发展。

3. 融资租赁

融资租赁是指由租赁公司按照承租人的要求出资购买设备，在较长的合同期内供承租人使用的融资信用业务，是以融通资金为主要目的的租赁。融资租赁的主要特点是：

(1) 出租的设备由承租人提出要求购买，或者由承租人直接从制造商或销售商处选定。

(2) 设备的维修、保养由承租人负责，而且承租人要对租赁物按照自有资产一样计提折旧。

(3) 租赁期较长，接近于租赁物的有效使用期限，在租赁期间双方均无权取消合同。

(4) 租赁期满时，按照事先约定处理租赁物，可以退还租赁公司，也可以继续租赁，或企业以很低的名义价格(相当于设备残值)买下设备。

可见，融资租赁是融资与融物的结合，有利于及时引进所需设备，但融资租赁要比银行贷款和发行债券的融资成本高。

3.2.3 项目融资的主要模式

目前，在项目融资的主要模式中，比较成熟的有 BOT 融资、ABS 融资和 TOT 融资。

3.2.3.1　BOT融资

BOT是英文Build-Operate-Transfer（建设－经营－移交）的缩写。BOT融资兴起于20世纪80年代，后以其特有的优势受到世界各国尤其是发展中国家的高度重视。典型的BOT形式是指政府与非官方资本的项目公司签订特许权经营协议，将项目的建设及经营权授予项目公司，由项目公司自行筹集资金进行项目建设和经营。项目公司在协议期内，利用项目收益偿还投资和运营维护成本，并可获得一定的利润。在协议期满后，项目公司要将该项目无偿移交给政府。

BOT模式适用于为全社会提供产品和服务的公共工程，如发电厂、铁路、废水处理设施、城市地铁和收费公路等，近年来在发展中国家应用比较广泛。

3.2.3.2　ABS融资

ABS是英文Asset-Backed-Securitization的缩写，即资产支持型资产证券化，简称资产证券化。ABS融资是以项目自身拥有的资产为基础，以项目的未来收益作为保证，通过在资本市场发行债券融通资金的一种方式。这种方式能够以较低的融资成本筹集到期限较长、规模较大的项目资金，是一种十分有效的融资方式，并且具有极大的开发价值和广阔的应用前景。目前，其主要应用于电信、电力、供水、排污、环保等领域的基本建设、维护、更新改造和扩建项目中。

3.2.3.3　TOT融资

TOT是英文Transfer-Operate-Transfer（移交－经营－移交）的缩写，是项目融资的一种新型模式。TOT融资是指政府或国有企业把已经投产运行的项目在一定期限内移交给投资者经营，以项目在该期限内的现金流量为标的，一次性地从投资者那里融得一笔资金，用于建设新项目。经营期满后，投资者再把该项目移交给政府或国有企业。这种模式具有很强的操作性，有利于吸引外资，使建设项目的建设时间和运营时间提前。

3.2.4　项目融资考虑的主要因素

工程项目所需资金较大，一般需要通过多种融资方式融通资金。在资金的筹集过程中，要重点考虑以下因素。

3.2.4.1　融资成本

融资成本是项目为筹资和使用资金而付出的代价，一般包括资金占用费和资金筹集费。融资成本一般与筹集资金的多少和使用时间的长短有关，融资成本率是评价项目可行性的主要指标，在项目融资时必须重点考虑各个融资方案的融资成本。

3.2.4.2　项目融资风险

项目融资风险是项目风险的重要组成部分。在进行项目融资时，要通过定性和定量的方法识别融资风险。项目融资风险的种类主要有资金运用风险、项目控制风险、资金供应风险、资金追加风险、利率及汇率风险等。通过对项目融资风险的分析，努力消除或减少风险损失的不确定性，使之降低到可接受的水平，以最大限度地提高项目的未来收益。

3.2.4.3　项目自身特点

由于项目融资具有不同于一般融资的特性，因此工程项目自身的特点对融资来说至关重要。每一个工程项目都有自己的特性，在选择融资方式时，既要借鉴类似项目融资的成功经验,又不能照搬已有的融资模式。要密切关注国家的投资方向、宏观政策,并结合项目所在地的投资环境进行考虑。

3.3　工程项目融资成本

融资成本是评价投资项目是否可行的基本经济标准,是企业选择资金来源、拟定筹资方案的依据,只有投资报酬率高于资本成本,项目筹资才能取得较好的经济效益。

3.3.1　融资成本含义

融资成本是资金所有权与使用权相分离的结果,是企业为筹集和使用资金而付出的代价。对于出资者而言,由于让渡资产使用权,必须取得一定的报酬;对于筹资者而言,由于取得资金使用权,必须付出一定的代价。融资成本包括资金筹集费用和资金占用费用。

3.3.1.1　资金筹集费用

资金筹集费用是资金筹措过程中为获取资金而付出的代价,如发行股票、公司债券而支付的发行手续费、资产评估费、印刷费等。筹资费用通常在资金筹集时一次性发生,在资金使用过程中不再发生,因此视为筹资数额的一项扣除。

3.3.1.2　资金占用费用

资金占用费用是资金使用过程中因占用资金而付出的代价,如股票的股利、贷款的利息、债券的利息等。占用费用是因占用他人资金而必须支付的,是融资成本的主要内容。

3.3.2　融资成本计算

3.3.2.1　个别融资成本的计算

个别融资成本是指单一融资方式的融资成本,个别融资成本率可用于比较和评价各种筹资方式,其计算的一般模式为:

$$\text{资金成本率}=\frac{\text{年资金占用费用}}{\text{筹集资金总额}-\text{筹集费用}}=\frac{\text{年资金占用费用}}{\text{筹集资金总额}\times(1-\text{筹资费用率})}\quad(3\text{-}1)$$

应该注意的是:若资金来源为负债,需考虑债务资金的抵税效应,即对于负债融资成本率要在上述公式的基础上乘以(1－所得税率)。

对于金额大、时间超过1年的长期资金来源,为了更准确地反映融资成本率,要采用折现模式,即将债务未来还本付息或股权未来股利分红的折现值与目前筹资净额相等时的折现率作为融资成本率,即:

由　$$\text{筹资净额现值}-\text{未来资金清偿额现值}=0$$

得　$$\text{资金成本率}=\text{所采用的折现率}$$

1. 银行借款融资成本

银行借款融资成本包括借款利息和借款手续费。利息费用可以税前支付,有抵税作用。银行借款的融资成本率按一般模式计算为:

$$K_L=\frac{I_L(1-T)}{L(1-F_L)}\times100\%\quad(3\text{-}2)$$

式中　K_L——银行借款成本；

I_L——银行借款每期利息；

T——所得税税率；

L——筹资总额；

F_L——银行借款筹资费用率。

对于长期借款，若考虑时间价值问题，需用折现模式计算其融资成本率。

【例 3-1】　某企业取得 5 年期长期借款 200 万元，年利率为 10%，每年付息一次，到期一次还本，借款费用率为 0.2%，该企业符合小型微利企业的条件，适用 20% 的企业所得税税率，试求项借款的融资成本率。

解：不考虑时间价值时：

$$K_L = \frac{10\% \times (1 - 20\%)}{1 - 0.2\%} \times 100\% = \frac{0.08}{0.998} \times 100\% = 8.016\%$$

考虑时间价值时：

$$200 \times (1 - 0.2\%) = 200 \times 10\% \times (1 - 20\%) \times (P/A, K_L, 5) + 200 \times (P/F, K_L, 5)$$

$$199.6 = 16 \times (P/A, K_L, 5) + 200 \times (P/F, K_L, 5)$$

令 $K_L = 8\%$，右边 $= 16 \times (P/A, 8\%, 5) + 200 \times (P/F, 8\%, 5)$

$= 16 \times 3.9927 + 200 \times 0.6806 = 200.0032$

令 $K_L = 10\%$，右边 $= 16 \times (P/A, 10\%, 5) + 200 \times (P/F, 10\%, 5)$

$= 16 \times 3.7908 + 200 \times 0.6209 = 184.8328$

根据插值法，得：$\dfrac{K_L - 10\%}{199.6 - 184.8328} = \dfrac{10\% - 8\%}{184.8328 - 200.0032}$

最终计算得：$K_L = 8.05\%$

2. 债券融资成本

债券融资成本包括债券利息和债券的发行费用。债券利息与银行借款的利息性质相同，作为项目的总成本都可以起到抵税效应。债券可以溢价发行，也可以折价发行。其计算的一般模式为：

$$K_b = \frac{I_b(1 - T)}{B(1 - F_b)} \times 100\% \tag{3-3}$$

式中　K_b——债券融资成本率；

I_b——债券年利息；

T——所得税税率；

B——债券筹资额；

F_b——债券筹资费用率。

【例 3-2】　某企业以 1 100 元的价格，溢价发行面值为 1 000 元、期限为 5 年、票面利率为 7% 的公司债券。每年付息一次，到期一次还本，发行费用率为 3%，适用所得税税率为 20%，试求债券的融资成本率。

解：不考虑时间价值时：

$$K_b = \frac{1000 \times 7\% \times (1 - 20\%)}{1100 \times (1 - 3\%)} \times 100\% = 5.25\%$$

考虑时间价值时：

$$1\,100\times(1-3\%)=1\,000\times7\%\times(1-20\%)\times(P/A,K_b,5)+1\,000\times(P/F,K_b,5)$$

$$1\,067=56\times(P/A,K_b,5)+1\,000\times(P/F,K_b,5)$$

$$1\,067=56\times(P/A,K_b,5)+1\,000\times(P/F,K_b,5)$$

令 $K_b=3\%$，右边 $=56\times(P/A,3\%,5)+1\,000\times(P/F,3\%,5)$

$=56\times4.579\,7+1\,000\times0.862\,6=1\,119.063\,2$

令 $K_b=5\%$，右边 $=56\times(P/A,5\%,5)+1\,000\times(P/F,5\%,5)$

$=56\times4.329\,5+1\,000\times0.783\,5=1\,025.952$

根据插值法，得：$\dfrac{1\,067-1\,025.952}{K_b-5\%}=\dfrac{1\,025.952-1\,119.063\,2}{5\%-3\%}$

最终计算得：$K_b=4.12\%$

3. 优先股融资成本

优先股融资成本包括筹资费用和定期支付的固定股利。因为股利是以税后利润支付的，所以不具有抵税效应。其融资成本的计算公式为：

$$K_p=\frac{D_p}{P_p\times(1-F_p)}\times100\% \tag{3-4}$$

式中 K_p——优先股的融资成本率；

D_p——优先股年股利；

P_p——筹资额；

F_p——优先股筹资费用率；

【例 3-3】 某公司发行优先股 200 万元，优先股筹资费用率 6%，每年支付 13% 的股利。该优先股的成本为：

$$K_p=\frac{200\times13\%}{200\times(1-6\%)}\times100\%=13.83\%$$

4. 普通股融资成本

普通股融资成本包括筹资费用和向股东发放的股利，与优先股一样，普通股的股利也不具有抵税效应。与优先股不同的是，普通股的股利不是固定的，其融资成本的计算常用的方法有股利增长模型和资本资产定价模型。

股利增长模型为：

$$K_s=\frac{D_0\times(1+g)}{P_c\times(1-F_c)}\times100\%+g \tag{3-5}$$

式中 K_s——普通股融资成本率；

P_c——筹资额；

F_c——普通股筹资费用率；

D_0——本期支付股利；

g——股利年增长率。

【例 3-4】 某公司拟发行普通股，发行价格为 30 元，筹资费用率为 2%。本年发放现金股利每股 0.6 元，预期股利年增长率为 10%，该普通股融资成本率为：

$$K_s = \frac{0.6 \times (1 + 10\%)}{30 \times (1 - 2\%)} \times 100\% + 10\% = 12.24\%$$

资本资产定价模型为：

$$K_s = R_f + \beta(R_m - R_f) \tag{3-6}$$

式中　R_f——无风险报酬率；

β——股票的风险校正系数；

R_m——市场平均报酬率。

【例 3-5】　某公司普通股 β 值为 1.15，此时国债利率为 11%，市场平均报酬率为 15%，则该普通股的融资成本为：

$$K_s = 11\% + 1.15 \times (15\% - 11\%) = 15.6\%$$

5. 留存收益融资成本

留存收益是指企业未以股利等形式发放给投资者而保留在企业的那部分盈利，包括盈余公积和未分配利润，其实质是一种所有者权益，是所有者向企业追加的投资。利用留存收益筹集资金不发生筹资费用。留存收益的融资成本率的计算方法与普通股相同，可以用股利增长模型和资本资产定价模型，不同之处是留存收益不考虑筹资费用。

3.3.2.2　加权平均融资成本

当项目采用多元化融资时，为了反映项目整体融资成本的高低，需要计算加权平均融资成本，其具体步骤为：

(1)计算个别融资成本。

(2)计算各资金来源占全部资金的比重。

(3)利用计算公式求出加权平均融资成本。

加权平均融资成本的计算公式为：

$$K_w = \sum_{i=1}^{n} (K_i W_i) \tag{3-7}$$

式中　K_w——加权平均融资成本；

W_i——第 i 种个别资金占全部资金的比重；

K_i——第 i 种个别融资成本。

【例 3-6】　某投资项目所需资金共 1 000 万元，预计长期借款 400 万元，发行长期债券 150 万元，发行普通股 450 万元，其个别融资成本分别为 5%、6%、9%，则该项目的加权平均融资成本为：

$$K_w = 5\% \times \frac{400}{1\,000} + 6\% \times \frac{150}{1\,000} + 9\% \times \frac{450}{1\,000} = 6.95\%$$

3.3.2.3　边际融资成本

边际融资成本是企业追加筹资的成本。个别融资成本和加权平均融资成本是企业过去筹集的单项资金的成本和目前使用的全部资金的成本。但是，企业在追加筹资时，还要考虑新筹集资金的成本，即边际融资成本，其应采用目标价值作为权数。

【例 3-7】 某企业设定的目标资金结构为：银行借款 20%、公司债券 15%、普通股 65%。现拟追加筹资 300 万元，个别融资成本率分别为：银行借款 7%、公司债券 12%、普通股 15%。追加筹资的 300 万元边际融资成本计算如表 3-1 所示。

表 3-1　边际融资成本计算表

资金种类	目标资金结构（%）	追加筹资额（万元）	个别融资成本率（%）	边际融资成本率（%）
银行借款	20	60	7	1.4
公司债券	15	45	12	1.8
普通股	65	195	15	9.75
合计	100	300	—	12.95

3.4　工程项目融资结构优化

3.4.1　杠杆效应

3.4.1.1　经营杠杆效应

经营杠杆效应是指由于固定性经营成本的存在，导致企业的息税前利润变动率大于产销业务量变动率的杠杆效应。经营杠杆衡量的是企业的经营风险。测算经营杠杆的指标是经营杠杆系数，常用 DOL 表示。以下为相关指标的计算公式：

$$EBIT = S - V - F = (P - V_C)Q - F = M - F \tag{3-8}$$

式中　$EBIT$——息税前利润；

S——销售额；

V——变动性经营成本；

F——固定性经营成本；

Q——产销业务量；

P——销售单价；

V_C——单位变动成本；

M——边际贡献。

$$DOL = \frac{息税前利润变动率}{产销量变动率} = \frac{\Delta EBIT/EBIT}{\Delta Q/Q} \tag{3-9}$$

式中　DOL——经营杠杆系数；

$\Delta EBIT$——息税前利润变动额；

ΔQ——产销业务量变动值。

经过整理,经营杠杆系数计算公式可以简化为:

$$DOL = \frac{基期边际贡献}{基期息税前利润} = \frac{S - V}{S - V - F} = \frac{M}{M - F} = \frac{EBIT + F}{EBIT} \tag{3-10}$$

【例 3-8】　某公司销售产品中,变动成本率为 70%,今年销售额为 5 000 万元,变动成本为 3 500 万元,固定成本为 500 万元,息税前利润为 1 000 万元。预期明年销售额为 7 000万元,变动成本为 4 900 万元,固定成本仍为 500 万元,息税前利润为 1 600 万元。试求经营杠杆系数。

$$DOL = \frac{\Delta EBIT/EBIT}{\Delta Q/Q} = \frac{(1\ 600 - 1\ 000)/1\ 000}{(7\ 000 - 5\ 000)/5\ 000} = \frac{600/1\ 000}{2\ 000/5\ 000} = 1.5$$

$$DOL = \frac{M}{EBIT} = \frac{5\ 000 \times 30\%}{1\ 000} = 1.5$$

3.4.1.2　财务杠杆效应

财务杠杆效应是指由于固定性资本成本的存在,导致的普通股每股收益变动率大于息税前利润变动率的杠杆效应。财务杠杆衡量的是企业的财务风险,计量财务杠杆的指标是财务杠杆系数,常用 DFL 表示。以下为相关指标的计算公式:

$$EPS = \frac{(EBIT - I)(1 - T)}{N} \tag{3-11}$$

式中　EPS——每股收益;

I——债务资本利息;

T——所得税税率;

N——普通股股数。

$$DFL = \frac{每股收益变动率}{息税前利润变动率} = \frac{\Delta EPS/EPS}{\Delta EBIT/EBIT} \tag{3-12}$$

经过整理,财务杠杆系数计算公式可以简化为:

$$DFL = \frac{EBIT}{EBIT - I} \tag{3-13}$$

【例 3-9】　现有 A、B 两个公司,公司全部长期资金均为 1 000 万元。A 公司无负债,无优先股,全部为普通股股本;B 公司的借入资金为 300 万元,借款利率为 10%,普通股股本为 700 万元,无优先股。假定两个企业息税前利润都为 200 万元,所得税率为 25%。试分别计算 A、B 公司的财务杠杆系数。

解:

$$DFL_{A} = 200/200 = 1$$

$$DFL_{B} = 200/(200 - 300 \times 10\%) = 1.18$$

3.4.1.3　总杠杆效应

当同时存在固定性经营成本和固定性资本成本时,就会存在总杠杆效应。衡量总杠杆效应的指标是总杠杆系数。总杠杆系数指普通股每股收益变动率与产销量变动率的比值,是经营杠杆系数和财务杠杆系数的乘积。其计算公式为:

$$DTL = \frac{普通股每股收益变动率}{产销量变动率} \tag{3-14}$$

经过整理,总杠杆系数可以简化为:

$$DTL = DOL \cdot DFL = \frac{S - V}{S - V - F - I} = \frac{M}{M - F - I} \tag{3-15}$$

经营杠杆反映的是经营风险,财务杠杆反映的是财务风险,总杠杆反映了经营杠杆和财务杠杆之间的关系。一般来说,固定资产比重较大的资本密集型企业,经营杠杆系数高,经营风险大,企业主要依靠权益资金筹资,以保持较小的财务杠杆系数和财务风险;变动成本比重较大的劳动密集型企业,经营杠杆系数低,经营风险小,企业主要依靠债务融资,以充分发挥债务资金的财务杠杆效应。总之,在融资时,要保持适度的总杠杆效应,不可以过高。

3.4.2　融资结构的优化

融资结构是项目资金筹措方案中各种资金来源的构成及比例关系。习惯上,将负债融资和权益融资的结构比例称为融资结构。融资比例的大小直接影响项目出资人的收益和风险,必须重视选取适当的融资比例。最佳融资结构是指在一定时期内加权平均融资成本最低、企业价值最大的融资结构。对融资结构优化的方法,主要有每股收益分析法、平均融资成本比较法和公司价值分析法。

3.4.2.1　每股收益分析法

每股收益分析法的关键是寻找每股收益无差别点。每股收益无差别点是指不同筹资方式下每股收益相等时的息税前利润或业务量水平。在每股收益无差别点时,不同筹资方案的 *EPS* 是相等的,用公式表示为:

$$\frac{(\overline{EBIT} - I_1)(1 - T)}{N_1} = \frac{(\overline{EBIT} - I_2)(1 - T)}{N_2} \tag{3-16}$$

$$\overline{EBIT} = \frac{I_1 N_2 - I_2 N_1}{N_2 - N_1} \tag{3-17}$$

式中　$\overline{EBIT}$——息税前利润平衡点,即每股收益无差别点;

I_1、I_2——两种筹资方案下的债务利息;

N_1、N_2——两种筹资方案下的普通股股数;

T——企业所得税税率。

【例 3-10】　某企业目前资本结构为:总资本 1 000 万元,债务资本 400 万元,年利息 40 万元,普通股资本 600 万元,面值 1 元,市价 5 元。企业面临一个较好的投资项目,该项目需追加筹资 300 万元,有以下两种筹资方案:

方案一:取得银行借款 300 万元,年利率 16%;

方案二:增发普通股 100 万股,每股发行价 3 元。

据财务人员分析,追加筹资后销售额可达到 1 200 万元,变动成本率为 60%,固定成本为 200 万元,所得税税率为 20%,根据上述数据,计算每股收益无差别点:

$$\frac{(\overline{EBIT} - 40) \times (1 - 20\%)}{600 + 100} = \frac{(\overline{EBIT} - 40 - 300 \times 16\%) \times (1 - 20\%)}{600}$$

得:

$$\overline{EBIT} = 376(万元)$$

$\overline{EBIT}$为 376 万元时是两个筹资方案的每股收益无差别点,此时,两个方案的每股收益相等，均为 0.384 元。企业预测追加筹资后销售额 1 200 万元，$EBIT = 1\,200 \times (1 - 60\%) - 200 = 280$（万元），低于无差别点 376 万元，应采用财务风险较小的方案二，即增发普通股方案。在 1 200 万元的销售水平上，方案一的 *EPS* 为 0.256 元，方案二的 *EPS* 为 0.274 元。

3.4.2.2　平均融资成本比较法

平均融资成本比较法是通过计算不同资金组合的加权平均成本，选择平均融资成本最低的方案作为最佳方案。此方案从资金投入考虑融资结构优化的问题，计算简单，但没有考虑风险问题。

【例 3-11】　某企业为了建设某项目，需筹资 100 万元，可以通过银行借款、发行债券、发行普通股三种方式筹集。其个别融资成本已分别确定，有关资料如表 3-2 所示。

表 3-2　某企业融资成本与资本结构数据

筹资方式	资本结构（%）			个别融资成本率（%）
	A 方案	B 方案	C 方案	
银行借款	20	30	20	6
发行债券	30	10	20	8
发行普通股	50	60	60	9
合计	100	100	100	—

首先，分别计算三个方案的加权平均成本：

A 方案　　$K = 20\% \times 6\% + 30\% \times 8\% + 50\% \times 9\% = 8.1\%$

B 方案　　$K = 30\% \times 6\% + 10\% \times 8\% + 60\% \times 9\% = 8\%$

C 方案　　$K = 20\% \times 6\% + 20\% \times 8\% + 60\% \times 9\% = 8.2\%$

其次，根据该项目融资的其他标准，考虑企业的其他因素，对各个方案进行修正之后，选出最佳的融资方案。在本例中，假定其他方案影响可以忽略不计，则可以选择加权平均融资成本最低的 B 方案。

3.4.2.3　公司价值分析法

公司价值分析法是以公司市场价值为标准，考虑了风险因素的一种分析方法。该方法认为能够提升公司价值的资金结构，就是最佳的资金结构，而且公司价值最大时的资金结构，也是加权平均融资成本最低的资金结构。在该方法中，公司价值为：

$$V = S + B \tag{3-18}$$

式中　V——公司价值；

B——债务资金价值；

S——权益资金价值。

为简化分析，假定公司每期的 *EBIT* 保持不变，债务资金的市场价值等于其面值。权益资金的市场价值计算公式为：

$$S = \frac{(EBIT - I)(1 - T)}{K_s} \tag{3-19}$$

$$K_s = R_f + \beta(R_m - R_f) \tag{3-20}$$

$$K_w = K_b \frac{B}{V}(1 - T) + K_s \frac{S}{V} \tag{3-21}$$

式中符号意义同前。

【例3-12】 某公司的资金总额为1 000万元，息税前利润为400万元。同期国债利率为6%，市场平均报酬率为10%，假定企业所得税税率为40%。不同债务水平下的权益融资成本和债务融资成本如表3-3所示。

表3-3　不同债务水平下的税前债券融资成本率与普通股融资成本率

债务资金价值 B(万元)	税前债券融资成本率 K_b(%)	股票的风险校正系数 β	普通股融资成本率 K_s(%)
0	—	1.50	12.0
200	8	1.55	12.2
400	8.5	1.65	12.6
600	9	1.80	13.2
800	10	2.00	14.0
1 000	12	2.30	15.2

根据表3-3，可以计算出不同融资方案下的企业总价值和加权平均融资成本，如表3-4所示。

表3-4　公司价值和平均融资成本　（单位：万元）

债务资金价值	权益资金价值	公司价值	税后债券融资成本率(%)	普通股融资成本率(%)	平均融资成本率(%)
0	2 000	2 000	—	12.0	12.0
200	1 889	2 089	4.8	12.2	11.5
400	1 743	2 143	5.1	12.6	11.2
600	1 573	2 173	5.4	13.2	11.0
800	1 371	2 171	6.0	14.0	11.1
1 000	1 105	2 105	7.2	15.2	11.4

从表中可以看出，起初公司价值随着债务资金的增加而增加，但当增加到一定的程度，公司价值开始下降，这说明债务可以发挥财务杠杆的作用，但要坚持适度原则。此例中债务资金达到600万元时，公司价值最大，为2 173万元，同时加权平均融资成本也是最低的，为11.0%。

第 4 章　工程项目财务分析

4.1　工程项目财务分析概述

4.1.1　工程项目财务分析的含义

工程项目财务分析是工程项目经济分析的重要组成部分，它是指根据国家现行财税制度、价格体系以及其他相关制度，从项目财务角度出发，分析测算工程项目直接发生的财务效益和费用，编制财务分析表，计算财务分析指标，考察工程项目竣工投产后的盈利能力、项目债务清偿能力，以及项目外汇效果等财务状况，并据以判断工程项目在财务上的可行性。项目财务分析为考察项目投资的经济效果、制订适宜的资金规划、协调企业和国家利益提供重要依据。由于进行工程项目财务分析需要编制一套必要的基本计算表，而这些计算表是在对企业日常财务分析报表的基础上编制的，所以企业工程项目财务分析又可以称为企业财务报表分析。但作为对特定工程项目的财务分析，又不同于一般企业日常经营活动的财务分析，与企业日常经营活动财务分析有着明显的区别，主要表现在以下几个方面。

4.1.1.1　分析的时间不同

日常的财务分析是企业在某一经营阶段结束以后对经营的实际成果进行的事后分析，而项目的财务分析则是在项目建设前（通常在项目的可行性研究阶段）所进行的事前分析。同时，项目的财务分析是对项目的整个计算期进行的长期考察分析。计算期一般包括项目的建设期与生产经营期（有些项目是使用期或经营期）。工程项目建设期一般根据实际需要确定，生产经营期原则上不超过 20 年，但对于大型工程项目往往要分析十年甚至几十年，而日常财务分析则多半是仅对当年的生产经营情况进行短期分析。

4.1.1.2　分析所采用的资料不同

日常的财务分析主要依据的是实际历史数据，这些数据通常取之于企业当年的或前一年的财务报表中已经发生的实际资料，有关数据资料相当系统和全面；而工程项目财务分析依据的资料只能是根据工程项目的具体特点、面临的投资环境以及技术进步等因素，并参考同类工程项目的历史数据，对其未来的现金流量、盈利能力和清偿能力等进行的估算和预测，即依据的资料具有预测性。所以，工程项目的财务分析还包括不确定性分析，即在进行工程项目财务分析的同时，还研究不确定性因素（如通货膨胀率、价格相对变化等）对工程项目可能产生的影响。

4.1.1.3　分析的内容和目的不同

日常的财务分析是对企业经济活动的短期分析，侧重于对现有企业营运活动效果的分析，重点在于总结经验，吸取教训并指导未来，以保证企业及时调整经营策略，不断提高企业的经济效益;而工程项目的财务分析是把投资和生产联系在一起,分析工程项目整个经济寿命周期内的投入产出活动,重点在于通过对工程项目盈利能力、债务清偿能力及外汇效果等财务状况的预测,揭示工程项目长期的财务经济状况,为可行性研究选择最优工程项目提供决策依据。

4.1.1.4　分析采用的方法不同

工程项目财务分析的目的决定了项目财务分析所采用的方法。两种财务分析在目的、任务、条件等方面的不同,决定了项目财务分析的方法比日常财务分析所用的方法全面和复杂。在方法上项目财务分析以动态分析为主,静态分析为辅,它除运用一般的静态指标(如资产负债率、全部投资回收期等)进行分析外,还要运用财务内部收益率、财务净现值等动态指标进行财务分析。

4.1.1.5　分析结论对企业的影响程度不同

企业日常财务分析的目的在于为企业的短期经营决策服务,如果决策失误,其损失相对来说是短期的、暂时的和局部的,因而也是比较易于补救的;而工程项目财务分析是分析拟建工程项目的财务可行性,以便为长期投资决策提供依据,如果决策失误,将造成难以挽回的全局性的长期损失。

另外,参与分析的人员也不同。日常的财务分析通常由企业内部的财务人员定期进行;而工程项目的财务分析通常应由项目可行性研究人员进行。

当然,工程项目的财务分析与日常的财务分析也有许多相似之处,如对工程项目本身的经济效益进行分析和评价,所采用的方法有不少是相同或通用的,如比较分析法、比率分析法和趋势分析法等。与日常财务分析相似,工程项目财务分析也常常将有关指标与特定的标准相比较,并通过各种财务比率测算来反映拟建工程项目的财务状况。

4.1.2　工程项目财务分析的内容与作用

4.1.2.1　工程项目财务分析的内容

工程项目财务分析的基本内容包括项目盈利能力分析、清偿能力分析、外汇平衡以及不确定性分析等。而项目盈利能力、清偿能力及外汇平衡等财务状况,是通过编制财务报表及计算相应的评价指标来进行分析判断的。由此,为判别项目的财务可行性所进行的财务分析应该包括以下具体内容。

1. 财务效益和费用识别

效益和费用是针对特定项目而言的,效益是对项目的贡献,主要表现为生产经营的产品销售(营业)收入;费用则是对项目的反贡献,是负效益,主要表现为建设项目总投资、经营成本和税金等各项支出。此外,项目得到的各种补贴,项目寿命期末回收的固定资产余值和流动资金等,也是项目得到的收入,在财务分析中视为效益处理。工程项目的财务目标是获取尽可能大的净贡献。因此,正确识别工程项目的财务效益和费用应以项目为界,以是否属于项目的直接收入和支出为划定标准。至于那些由于项目建设和运营所引起的外部费用和收益,只要不是直接由项目开支或获得的,就不是项目的财务费用或效益。

2. 财务效益和费用计算

客观、准确以及效益和费用的计算口径对应一致，是计算项目财务效益和费用时应遵循的基本原则。计算效益和费用的价值量时，项目产出物和投入物价格的选用必须有充分的依据。一般规定，项目财务分析使用财务价格，即以现行价格体系为基础的预测价格。对于价格变动因素，在进行项目财务盈利能力分析和清偿能力分析时，原则上要求作不同处理，即两种分析分别采用两套预测价格、两套计算数据。进行财务盈利能力分析时，计算期内各年采用的预测价格是在基年（或建设期初）物价总水平的基础上预测的，只考虑相对价格的变化，不考虑物价总水平的上涨因素；在进行清偿能力分析时，计算期内各年采用的预测价格，除考虑相对价格的变化外，还要考虑物价总水平的上涨因素。对于物价总水平上涨因素一般只考虑到工程项目的建设期末。

3. 财务报表的编制

在工程项目财务效益和费用识别与计算的基础上，可着手编制项目的财务报表，它包括基本报表和辅助报表。为分析项目的盈利能力需编制的主要报表有：现金流量表、损益表及相应的辅助报表；为分析项目的清偿能力需编制的主要报表有：资产负债表、资金来源与运用表及相应的辅助报表；对于涉及外贸、外资及影响外汇流量的项目，为考虑项目的外汇平衡情况，尚需编制项目的财务外汇平衡表。

4. 财务分析指标的计算与评价

由上述财务报表，可以方便地计算出各种财务分析指标。通过与评价标准或基准值的对比分析，即可对项目的盈利能力、清偿能力及外汇平衡等财务状况作出评价，判别项目的财务可行性。财务分析的盈利能力分析要计算财务内部收益率、财务净现值、投资回收期等主要评价指标。根据项目的特点及实际需要，也可计算投资利润率、投资利税率、资本金利润率等指标。清偿能力分析要计算资产负债率、借款偿还期、流动比率、速动比率等指标。此外，还可计算其他价值指标或实物指标（如单位生产能力投资），进行辅助分析。

4.1.2.2　工程项目财务分析的作用

工程项目财务分析是项目经济分析的主要内容之一，它主要从企业经营角度分析项目投资的财务可行性。因此，无论是对项目投资主体，还是对工程项目利益相关者，均具有十分重要的作用。

1. 提供工程项目财务盈利能力信息

工程项目的财务盈利能力如何，投产后能否达到国家规定或企业设定的基准收益率，取得预期的投资效益；是否达到国家规定的投资回收期，能否按照银行的要求偿还贷款，债权人的权益是否有保障等，是项目投资主体、债权人以及其他工程项目利益相关者共同关心的问题。因此，一个项目是否值得兴建，首先要分析考察项目的财务盈利能力等各项经济指标。

2. 为协调国家利益和企业利益提供依据

对某些国民经济分析结论好、财务分析不可行，但又为国计民生所急需的工程项目，必要时可向国家提出采取经济优惠措施的建议，使工程项目具有财务上的生存能力。此时，工程项目财务分析可以为国家优惠方式及其幅度的确定提供决策依据。

4.1.3 工程项目财务分析的原则与程序

4.1.3.1 财务分析的原则

为保证财务分析的客观性和有效性,准确、可靠地反映项目建成后的实际效果,工程项目的财务分析应遵循以下原则:

(1)必须符合国家的国民经济发展规划及产业政策,符合经济建设的方针、政策及有关法规,并有助于企业微观利益与国民经济宏观利益的协调一致。

(2)财务分析必须建立在项目技术可靠可行的基础上,否则财务分析的结论将是不真实、不可靠的,从而也是无效的。

(3)正确识别项目的财务效益和费用,计算口径对应一致,只计算项目本身的直接费用和直接效益,即项目的内部效果。

(4)财务分析以动态分析为主、静态分析为辅。充分考虑资金的时间因素,以全面综合反映项目计算期内全部财务效益与费用的动态财务分析指标作为考察项目财务可行性的主要指标。

(5)财务分析的内容、深度及计算指标,应能满足审批项目建议书和可行性研究报告时对项目财务分析的要求。可行性研究阶段,必须按照原国家计划委员会发布的现行建设项目经济分析方法及相应的评价参数,作出全面、详细、完整的财务分析。

4.1.3.2 财务分析的程序

工程项目的财务分析是在项目市场研究和技术研究基础上进行的。它主要是利用有关的基础数据,通过编制财务报表,计算财务分析指标及各项财务比率,进行财务分析,作出评价结论。其程序大致包括以下几个步骤:

(1)基础数据的准备。根据项目市场研究和技术研究的结果、现行价格体系及财税制度进行财务预测,获得项目投资、销售(营业)收入、生产成本、利润、税金及项目计算期等一系列财务基础数据,并将所得数据编制成辅助财务报表。

(2)编制基本财务报表。由上述财务预测数据及辅助报表,分别编制反映项目财务盈利能力、清偿能力及外汇平衡情况的基本财务报表。其主要包括固定资产投资估算表、总成本费用估算表、流动资金估算表、投资计划与资金筹措表、单位产品生产成本估算表等。

(3)财务分析指标的计算与评价。根据基本财务报表计算各项财务分析指标如投资回收期、财务净现值、财务内部收益率等,并分别与对应的评价标准或基准值进行对比分析,对工程项目的各种财务状况作出评价。

(4)进行不确定性分析。通过盈亏平衡分析、敏感性分析、概率分析等不确定性分析方法,分析项目可能面临的风险及项目在不确定情况下的抗风险能力,得出工程项目在不确定情况下的财务分析结论或建议。

(5)作出项目财务分析的最终结论。根据上述财务分析的确定性分析和不确定性分析的结果,对项目的财务可行性作出最终判断。

4.1.4　财务分析指标与报表

工程项目财务分析指标是用来计算比较考核和预测项目经济效益的工具。经济效果指标从本质上讲应该能够全面地反映工程项目的投入(消耗)与产出(效果)的关系。由于财务分析涉及面广,任何一种评估方法采用某一种指标都只能从某一个角度来反映其经济效果,总是有它的局限性;而制订一个单一的、全面概括的综合指标实际上是不大可能的。因此,对于财务分析一般采用一组指标即由多个指标组成的指标体系,用以全面完整地反映出拟建工程项目的财务效益。但这些指标也有主次之分,如主要指标、辅助指标、其他补充指标等。

任何评价指标都是服务于特定评价目的和评价内容的,工程项目财务分析主要包括工程项目盈利能力、清偿能力以及外汇效果等内容。因此,工程项目财务分析指标也相应包括盈利能力指标、清偿能力指标和外汇效果指标。这些指标按其是否考虑资金时间价值,又分为静态财务分析指标和动态财务分析指标。同时,财务分析指标计算又是以财务分析报表为基础,不同的财务分析指标计算,需要编制不同的财务分析报表。如盈利能力评价指标的计算需要编制现金流量表和损益表,而清偿能力指标的计算则需要编制资金来源与运用表和资产负债表等。

工程项目财务分析内容、基本报表与分析指标的对应关系如表 4-1 所示。

表 4-1　工程项目财务分析内容、基本报表与分析指标的对应关系

分析内容	基本财务报表	财务分析指标	
		静态财务分析指标	动态财务分析指标
盈利能力分析	全部投资现金流量表	全部投资回收期	全部投资回收期、财务净现值、财务内部收益率
	自有资金现金流量表		财务净现值、财务内部收益率
	损益表	投资利润率、投资利税率、资本金利润率	
清偿能力分析	资金来源与运用表	借款偿还期	
	资产负债表	资产负债率、流动比率、速动比率	
外汇效果分析	财务外汇平衡表		财务外汇净现值、财务外汇成本、财务节汇成本

4.2 工程项目财务盈利能力分析

工程项目财务盈利能力分析主要是考察项目投资的盈利水平。为达到此目的,需编制全部投资现金流量表、自有资金现金流量表和损益表3个基本财务报表,并计算财务内部收益率、财务净现值、投资回收期等主要评价指标。根据项目的特点及实际需要,也可计算投资利润率、投资利税率、资本金利润率等指标。

4.2.1 工程项目财务盈利能力分析基本报表

工程项目财务盈利能力分析需要编制的基本财务报表主要包括全部投资现金流量表、自有资金现金流量表和损益表等。

4.2.1.1 全部投资现金流量表

全部投资现金流量表见表4-2。

表4-2 全部投资现金流量表 (单位:万元)

序号	年份 项目	建设期 1	建设期 2	投产期 3	投产期 4	达到设计能力生产期 5	达到设计能力生产期 6	达到设计能力生产期 …	达到设计能力生产期 n	合计
	生产负荷(%)									
1	现金流入									
1.1	产品销售(营业)收入									
1.2	回收固定资产残值									
1.3	回收流动资金									
2	现金流出									
2.1	固定资产投资 (含投资方向调节税)									
2.2	流动资金									
2.3	经营成本									
2.4	销售税金及附加									
2.5	所得税									
2.6	特种基金									
3	净现金流量(1-2)									
4	累计净现金流量									
5	所得税前净现金流量 (3+2.5+2.6)									
6	所得税前累计净现金流量									

	所得税后	所得税前
计算指标:财务内部收益率		
财务净现值	(i= %)	(i= %)
投资回收期		

注:1. 根据需要可在现金流入和现金流出栏里增减项目;

2. 生产期发生的更新投资作为现金流出可单独列项或列入固定资产投资项中。

全部投资现金流量表是在设定工程项目全部投资均为自有资金条件下的项目现金流量系统的表格反映，旨在考察项目的盈利能力、项目设计的经济合理性。其基本格式如表 4-2所示。

其中的内容含义为：

(1)计算期的年序为 1,2,…,n，建设开始年作为计算期的第一年，年序为 1。当项目建设期以前所发生的费用占总费用的比例不大时，为简化计算，可将其列入年序 1。若需单独列出，可在年序 1 之前另加一栏“建设起点”，年序为 0，将建设期以前发生的现金流出填入该栏。

(2)现金流入为产品销售(营业)收入、回收固定资产残值、回收垫支流动资金三项之和。其中，固定资产残值和垫支流动资金一般在工程项目计算期最后一年回收，固定资产残值回收额为固定资产期末净值合计，垫支流动资金回收额为项目全部流动资金。

(3)现金流出由项目投资、成本及税金等组成。其中，固定资产投资包括投资方向调节税。

(4)项目计算期各年净现金流量为各年现金流入量减去对应年份的现金流出量，各年累计净现金流量为本年及以前各年净现金流量之和。

(5)所得税前净现金流量为上述净现金流量加所得税和特种基金两项，即在现金流出中不计入所得税和特种基金时的净现金流量，由此可计算所得税前累计净现金流量。

由不分投资资金来源，以全部投资作为计算基础编制的全部投资现金流量表，可以计算全部投资所得税前及所得税后财务内部收益率、财务净现值及投资回收期等评价指标，考察项目全部投资的盈利能力，为各个工程项目(不论其资金来源及利息多少)进行比较建立共同基础。

4.2.1.2　自有资金现金流量表

自有资金现金流量表是从投资者的角度出发，以投资者的出资额作为计算基础，把借款本金偿还和借款利息支付作为现金流出，通过计算自有资金财务内部收益率、财务净现值及投资回收期等评价指标，从自有资金角度考察工程项目的现金流入、流出情况，评价分析自有资金盈利能力，以及项目给其投资人带来的经济效果。其具体格式如表 4-3 所示。

投资者在投资决策时都有目标收益率，自有资金财务内部收益率大于或等于该目标收益率，是投资者决定投资的必要条件。因此，自有资金现金流量分析是投资者投资决策的需要，必须认真编制，正确计算。随着投资体制改革的深入，资本金制度的付诸实施，该表的重要性已经越来越为人们所重视。

必须注意的是，自有资金现金流量表是从投资者角度来编制的，投资者的自有资金可能并不能满足项目对资金额的要求，投资者可能要发生借款，借款属于现金流入，但是这个借款还要用于项目投资，也即在借款作为现金流入的同时，又构成了同一时点、相同数额的现金流出，二者相抵，对项目的净现金流量的计算没有影响，从而对自有资金的盈利能力评价无影响，所以自有资金现金流量表既没有把借款作为现金流入，也没有把借款作为现金流出，表中的投资支出只有投资中的自有资金支出。

表 4-3　自有资金现金流量表　　（单位：万元）

序号	项目 \ 年份	建设期		投产期		达到设计能力生产期				合计
		1	2	3	4	5	6	…	n	
	生产负荷（%）									
1	现金流入									
1.1	产品销售（营业）收入									
1.2	回收固定资产残值									
1.3	回收流动资金									
2	现金流出									
2.1	自有资金									
2.2	借款本金偿还									
2.3	借款利息支付									
2.4	经营成本									
2.5	销售税金及附加									
2.6	所得税									
2.7	特种基金									
3	净现金流量（1－2）									
计算指标：财务内部收益率　　财务净现值　　（$i=$　%）										

注：1. 根据需要可在现金流入和现金流出栏里增减项目；
2. 生产期发生的更新投资作为现金流出可单独列项或列入固定资产投资项中；
3. 自有资金是指项目投资者的出资额。

4.2.1.3　损益表

损益表反映项目计算期内各年的利润总额、所得税及税后利润的分配情况，其基本格式如表 4-4 所示。

表 4-4　损益表　　（单位：万元）

序号	项目 \ 年份	建设期		投产期		达到设计能力生产期				合计
		1	2	3	4	5	6	…	n	
	生产负荷（%）									
1	产品销售（营业）收入									
2	销售税金及附加									
3	总成本费用									
4	利润总额（1－2－3）									
5	所得税									
6	税后利润（4－5）									
7	特种基金									
8	可供分配利润（6－7）									
8.1	盈余公积金									
8.2	应付利润									
8.3	未分配利润									
	累计未分配利润									
计算指标：财务内部收益率　　财务净现值　　（$i=$　%）										

注：利润总额应根据国家规定先调整为应纳税所得额（如减免所得税、弥补上年度亏损等），再计算所得税。

其中的内容含义为：

(1)产品销售(营业)收入、销售税金及附加、总成本费用的各年度数据分别取自相应的辅助报表。

(2)盈余公积金项含公益金。法定盈余公积金按照可供分配利润扣除用于弥补以前年度亏损额后的10%提取，盈余公积金已达注册资金50%时可不再提取。公益金主要用于企业职工的集体福利设施支出。

(3)应付利润为向投资者分配的利润。

(4)未分配利润主要指用于偿还固定资产投资借款及弥补以前年度亏损的可供分配的利润。

4.2.2　财务盈利能力分析指标

反映工程项目财务盈利能力的指标主要包括全部投资回收期、财务净现值、财务内部收益率以及投资利润率、投资利税率和资本金利润率等指标。

4.2.2.1　全部投资回收期

投资回收期也称是资金还本期或投资返本年限(Payback Time, Payup Period, Payout Period)，是指用项目投产后取得的净收益来收回原来的投资支出所需的时间，通常以年数表示。累计净收入与总投资正好相等的时刻，叫做收支平衡点。投资回收期也就是工程项目从建设年份开始到收支平衡点所需的时间。其包括静态投资回收期和动态投资回收期。

1. 静态投资回收期

静态投资回收期是在不考虑资金时间价值的条件下，通过现金流量表计算的净现金流量累计到与总投资相抵时所需要的时间。它是考察工程项目在财务上的资金回收能力的主要静态指标。投资回收期通常从建设期开始算起，若从投产开始时算起，应予以注明。其计算公式为：

$$\sum_{t=1}^{P_t}(CI-CO)_t=0 \tag{4-1}$$

式中　P_t——工程项目投资回收期；

CI——项目现金流入量；

CO——项目现金流出量；

$(CI-CO)_t$——第 t 年的净现金流量。

特别地，如果投资在期初一次投入，当年受益且收入与费用从开始起每年保持不变，则 P_t 的计算公式为：

$$P_t=\frac{I}{(CI-CO)_t} \tag{4-2}$$

式中　I——工程项目的一次投资额。

其他符号意义同前。

静态投资回收期也可直接根据全部投资现金流量表推算，当累计净现金流量等于零或出现正值的年份，即为项目投资回收期的最终年份。投资回收期的小数部分(即不足

一整年的部分)是用上年累计净现金流量的绝对值除以净现金流量求得。其计算公式为:

$$投资回收期 = 累计净现金流量开始为正值年份数 - 1 + 上年累计净现金流量绝对值 / 当年净现金流量 \quad (4\text{-}3)$$

式中的小数部分也可以化为月数,以年和月数表示。

利用投资回收期分析工程项目可行性的判别标准是:把求出的 P_t 与标准投资回收期 P_c 进行比较。

若 $P_t \leq P_c$,表明该工程项目能在规定的时间内收回投资,可以考虑接受该工程项目;若 $P_t > P_c$,表明该工程项目不能在规定的时间内收回投资,应考虑拒绝该工程项目。

部门或行业应有各自的 P_c,企业也可以有自己的 P_c。一般地,标准投资回收期由国家根据各工业部门生产企业的特点,在总结过去建设经验和大量统计资料的基础上,统一确定一个较为切合实际的合理的投资回收期限,它反映着整个国民经济和社会发展的要求,体现了国家对不同工业部门发展的策略和经济政策。我国对有些工业部门也规定了标准投资回收期,如铁道部门的标准投资回收期为 10 年,化工部门为 20 年,煤炭部门为 25 年等。

在我国,有的工程项目由于价格上存在着一些问题,可能利润很低,甚至发生亏损,对于政策亏损项目,则无法计算投资回收期,有些非盈利性的社会福利项目,也不能计算投资回收期,这时只能通过工程项目的比较,考察工程项目的合理性。

静态投资回收期作为工程项目选择的衡量指标,其优点是计算简单、容易理解,并且由于静态投资回收期的长短,可以看做它在未来时期所冒风险程度的标志,所以便于投资者衡量工程项目承担风险的能力。但由于它没有考虑工程项目全过程,只考虑投资回收之前的效果,不能反映回收投资之后的情况,无法分析项目计算期内的总收益和盈利能力,难免带有片面性。同时,由于忽视资金时间价值,把若干年后的 1 元同当前的 1 元等量齐观,从而也无法正确辨识工程项目的优劣。因此,通常不能仅仅根据投资回收期的长短分析工程项目的优劣,而必须和其他指标(如财务内部收益率和财务净现值等)结合使用,以免作出错误的选择。

【例 4-1】 某工程项目需 5 年建成,每年需投资 40 亿元,全部为国外贷款,年利率 10%。项目投产后每年可回收净现金 15 亿元。项目寿命为 50 年。若不考虑资金时间价值,用 P_t 指标加以衡量,则:

$$P_t = \frac{40 \times 5}{15} = 13(年)$$

由于只用 13 年就可回收全部投资,以后的 37 年回收的现金都是净赚的钱,共计 555 亿元($15 \times 37 = 555$),不能不说是一个相当不错的工程项目。其实不然,如果考虑利息因素,情况将大为不同。

$$投资时欠款 = 40 \times \frac{(1 + 10\%)^5 - 1}{10\%} = 40 \times (F/A, 10\%, 5)$$

$$= 40 \times 6.1051 = 244.204(亿元)$$

$$投产后每年利息支出 = 244.204 \times 10\% = 24.4204(亿元)$$

可见,每年回收的现金15亿元只能偿还利息的61%,另外39%的利息将变为新的借款。这样一来,借款余额将逐年上升。如果每年不用巨额的其他款项偿付39%的利息和部分本金,则项目寿命终结时的欠款将达几千亿元。显然,这是一个极不可取的项目。

2. 动态投资回收期

为克服静态投资回收期指标不考虑资金时间价值的缺点,可采用改进指标——动态投资回收期。动态投资回收期是指按现值法计算的投资回收期,一般从投资开始年算起,计算公式为:

$$\sum_{t=0}^{P_t'} (CI - CO)_t (1+i)^{-t} = 0 \tag{4-4}$$

式中　P_t'——动态投资回收期(自建设开始算起);

i——基准收益率,或设定的折现率。

动态投资回收期也可直接用全部投资现金流量累计净现值推算。其方法与求解静态投资回收期类似。计算公式为:

$$\text{动态投资回收期} = \text{累计财务净现值出现正值年份数} - 1 + \frac{\text{上年累计财务净现值绝对值}}{\text{当年财务净现值}} \tag{4-5}$$

式中的小数部分可化为月数,以年和月数表示。

如果项目投资为 I,各年净现金流量为 R,项目寿命周期为 n,此时动态投资回收期(P_t')的计算公式为:

$$P_t' = \frac{-\ln\left(1 - \frac{Ii}{R}\right)}{\ln(1+i)} \tag{4-6}$$

其评价准则是:当 $P_t' \leqslant n$ 时,考虑接受该项目;当 $P_t' > n$ 时,应考虑拒绝该项目。对于多个工程项目,则选择投资回收期较短的工程项目。

与静态投资回收期相比较,动态投资回收期的优点是考虑了资金的时间因素,能够真正反映资金的回收时间,其缺点是计算比较麻烦。如果投资回收期不长或折现率不大,两种投资回收期的差别不大,不至于影响项目评价的比较选择。但在静态投资回收期较长的情况下,两种投资回收期的差别可能比较明显。因此,只是在静态投资回收期较长的情况下,才有必要进一步计算动态投资回收期。

4.2.2.2　财务净现值

净现值(Net Present Value 或 Present Worth,简写为 NPV 或 PW),在工程项目财务分析中称为财务净现值($FNPV$),是工程项目在其经济寿命期内,按规定的折现率或按部门、行业的基准收益率将每年发生的现金流入和现金流出的差额(即净现金流量),折算到基准年的现值之和。其实质是,在满足一定折现率要求的前提下,工程项目的费用流量不断为效益流量所回收,并在某一年后开始出现剩余,直至其经济寿命终了,这些剩余量的现值之和即为工程项目的财务净现值。其计算公式为:

$$FNPV = \sum_{t=1}^{n} \left[(CI - CO)_t (1+i)^{-t} \right] \tag{4-7}$$

式中　$FNPV$——工程项目财务净现值;

CI——现金流入量；

CO——现金流出量；

i——设定的折现率或项目按部门或行业的基准收益率；

n——建设和生产服务年限的总和。

折现率在国外要尽量根据资本市场长期贷款的实际利率考虑，或等于借款人所付的利率，它实际是按照资本的机会成本确定的。资本的机会成本，就是同样数额的资本在别处可以得到的最低效益。这是一个最低的判别标准，如果低于此数，企业家就会感到他的投资没有得到足够的补偿。折现期应与项目中固定资产最基本部门（厂房与设备）的寿命相等，并应考虑资产更新（即设备更新）等因素。我国计算采用的折现率，一般按项目综合加权平均资本成本，加上1%～2%的风险系数计算。为计算方便，也可按项目所使用的银行贷款的实际贷款利率加上1%～2%的风险系数替代计算，但当实际贷款利率超过14%时，折现率一般取16%。

由财务净现值的经济含义不难理解，$FNPV>0$，说明工程项目的效益流量不仅能够回收其费用流量，满足折现率所规定的盈利要求，而且可以得到以现值表示的超额利润，因此工程项目对增加国民财富，促进经济发展是有贡献的，因而也是可行的。*FNPV* 的值越大，表明工程项目的经济盈利性越高。相反，$FNPV<0$，表明工程项目投资费用直到项目寿命终了仍未能被完全回收，其效益流量尚不能完全补偿项目费用流量及满足社会折现率对项目占用资金的盈利要求，因而是不可行的。如果 $FNPV=0$，表明刚好回收项目投资的全部代价（包括项目的费用流量及由折现率要求的投资占用代价），因此从经济上讲，投资建议是不可取的，除非特殊情况，工程项目应被拒绝。因此，财务净现值是一个比较可靠的工程项目分析指标，通过判别 *FNPV* 值是否大于0，可以正确判断工程项目经济上是否可行；通过比较不同工程项目的 *FNPV* 大小，可以进行项目间的比选、择优和排队。

【例4-2】　某工程项目各年净利润和净现金流量分布情况如表4-5所示，基准收益率为10%。试计算各工程项目的财务净现值。

表4-5　各工程项目各年净利润和净现金流量　　（单位：元）

年度	工程项目A		工程项目B		工程项目C	
	净利润	净现金流量	净利润	净现金流量	净利润	净现金流量
0		-100 000	—	-100 000	—	-100 000
1	5 000	25 000	16 000	50 000	25 000	45 000
2	10 000	30 000	17 000	50 000	20 000	40 000
3	15 000	35 000	17 000	50 000	15 000	35 000
4	20 000	40 000	—	—	10 000	30 000
5	25 000	45 000	—	—	5 000	25 000

解：根据财务净现值计算公式，工程项目A、C的财务净现值分别为：

$$FNPV(\mathrm{A})=25\,000\times0.909\,1+30\,000\times0.826\,4+35\,000\times0.751\,3+40\,000\times0.683\,0+45\,000\times0.620\,9-100\,000$$

$$=29\,075.5(\text{元})$$

$$FNPV(C)=45\,000\times0.909\,1+40\,000\times0.826\,4+35\,000\times0.751\,3+30\,000\times0.683\,0+25\,000\times0.620\,9-100\,000=36\,273.5(\text{元})$$

工程项目 B 的每年现金流量相等，可按年金现值一次计算。查附表知，$i=10\%$，$n=3$ 的一元年金现值为 2.486 9，因而其财务净现值为：

$$FNPV(B)=50\,000\times2.486\,9-100\,000=24\,345(\text{元})$$

计算结果表明，三种工程项目的财务净现值均大于零，说明它们的收益率都在 10% 以上。但由于工程项目 C 财务净现值最大，并且三种工程项目的投资额相同，所以在三种工程项目中应选择工程项目 C。

财务净现值计算公式表明，财务净现值越大越好。财务净现值越大，表明一旦作出投资的决策，增加的财富就越多。如果两个工程项目的财务净现值相同，而投资额不同，当然是以投资额少的工程项目为好。在应用 *FNPV* 指标进行项目投资决策时，折现率的取值对项目的分析结论有明显的影响。当折现率变小时，原来被拒绝的工程项目可能重新被接受；当折现率变大时，原来经济上可行的工程项目可能会变得不可行。同样道理，折现率的取值也会影响工程项目间选优和工程项目排序的结论。需要指出的是，折现率对财务净现值指标的评价结论的这些影响，并不表明财务净现值指标在项目投资决策中的不可靠性，恰恰相反，它说明根据社会经济形势和投资环境的变化情况，及时地调整折现率，并以此影响工程项目的取舍，以间接调控投资规模和投资方向，这正是用财务净现值指标评选工程项目优劣的真正经济意义之一。

4.2.2.3　财务现值指数

现值指数（Present Value Index，简写为 PVI）是指投资方案未来现金流入的现值与现金流出的现值之比，在工程项目分析中称为财务现值指数（*FPVI*），其计算公式为：

$$FPVI=\frac{\sum_{t=1}^{n}\frac{CI}{(1+i)^t}}{\sum_{t=1}^{n}\frac{CO}{(1+i)^t}}\tag{4-8}$$

式中 *FPVI*——项目财务现值指数；

CI——现金流入量；

CO——现金流出量；

i——设定的折现率或项目按部门或行业的基准收益率；

n——建设和生产服务年限的总和。

很显然，财务现值指数越高，说明工程项目的经济效果越好。财务净现值与财务现值指数的关系为：

财务净现值 >0，财务现值指数 >1

财务净现值 <0，财务现值指数 <1

财务净现值 =0，财务现值指数 =1

【例 4-3】　依据例 4-2 资料，分别计算折现率在 5% ~25% 变动范围内的财务净现值和财务现值指数。

解:根据财务净现值计算公式,折现率在 5% ~25% 变动范围内的财务净现值计算结果如表 4-6 所示。

表 4-6　净现值计算表

折现率(%)	净现值(元)		
	工程项目 A	工程项目 B	工程项目 C
5	49 418.5	36 160	53 639.5
10	29 075.5	24 345	36 273.5
15	12 681.5	14 160	21 972.5
20	-703.5	5 325	10 045.5
25	-11 749.5	-2 400	0.5

根据财务现值指数计算公式,折现率在 5% ~25% 变动范围内的财务现值指数计算结果如表 4-7 所示。

表 4-7　财务现值指数计算表

折现率(%)	财务现值指数		
	工程项目 A	工程项目 B	工程项目 C
5	1.49	1.36	1.54
10	1.29	1.24	1.36
15	1.13	1.14	1.22
20	0.99	1.05	1.10
25	0.88	0.98	1.00

计算表明,工程项目 C 的各项指标都优于工程项目 A 和工程项目 B;而工程项目 A 和工程项目 B 则互有长短,工程项目 A 的长处是盈利率高,而其短处是资金的占用量较多;工程项目 B 则与此相反,其长处是资金的占用量较少,而其短处是盈利率较低。当所用的折现率较低时,工程项目 A 短处的显现还不够显著,不足以抵消其长处;当所用的折现率提高到一定程度时,工程其短处的显现就更加显著,足以抵消其长处而显示出劣势。工程项目 B 恰好相反,当所用的折现率较低时,其长处的显现还不够显著,不足以抵消其短处;当所用的折现率提高到一定程度时,其长处的显现就更加显著,足以抵消其短处而显示出优势。而以折现率 15% 为其转折点,折现率在 15% 以下,工程项目 A 的有关指标优于工程项目 B,折现率在 15% 以上(含 15%),工程项目 B 的有关指标优于工程项目 A。

财务净现值和财务现值指数的计算都需要事先设定一个基准收益率,而基准收益率的确定是一个比较复杂的困难问题,基准收益率若定得太高,会失掉一些经济效益好的项目;若定得太低,则可能会接受过多的项目,其中的一些经济效益并不好。因此,需要采用财务内部收益率的方法以作弥补。

4.2.2.4　财务内部收益率

上述财务净现值、财务现值指数的计算虽然考虑了资金时间价值,但有一个共同的缺点,就是不能据以了解各个工程项目本身可以达到的具体的投资收益率是多少。内部收益率(Internal Rate of Return,简写为 IRR),在工程项目财务分析中称之为财务内部收益率($FIRR$)的计算可以做到这一点。它是使工程项目整个计算期内各年净现金流量现值之和等于零时的折现率,简言之,是使净现值等于零时的折现率。其计算公式为:

$$FNPV = \sum_{t=1}^{n} [(CI - CO)_t (1 + i)^{-t}] = 0 \tag{4-9}$$

式中　CI——工程项目现金流入量;

CO——工程项目现金流出量;

n——建设和生产服务年限的终止年份;

i——折现率。

因为这时 $FNPV = 0$,则 $i = FIRR$,所以财务内部收益的计算公式又转化为:

$$\sum_{t=1}^{n} [(CI - CO)_t (1 + FIRR)^{-t}] = 0 \tag{4-10}$$

财务内部收益率的基本经济含义是,一个工程项目在其全部经济活动中,既有现金流入,也有现金流出,逐年累计的净现金流量到工程项目经济寿命终止时,就是最终的现金价值。这个最终现金价值可分为两部分:一部分由现金流量时值变化而产生的资金增益,另一部分是由工程项目经本身所产生的资金增益。如果先计算工程项目的净现值,采用一个折现率把每年的净现金流量都折算成现值,就是在每年的净现金流量中都扣除由现金流量的时值变化而产生的资金增益。

如果采用比实际贷款利率大的折现率进行折现计算,则工程项目的净现值就会减小,即被当做由工程项目经营本身所产生的资金增益减少,相反,被当做由于时值变化而产生的资金增加则随之增加。如果使工程项目的净现值等于零,就是把工程项目经营本身所产生的资金增益作为零,工程项目的最终现金价值全部当做由时值变化而来的资金增益。因此,使净现值等于零的折现率,就是假定工程项目经营本身不产生资金增益时导致此工程项目各项现金流量发生特殊的时值变化的折现率。它不是一般的可以普遍采用的折现率,在这一工程项目中的全部资金都按照这一折现率所确定的时值变化而增长。也就是说,财务内部收益率是投入这一工程项目中的资金在此工程项目中的增长速度。

一般可以普遍采用的折现率,是实际货款或存款的利率,也可说是资金在一般情况下的增长速度。当工程项目的财务内部收益率与一般采用的折现率(即实际贷款利率)相比较时,财务内部收益率超过实际贷款利率越多,投资于这个工程项目的效益就越高。

理论上,根据财务内部收益率的计算公式即可计算财务内部收益率,但工程项目的经济寿命一般都在 5 年以上,求解的方程式一般为 5 次以上的高次方程。因此,难以采用普通的代数方法求解,通常的方法是采用“逐步测试法”。所谓逐步测试法,就是通过“逐步测试”来“逐次逼近”其内含值。具体计算步骤是:先估算一个折现率将未来各年的现金流入量统一换算为“现值”,然后相加,再把它同原投资额相比较,若其差额为正,说明该工程项目可达到的内部收益率比所用的折现率大;若其差额为负,则说明该工程项目可达到的内部收益率比所用的折现率小。通过逐步测算,可依据由正到负两个相邻的折现率,用内插法算出其近似的财务内部收益率。其计算公式为:

$$FIRR = i_1 + (i_2 - i_1)\frac{|FNPV_1|}{|FNPV_1| + |FNPV_2|} \tag{4-11}$$

式中　i_1——试算用的较低的折现率；

i_2——试算用的较高的折现率；

$FNPV_1$——与 i_1 相对应的净现值；

$FNPV_2$——与 i_2 相对应的净现值。

【例4-4】　某工程项目有关资料如表4-8所示，试用逐步测试法计算该工程项目的财务内部收益率。

表4-8　某工程项目年净利润和净现金流量

年度	0	1	2	3	4	5
年净利润(元)	—	5 000	10 000	15 000	20 000	25 000
净现金流量(元)	−100 000	25 000	30 000	35 000	40 000	45 000

注："−"表示现金流出，其他为现金流入。

解：首先，假设折现率为15%、20%和19%，分别计算该工程项目财务净现值，如表4-9～表4-11所示。

表4-9　折现率为15%时的财务净现值

年度	现金流入量(元)	折现系数	现值(元)
1	25 000	0.869 6	21 740
2	30 000	0.756 1	22 683
3	35 000	0.657 5	23 013
4	40 000	0.571 8	22 872
5	45 000	0.497 2	22 374
			112 682
	原投资额		100 000
	净现值		12 682

表4-10　折现率为20%时的财务净现值

年度	现金流入量(元)	折现系数	现值(元)
1	25 000	0.833 3	20 833
2	30 000	0.694 4	20 832
3	35 000	0.578 7	20 255
4	40 000	0.482 3	19 292
5	45 000	0.401 9	18 086
			99 298
	原投资额		100 000
	净现值		−702

表 4-11　折现率为 19% 时的财务净现值

年度	现金流入量(元)	折现系数	现值(元)
1	25 000	0.840 3	21 008
2	30 000	0.706 2	21 186
3	35 000	0.593 4	20 769
4	40 000	0.498 7	19 948
5	45 000	0.419 0	18 855
			101 766
	原投资额		100 000
	净现值		1 766

注:折现率为 19% 的折现系数根据公式利用计算器即可求得。

其次,采用内插法计算财务内部收益率。由上述计算结果知,该工程项目的财务内部收益率为 19% ~20%,根据计算财务内部收益率的插值公式得:

$$FIRR = 19\% + (20\% - 19\%) \times \frac{1\ 766}{1\ 766 + 702} = 19.72\%$$

如果项目投资额不是一次同时投入,而是分次于不同期间投入,分次投入的资金也要按照同样的方法统一换算为现值。

【例 4-5】　某工程项目有关资料如表 4-12 所示,试利用逐步测试法计算其财务内部收益率。

表 4-12　某工程项目现金流量表　(单位:千元)

项目	年度								
	1	2	3	4	5	6	7	8	9
固定资产	-200	-200	-200	-200	-200				
固定资产折旧				200	200	200	200	200	
经营利润				100	100	100	100	100	
应收账款				-500					500
流动资产中其他项目				-200				200	
净现金流量	-200	-200	-200	-600	100	300	300	500	500

注:表中"-"表示现金流出,其他为现金流入。

解:根据上述资料和财务内部收益率计算公式,计算过程如表 4-13 所示。

表 4-13 表明,该工程项目的财务内部收益率为 7% ~8%,采用内插法,该工程项目的财务内部收益率为:

$$FIRR = 7\% + (8\% - 7\%) \times \frac{38}{38 + 4} = 7.9\%$$

或

$$FIRR = 8\% - (8\% - 7\%) \times \frac{4}{38 + 4} = 7.9\%$$

表 4-13　财务内部收益率计算表　（单位：千元）

利率（%）	年度									总计
	1	2	3	4	5	6	7	8	9	
0	−200	−200	−200	−600	100	300	300	500	500	500
5	−190	−181	−173	−494	78	224	213	338	322	137
7	−187	−175	−163	−458	71	200	187	291	272	38
8	−185	−171	−159	−441	68	189	175	270	250	−4

注：表中“−”表示现金流出，其他为现金流入。

利用财务内部收益率指标分析工程项目的判别标准是：若财务内部收益率大于工程项目的基准贴现率，则认为项目在经济上是可接受的；反之，则认为项目在经济上不可行，应予以拒绝。但由于财务内部收益率不是用来计算初始投资收益的，所以不能用财务内部收益率直接排列两个或多个独立项目的优劣顺序。

财务内部收益率法的主要优点与财务净现值法一样，既考虑了资金时间因素，又考虑了项目在整个寿命周期内的全部情况。此外，用财务内部收益率分析工程项目不需要事先确定一个基准收益率，并且作为项目财务分析的相对值指标，反映的是工程项目的效率。因此，在工程项目经济分析中，财务内部收益率得到了广泛的应用。我国工程项目的经济分析就是把财务内部收益率作为最主要分析指标的。

值得指出的是，财务内部收益率虽被认为是分析工程项目经济性的主要指标，但这一指标也并非完美无缺。首先，财务内部收益率计算的前提是假定各年的净现金流量流入后，各个项目在其全过程内是按照各自的内部收益率进行再投资而形成增值，而不是所有项目按统一要求达到并在统一的资金市场上可能达到的收益率进行再投资而形成增值，这一假定具有较大的主观性，缺乏客观的经济依据；其次，当工程项目为非常规投资时，按照上述步骤进行计算，有可能出现多个财务内部收益率，使人们无法据以判别其真实的财务内部收益率究竟是多少，从而为这一指标的实际应用带来困难。

非常规投资，是常规投资的对称。常规投资工程项目是在建设和生产经营年限内各年的净现金流量在开始年份出现负值，以后各年份出现正值，正、负符号只改变一次的工程项目。而非常规投资工程项目，是指在建设和生产经营年限内各年的净现金流量在开始年份出现负值，以后各年份有时为正值、有时又为负值，正、负符号的改变超过一次的工程项目。

根据非常规投资工程项目的现金流动模式，可以得出一个以上的财务内部收益率。某工程项目的现金流动序列如表 4-14 所示。

表 4-14　某工程项目现金流动序列

序号	$t=0$	$t=1$	$t=2$
净现金流量（元）	−1 000	2 500	−1 540

该工程项目的现金流动模式包括了两次改号，即该工程项目为非常规投资工程项目。根据财务内部收益率计算公式，该工程项目有 10% 和 40% 两个财务内部收益率，也就是：

$$\frac{2\ 500}{1+0.10}-\frac{1\ 540}{(1+0.10)^2}=1\ 000(\text{元})$$

$$\frac{2\ 500}{1+0.40}-\frac{1\ 540}{(1+0.400)^2}=1\ 000(\text{元})$$

事实上，一个工程项目形成的现金流动模式如果出现多次改号，即非常规投资，就可据以得出多个内部收益率，这是由其计算公式的数学特性形成的内在必然性。

为克服财务内部收益率这一计算上的缺陷，可按设定的折现率对工程项目现金流动系列中部分年份的发生额作适当处理，使之符合常规项目的现金流动模式只包含一次改号的要求，再从中得出唯一的财务内部收益率。

【例 4-6】 某工程项目的现金流量如表 4-15 所示，试计算该工程项目的财务内部收益率。

表 4-15　现金流量表

年度	-1	1	2	3	4	5
净现金流量(元)	50 000	-100 000	0	25 000	25 000	25 000

解：该工程项目现金流动序列包含了两次改号，属于非常规投资工程项目，可据以得出两个财务内部收益率：35% 和 63%。若本项目要求达到的投资收益率为 10%，利用它将 -1 年度的净现金流量换算为 0 年度的净现金流量（5 000 × 1.1 = 55 000 元），进而对 0 年度的净现金流量作相应的调整，可得出调整后的现金流动模式如表 4-16 所示。

表 4-16　调整后现金流量表

年度	0	1	2	3	4
净现金流量(元)	-45 000	0	25 000	25 000	25 000

调整后的现金流动序列只包含了一次改号，符合常规投资工程项目现金流动模式的要求，根据财务内部收益率计算公式，可得出唯一的财务内部收益率为 19%。

为全面克服财务内部收益率这一指标存在的经济上和计算上的缺陷，可另行计算外部收益率或外现再投资收益率。

外部收益率（*ERR*）是使一个工程项目原投资额的终值与各年的净现金流量按基准收益率或设定的折现率计算的终值之和相等时的收益率。它既是按统一的收益率计算各年的净现金流量形成的增值，又可避免非常规投资的多个财务内部收益率指标的不足。

【例 4-7】 某工程项目的现金流动情况如表 4-17 所示，要求达到的最低收益率为 10%。试计算该工程项目的外部收益率。

表 4-17 现金流量表

年度	0	1~5	5
净现金流量(元)	-10 000	2 800	2 000

解:按要求达到的最低收益率计算各年净现金流入量到寿命期终了时的终值之和:

$$2\,800\times(F/A,10\%,5)+2\,000=2\,800\times6.105\,1+2\,000=19\,094(\text{元})$$

上述终值之和相当于原投资额至项目寿命期终了时的本利和,可据以推算原投资额在项目寿命期内取得的收益率,即:

$$(F/P,ERR,5)=\frac{19\,094}{10\,000}=1.909\,4$$

查附表可知,当折现率 = 12% 时,$(F/P,12\%,5)=1.762\,3$;当折现率 = 15% 时,$(F/P,15\%,5)=2.011\,4$,通过"插值法"可得:

$$\frac{ERR-12\%}{1.909\,4-1.762\,3}=\frac{15\%-12\%}{2.011\,4-1.762\,3}$$

计算得,ERR 的近似值为 13.772%。

【例 4-8】 资料如表 4-17 所示,其外现再投资收益率计算过程为:

(1)按偿债基金法计算年折旧额:

$$(10\,000-2\,000)\times(A/F,10\%,5)=1\,310(\text{元})$$

(2)从年净现金流量扣减年折旧费,确定年净利润:

$$2\,800-1\,310=1\,490(\text{元})$$

(3)年净利润除以原始投资额,得出外现再投资收益率:

$$ERRR=\frac{1\,490}{10\,000}=14.9\%$$

用偿债基金法计提年折旧额,意味着各年提取的折旧基金是按所用的折现率进行再投资而形成增值。若所用的折现率同该工程项目的内部收益率相等,则得出的外现再投资收益率也与内部收益率相等。

外现再投资收益率计算简便,特别适用于只发生一次性原始投资、建成投产后各年的经营收支又能基本保持均衡的工程项目。

4.2.2.5 投资利润率、投资利税率与资本金利润率

1. 投资利润率

投资利润率一般是指工程项目达到设计生产能力后的一个正常生产年份的年利润总额与项目总投资的比率。对生产期内各年的利润总额变化幅度较大的工程项目应计算生产期年平均利润总额与项目总投资的比率。其计算公式为:

$$\text{投资利润率}=\frac{\text{年利润总额或年平均利润总额}}{\text{项目总投资}}\times100\% \tag{4-12}$$

其中 项目总投资 = 固定资产投资 + 建设期利息 + 流动资金 (4-13)

年利润总额 = 年产品销售收入 - 年销售税金及附加 - 年总成本费用 - 年营业外净支出 (4-14)

在工程项目财务分析时,将投资利润率与行业平均投资利润率相比,以判别项目单位投资盈利能力是否达到了本行业平均水平。

2. 投资利税率

投资利税率是指工程项目达到设计生产能力后的一个正常生产年份的年利税总额或项目生产期内的年平均利税总额与项目总投资的比率。这一指标是根据我国的国情和企业的性质而设置的,其计算公式为:

$$投资利税率=\frac{年利税总额或年平均利税总额}{项目总投资}\times 100\% \tag{4-15}$$

其中

$$年利税总额=年销售收入-年总成本费用-年营业外净支出 \tag{4-16}$$

或

$$年利税总额=年利润总额+年销售税金及附加 \tag{4-17}$$

在工程项目财务分析时,将投资利税率与行业平均投资利税率对比,以判别项目单位投资对国家积累的贡献水平是否达到行业平均水平。

3. 资本金利润率

资本金利润率是指工程项目达到设计生产能力后的一个正常生产年份的年利润总额或项目生产期内的年平均利润总额与项目资本金的比率,它反映投入项目的资本金的盈利能力。其计算公式为:

$$资本金利润率=\frac{年利润总额或年平均利润总额}{项目资本金}\times 100\% \tag{4-18}$$

其中,资本金为项目的注册资金。

4.3　工程项目清偿能力分析

工程项目清偿能力分析主要是考察项目计算期内各年的财务状况及偿债能力。常用的指标主要有固定资产投资国内借款偿还期、资产负债率、流动比率和速动比率等,而这些指标的计算分别来自于资金来源与运用表和资产负债表。

4.3.1　工程项目清偿能力分析基本财务报表

工程项目清偿能力分析需要编制的基本财务报表主要包括资金来源与运用表和资产负债表。

4.3.1.1　资金来源与运用表

资金来源与运用表主要反映工程项目计算期内各年的资金盈余或短缺情况,用于选择资金筹措工程项目,制订适宜的借款及偿还计划,全面反映项目的资金活动全貌。据此可以计算固定资产投资国内借款偿还期,并为编制资产负债表提供依据,其基本格式如表 4-18所示。

其中的内容含义为:

(1)利润总额、折旧费、摊销费数据分别取自损益表、固定资产折旧费估算表、无形及递延资产摊销估算表。

表4-18　资金来源与运用表　（单位：万元）

序号	年度 项目	建设期		投产期		达到设计能力生产期				合计
		1	2	3	4	5	6	…	n	
	生产负荷（%）									
1	资金来源									
1.1	利润总额									
1.2	折旧费									
1.3	摊销费									
1.4	长期借款									
1.5	流动资金借款									
1.6	其他短期借款									
1.7	自有资金									
1.8	其他									
1.9	回收固定资产残值									
1.10	回收流动资金									
2	资金运用									
2.1	固定资产投资（含投资方向调节税）									
2.2	建设期利息									
2.3	流动资金									
2.4	所得税									
2.5	特种基金									
2.6	应付利润									
2.7	长期借款本金偿还									
2.8	流动资金借款本金偿还									
2.9	其他短期借款本金偿还									
3	盈余资金									
4	累计盈余资金									

（2）长期借款、流动资金借款、其他短期借款、自有资金及其他项的数据均取自投资计划与资金筹措表。其中，在建设期，长期借款当年应计利息，若未用自有资金支付，应计入同年长期借款额，否则项目资金不能平衡。其他短期借款主要指为解决项目暂时年度资金短缺而使用的短期借款，其利息计入财务费用，本金在下一年度偿还。

（3）回收固定资产残值及回收垫支流动资金同全部投资现金流量表编制中的有关说明。

（4）固定资金投资及方向调节税、建设期利息及流动资金数据取自投资计划与资金筹措表。

（5）所得税、特种基金及应付利润数据取自损益表。

（6）长期借款本金偿还额为借款还本付息计算表中本年还本数。流动资金借款本金一般在项目计算期末一次偿清，其他短期借款本金偿还额为上年度其他短期借款额。

（7）累计盈余资金各年数额为当年及以前各年盈余资金之和。

4.3.1.2　资产负债表

资产负债表综合反映项目计算期内各年末资产、负债和所有者权益的增减变化及对应关系,以考察项目资产、负债、所有者权益的结构是否合理,计算项目各年的资产负债率、流动比率和速动比率等指标,进行清偿能力分析。其基本格式如表 4-19 所示。

表 4-19　资产负债表　(单位:万元)

序号	项目 \ 年度	建设期		投产期		达到设计能力生产期				合计
		1	2	3	4	5	6	…	n	
	生产负荷(%)									
1	资产									
1.1	流动资产总额									
1.1.1	应收账款									
1.1.2	存货									
1.1.3	现金									
1.1.4	累计盈余资金									
1.2	在建工程									
1.3	固定资产净值									
1.4	无形及递延资产净值									
2	负债及所有者权益									
2.1	流动负债总额									
2.1.1	应付账款									
2.1.2	流动资金借款									
2.1.3	其他短期借款									
2.2	长期借款负债小计									
2.3	所有者权益									
2.3.1	资本金									
2.3.2	资本公积金									
2.3.3	累计盈余公积金									
2.3.4	累计未分配利润									

计算指标:1. 资产负债率　　%;2. 流动比率　　%;3. 速动比率　　%

其中的内容含义为:

(1)流动资产总额为应收账款、存货、现金、累计盈余资金之和。前三项数据来自流动资金估算表;累计盈余资金数据则取自资金来源与运用表,但应扣除其中包含的回收固定资产残值及自有流动资金。

(2)在建工程是指投资计划与资金筹措表中的固定资产投资、固定资产投资方向调节税和建设期利息的年累计额。

(3)固定资产净值和无形及递延资产净值分别从固定资产折旧费估算表和无形及递延资产摊销估算表取得。

(4)负债包括流动负债和长期负债。流动负债中的应付账款数据可由流动资金估算表直接取得。流动资金借款和其他短期借款两项流动负债及长期借款均指借款余额,需根据资金来源与运用表中的对应项及相应的本金偿还项进行计算。

(5)资产由流动资产、在建工程、固定资产净值、无形及递延资产净值四项组成。

编制项目分析的资产负债表时还应注意:为了反映年末财务状况,资产负债表中各科目的数据要分别采用累计值(如累计盈余资金、累计未分配利润等)、净值(如固定资产净值、无形及递延资产净值等)或余值(如长期借款等)。由于资产负债表中数据均来自其他财务分析报表,对于某些在原报表中未表现为年末值的数据,在转入资产负债表前要先进行处理,转化为年末值后再填列在资产负债表中。特别要注意的是:计算期末累计盈余资金项,在资金来源与运用表包含回收固定资产残值及自有流动资金;而资产负债表中固定资产净值即回收的固定资产残值,而自有流动资金,已包含在"应收账款 + 存款 + 现金 = 流动资产总额"项目中。所以,资产负债表中计算期末的累计盈余资金应扣除回收固定资产残值及自有流动资金,否则重新计算,直至实现资产等于负债加所有者权益的平衡关系。

财务分析中的资产负债表、损益表和资金来源与运用表三表之间存在特定的关系:损益表中的累计未分配利润要转入资产负债表的负债与所有者权益一方;而资金来源与运用表中的累计盈余资金又要反映在资产负债表的资产一方,因此三表中的科目设置要配套考虑,一旦确定,不要轻易变动。若必须变化,应该注意其对另外两表的影响,并相应作出处理,否则编制资产负债表时不易达到所要求的逐年资产等于负债加所有者权益的平衡关系。

4.3.2　财务清偿能力分析指标

反映工程项目财务清偿能力的指标主要包括固定资产投资国内借款偿还期、资产负债率、流动比率和速动比率等。

4.3.2.1　固定资产投资国内借款偿还期

固定资产投资国内借款偿还期,简称借款偿还期,是指在国家财政规定及项目具体财务条件下,以项目投产后可用做还款的利润、折旧及其他收益额偿还固定资产投资国内借款本金和建设期利息(不包括已用自有资金支付的建设期利息)所需要的时间。其用公式表示为:

$$I_{\mathrm{d}} = \sum_{t=1}^{P_{\mathrm{d}}} R_t \tag{4-19}$$

式中　I_{d}——固定资产投资国内借款本金和建设期利息之和;

P_{d}——固定资产投资国内借款偿还期(从借款开始年计算,当从投产年算起时,应予注明);

R_t——第 t 年可用于还款的资金,包括利润、折旧、摊销及其他还款资金。

根据资金来源与运用表及国内借款还本付息计算表,可以直接推算固定资产投资国内借款偿还期。其计算公式为:

$$P_d = T - t + \frac{R'_t}{R_t} \tag{4-20}$$

式中　T——借款偿还后开始出现盈余年份数；

t——开始借款年份数（P_d 从投产年算起时，t 为投产年年份数）；

R'_t——第 t 年偿还借款额；

R_t——第 t 年可用于还款的资金额。

对于涉及外资的项目，其国外借款部分的还本付息应按已经明确的或预计可能的借款偿还条件（包括偿还方式及偿还期限）计算。

当借款偿还期满足借款机构要求时，即认为工程项目是有清偿能力的。

4.3.2.2　财务状况指标

1. 资产负债率

资产负债率是反映项目各年所面临的财务风险程度及偿债能力的指标。它是负债总额与全部资产总额的比率。其计算公式为：

$$资产负债率 = \frac{负债总额}{全部资产总额} \times 100\% \tag{4-21}$$

资产负债率反映企业利用债权人提供的资金进行经营活动的能力，表明企业每百元资产有多少需要偿付的债务，也反映债权人提供贷款的安全程度。对于债权人而言，要求企业有较低的负债比率，以确保债务安全，比率越低，安全程度越好。但对于投资者而言，则希望比率高一些，但过高的资产负债率又会影响工程项目资金筹措能力。分析资产负债率，要因行业而异，进行具体分析。一般地，企业资产负债率不应超过设定的安全值。

2. 流动比率

流动比率是衡量公司短期债务清偿能力最通用的比率。它是流动资产总额与流动负债总额的比率。其计算公式为：

$$流动比率 = \frac{流动资产总额}{流动负债总额} \times 100\% \tag{4-22}$$

流动比率是用以衡量项目流动资产在短期债务到期前可以变为现金用于偿付流动负债的能力，表明项目每百元流动负债有多少流动资产作为支付的保障。

一般地，流动比率中的流动资产必须大于流动负债。尤其对于债权人而言，比率越高，债权人的权益越有保障。但就项目而言，流动比率过高未必是好现象，因为一个正常生产经营的项目，资金应当有效地在生产经营活动中运转，如果过多地滞留在流动资产上，势必会影响项目的投资效益。西方经验表明，流动比率的合理数量界限应为 200%。但由于各行各业的项目性质及营业周期不同，对资产流动性的要求也不一样，因此对流动比率的要求并无统一的标准，应根据不同项目的特点设定不同的安全值。

3. 速动比率

速动比率又叫酸性试验比率，也是表示一个公司短期偿债能力的比率。它是速动资产（即流动资产减存货）总额与流动负债总额的比率。其计算公式为：

$$速动比率 = \frac{流动资产 - 存货}{流动负债} \times 100\% \tag{4-23}$$

公式的分子中用流动资产减去存货，原因在于存货是公司流动资产中流动性最差的资产,变现期限长,有的甚至长期积压根本无法变现,即使能够变现,其变现价值也远远低于其账面价值。

速动比率是流动比率的补充,但与流动比率相比较,更能说明公司短期偿债能力的强弱。其主要用于衡量项目可以立即用于清偿流动负债的能力,表明项目每百元流动负债有多少速动资产作为支付的保障。速动比率的合理值一般要求在100%以上,但与流动比率一样,由于项目性质及营业周期不同,这种要求也并非是绝对的。

4.4　工程项目外汇效果分析

工程项目外汇效果分析主要是指对涉及产品出口及替代进口节汇的工程项目实施后,对国家外汇状况影响程度的分析。基本财务报表是财务外汇平衡表,常用分析指标主要包括财务外汇净现值、财务换汇成本和外汇投资节汇率等。

4.4.1　财务外汇平衡表

财务外汇平衡表是反映涉及产品出口及替代进口节汇工程项目的外汇收支情况的基本报表,它是计算财务外汇净现值、财务换汇成本和外汇投资节汇率等外汇效果指标的基础。其基本格式如表4-20所示。

表4-20　财务外汇平衡表　　　　（单位:万美元）

序号	年度 项目	建设期		投产期		达到设计能力生产期				合计
		1	2	3	4	5	6	…	*n*	
	生产负荷(%)									
	外汇来源									
	产品销售外汇收入									
1	外汇借款									
1.1	其他外汇收入									
1.2	外汇运用									
1.3	固定资产投资中外汇支出									
2	进口原材料									
2.1	进口零部件									
2.2	技术转让费									
2.3	偿付外汇借款本息									
2.4	其他外汇支出									
2.5	外汇余额									
2.6	技术转让费									
2.7	偿付外汇借款本息									
	基他外汇支出									
	外汇余缺									

其中的内容含义为：

(1)其他外汇收入包括自筹外汇等。

(2)技术转让费是指生产期支付的技术转让费。

(3)外汇余缺可由表中其他各项数据按照外汇来源等外汇运用的等式直接推算。其他各项数据分别来自于收入、投资、资金筹措、成本费用、借款偿还等相关的估算报表或估算资料。

4.4.2　工程项目外汇效果分析指标

4.4.2.1　财务外汇净现值

财务外汇净现值是指外汇流入量与外汇流出量差额即净外汇流量的现值。外汇净现值是分析、评估项目实施后对国家外汇状况影响的重要指标，用以衡量项目对国家外汇的净贡献(创汇)或净消耗(用汇)。外汇净现值可通过外汇流量表直接求得，其计算公式为：

$$FNPV_{\mathrm{F}} = \sum_{t=1}^{n}\left[(FI - FO)_t(1+i)^{-t}\right] \tag{4-24}$$

式中　$FNPV_{\mathrm{F}}$——财务外汇净现值；

FI——外汇流入量；

FO——外汇流出量；

i——折现率，一般可取实际外汇贷款的最高利率。

当有产品替代进口时，可按净外汇效果计算外汇净现值。

4.4.2.2　财务换汇成本

财务换汇成本是指换取 1 美元外汇所需的人民币金额，其计算原则是项目计算期内生产出口产品所投入的国内资源的现值(即自出口产品总投入扣除外汇花费后的现值)与生产出口产品外汇净现值之比。其计算公式为：

$$\text{财务换汇成本} = \frac{\sum_{t=1}^{b}\left[DR_t(1+i)^{-t}\right]}{\sum_{t=1}^{n}(FI\quad FO)_t(1+i)^{-t}} \tag{4-25}$$

式中　DR_t——项目在第 t 年生产出口产品投入的国内资源(包括原材料、工资及其他投入)；

其余符号意义同前。

或

$$\text{换汇成本} = \frac{\text{年新增出口产品成本总额(万元)}}{\text{年新增出口产品外汇销售收入(万美元)}} \tag{4-26}$$

4.4.2.3　外汇投资节汇率

外汇投资节汇率是用以评估、分析生产替代进口产品项目的外汇投资节汇效果的指标，其计算公式为：

$$\text{外汇投资节汇率} = \frac{\text{节汇额(美元)}}{\text{外汇投资额(美元)}} \times 100\% \tag{4-27}$$

其中，节汇额是指工程项目在计算期内以实际到岸价格计算的代替进口产品的产出物外汇收入，减去投资外汇的本息和生产投入外汇后的余额，即净外汇效果。外汇投资额是指工程项目使用外汇贷款的本息和总额。

4.5 工程项目比较分析

4.5.1 概述

工程项目比较分析是寻求合理的经济和技术决策的前提条件，也是项目财务分析关键性的一步。它主要分析指标的计算，归根结底是为项目的对比与选优服务。正确地计算主要财务分析指标，其目的就是要使它们在工程项目的对比与选优中正确地发挥作用。在项目财务分析中，各项主要经济和技术决策如工厂规模、产品方案、工艺流程、主要技术设备选择等，都应根据实际情况多提供几个被选项目，并对这些项目进行比较分析，并对其他因素进行详细地论证、比较后作出选择。

正确地进行项目的对比与选优，要从不同工程项目之间的关系着手。在项目分析、选优的过程中，按项目相互之间的经济关系，可把项目分为独立项目和相关项目。

独立项目是指不同的工程项目在经济上各自独立存在，不受其他任何投资决策的影响。也就是说，对于不同的工程项目，其中某一项目的接受与否，既不影响其他工程项目的接受，也不受其他项目接受与否的影响。相关项目是指在多个项目之间有一定的经济联系，如果接受或放弃某个项目会显著改变其他项目的现金流量或影响其他项目的选择。相关项目又可分为互斥项目和互补项目。互斥项目是指不同工程项目不能同时选择，即项目之间具有排他性，采纳其中某一项目，就会自动排斥这组项目中的其他项目。

项目之间有时也出现经济上的互补问题。它们之间的相互关系可能是对称的，也可能是不对称的。例如，连铸连轧工艺把过去相对独立的钢材生产结合了起来，使生产过程大大简化，还降低了热耗，减少了成本，不仅对生产有利，也对轧钢生产有利。此外，还存在大量不对称的经济互补项目，如建造一座建筑物 A 和增加一个空调系统 B，建筑物 A 本身是有用的，增加空调系统 B 后使建筑物更有用，但不能说采用工程项目 B 也包括工程项目 A，当然这种互补可能是负的。再如，在江河渡区考虑两个方案，一个是建桥方案 C，另一个是轮渡方案 D，且两个方案都是收费的，这时，可以考虑的方案是方案 C、方案 D 和 CD 混合方案。在 CD 混合方案中，方案 C 的收益将因方案 D 的存在而受到影响。

经济上互补又对称的项目可以结合在一起作为一个综合体来考虑。经济上互补而不对称的项目，如上述建筑物 A 和空调系统 B 的方案则可把问题转化为对有空调的建筑物和没有空调的建筑物这样两个互斥项目的经济比较。

工程项目按有无约束条件可分为有约束项目和无约束项目。无约束项目是指没有资金、劳动力、材料、设备及其他资源拥有量限制的项目；有约束项目是指有上述资源限制的项目。

工程项目的对比与选优,主要是互斥项目之间的对比与选优,以决定取舍。对于独立项目来说,在资金总量没有限制的条件下,是通过经济分析指标的计算以权衡其经济上是否可行,以此作为决定项目取舍的重要因素,不存在工程项目之间的对比、选优问题;如一定期间内资金总量不足,不可能满足经选定的、经济上可行的独立项目,也有一个何者优先安排、何者后续安排的抉择问题,因而对于它们,也就同样要进行相互对比和筛选。

项目比较和选择的原则与应注意的事项主要包括以下几个方面:

(1)项目比较和选择原则上通过国民经济分析来确定。对产出物基本相同、投入物构成基本一致的项目进行比较选择时,为了简化计算,在不与国民经济分析结果发生矛盾的条件下,也可通过财务分析确定。但应注意,在工程项目分析中必要时应考虑相关费用和相关效益。

(2)项目比较和选择应遵循效益与费用计算口径对应一致的原则,项目比较和选择应注意各个项目之间的可比性。如计算基础资料、计算方法、服务年限、满足需要等是否可比。

4.5.2　独立项目的比较与选择

在无约束的条件下,一组独立项目的比较选优是比较容易的,它与单一的工程项目财务分析本质相同,即项目分析所要解决的问题是项目分析指标能否达到某一标准的问题。这时,对于经济上彼此独立的常规项目,只要计算有关静态指标,判断项目是否可行就可以了。但是在若干可供选择的独立项目中,如果有约束条件(如资金限制)则只能从中选择一部分项目实施,这就出现了资金的合理分配问题,一般要通过项目组合来优选项目,各个项目组合间是互斥的,因此有约束条件的独立项目选择又转化为互斥的项目组合的选择问题。在此,首先研究在无约束的条件下,独立项目选择的常用指标和方法。

4.5.2.1　独立常规项目的比较与选择

对于独立的常规项目,分析其经济上是否可行,决定项目取舍的重要因素常用的分析指标是净现值和内部收益率。一个独立项目的净现值若为正值,说明该项目可实现的投资收益率大于所用的折现率(要求达到的最低收益率),经济上可行;若其净现值为负值,说明该项目可实现的投资收益率小于要求达到的最低收益率,经济上不可行;若原投资额相同,净现值越大,说明可实现的投资收益率越高。同理,若项目的内部收益率大于要求达到的最低收益率,经济上可行;小于要求达到的最低收益率,经济上不可行;内部收益率越大,说明可实现的投资收益率越高。根据净现值和内部收益率含义,利用数学方法可以证明,考虑独立常规项目的取舍,用净现值和内部收益率进行分析,不会出现相互矛盾的结论。即判别独立常规项目经济上的可行性,$FNPV>0$ 与 $FIRR>i$ 是等价的。其中,i 代表要求达到的最低收益率,$FNPV$ 就是按其计算出的财务净现值。

净现值是衡量项目在整个计算期的经营效果的指标,不考虑投资额的大小,因而也不能直接反映资金的利用效率。为了考察资金的利用效率,通常用净现值率作为净现值的辅助指标。

除财务净现值指标外,还可以考虑工程项目的净终值。净终值是与净现值相对应的指标。它是指将项目计算期(或寿命期)内各年的净现金流量按某一要求达到收益率折算到项目计算期(或寿命期)末的将来值之和。工程项目在 n 年末的终值为:

$$NFV = \sum_{t=1}^{n} \left[(CI - CO)_t (1 + i)^{n-t} \right] \tag{4-28}$$

即净现值与净终值的比值为一常数,因此用净现值与净终值对工程项目进行比较得出的结论是完全相同的。

【例 4-9】 有两个独立项目 A 和 B,各项目计算期的净现金流量如表 4-21 所示,设行业基准收益率 $i_c = 15\%$,项目计算期为 10 年。试判断两项目的可行性。

表 4-21　项目 A 和 B 计算期内现金流量表

项目	计算期净现金流量(万元)	
A	-200	45(1~10 年)
B	-200	30(1~10 年)

解:两独立项目 A 和 B 的净终值分别为:

$$NFV(\text{A}) = -200 \times (F/P, 15\%, 10) + 45 \times (F/A, 15\%, 10)$$
$$= -200 \times 4.0456 + 45 \times 20.3037 = -809.12 + 913.6665 \approx 104.55(\text{万元})$$
$$NFV(\text{B}) = -200 \times (F/P, 15\%, 10) + 30 \times (F/A, 15\%, 10)$$
$$= -200 \times 4.0456 + 30 \times 20.3037 = -809.12 + 609.111 \approx -200.01(\text{万元})$$

财务净现值分别为:

$$FNPV(\text{A}) = -200 + 45 \times (P/A, 15\%, 10) = -200 + 45 \times 5.0188 = 25.846(\text{万元})$$
$$FNPV(\text{B}) = -200 + 30 \times (P/A, 15\%, 10) = -200 + 30 \times 5.0188 = -49.436(\text{万元})$$

上述计算结果表明,无论采用净终值或净现值,最终分析结果是一致的,即项目 A 与项目 B 相比较,项目 A 从经济上看是可行的,而项目 B 则是不可行的,应予以否定。

在项目财务分析中,还常用到与净现值、净终值密切联系的另一个指标,即年度等值。

年度等值也称净年值,是指把项目的计算期(或寿命期)内各年的现金流量,按照要求的收益率折算成与该现金量等值的、分布在各年末的等额年金序列。其计算公式为:

$$AE = \sum_{t=1}^{n} \left[(CI - CO)_t (1 + i)^{-t} (A/P, i, n) \right]$$

$$AE = \sum_{t=1}^{n} \left[(CI - CO)_t (1 + i)^{n-t} (A/F, i, n) \right]$$

当 i 与 n 为某一确定值时:

$$AE = NPV(A/P, i, n)$$
$$AE = NFV(A/F, i, n)$$

即年度等值与净现值、净终值是成比例的,它们对项目或方案分析的结论是相同的。

仍以例 4-9 现金流量为例,其年度等值为:

$AE(A) = -200 \times (A/P,15\%,10) + 45 = -200 \times 0.1993 + 45 = 5.14$(万元)

$AE(B) = -200 \times (A/P,15\%,10) + 30 = -200 \times 0.1993 + 30 = -9.86$(万元)

$AE>0$,说明该项目除能达到 15% 的收益率外,还能每年得到 5.14 元的超额收益,在经济上是可行的;而 B 项目则达不到 15% 的收益率,因此在经济上是不可行的。

对于简单的独立工程项目有时也可以静态指标进行粗略分析,常用的指标有投资利润率、投资税率、投资回收率等指标。

4.5.2.2　独立非常规投资工程项目的比较与选择

如前所述,非常规投资工程项目可能得出多个内部收益率,为判别其经济上是否可行带来困难。

【例 4-10】　某个工程项目的现金流动情况如表 4-22 所示,试对其作出决策。

表 4-22　某个工程项目的现金流量表

年度	净现金流量(元)
0	-1 600
1	10 000
2	-10 000

解:显然,该工程项目为一个非常规工程项目,可据以得出两个内部收益率 25% 和 400%,即:

$$\frac{10\,000}{1+25\%} - \frac{10\,000}{(1+25\%)^2} = 1\,600$$

$$\frac{10\,000}{1+400\%} - \frac{10\,000}{(1+400\%)^2} = 1\,600$$

为消除这一缺陷,可用外部收益率来取代它。如果要求达到的最低收益率为 20%,可据以分别计算财务净现值和外部收益率。

(1)财务净现值为:

$$FNPV = 10\,000 \times (P/F,20\%,1) - 10\,000 \times (P/F,20\%,2) - 1\,600$$
$$= 10\,000 \times 0.8333 - 10\,000 \times 0.6944 - 1\,600 = -211(元)$$

(2)外部收益率。

按要求达到的最低收益率计算各年净现金流量到寿命期终了时的终值之和:

$$10\,000 \times (F/P,20\%,1) - 10\,000 = 10\,000 \times 1.2000 - 10\,000 = 2\,000(元)$$

上述终值之和相当于原投资额至项目寿命期终了时的本利和,可据以推算原投资额在项目寿命期内取得的收益率,即:

$$(F/P,FERR,2) = 2\,000/1\,600 = 1.25$$

查附表可知,当折现率 =10% 时,$(F/P,10\%,2) = 1.2100$;当折现率 =12% 时,$(F/P,12\%,2) = 1.2544$,通过"插值法"可得:

$$\frac{FERR - 10\%}{1.25 - 1.2100} = \frac{12\% - 10\%}{1.2544 - 1.2100}$$

计算可得：$FERR = 11.8\%$

4.5.3 互斥项目的比较与选优

4.5.3.1 互斥常规项目对比与选优

对于相互排斥的常规工程项目的经济分析，不仅要研究各个方案的经济合理性，而且更为重要的是需要对项目进行排序以解决选优的问题。一般情况下，在互斥方案中，*FNPV*值最高或 *FIRR* 值最高的工程项目应被接受，但实际上采用这两种不同的方法可能得到互斥项目的不同排序，出现矛盾的分析结果。因此，选用决策方法时还是应遵循能揭示出实现企业财富最大化的工程项目的分析方法。*FNPV* 法与 *FIRR* 法的区别主要表现在两个方面：一方面，*FNPV* 法假定能够按基准投资报酬率将每笔现金流入进行再投资，而 *FIRR* 法假定能够按计算出的内含报酬率将每笔现金流入进行再投资，在比较互斥项目时，按最低要求的投资报酬率进行再投资显得更切合实际，能够得出可靠的结果；另一方面，在衡量项目的盈利能力时，*FNPV* 法用的是绝对数值，而 *FIRR* 法用的是相对数值，净现值直接反映的是公司价值的变化额。所以，净现值能够衡量出各个项目对公司价值的影响，即选择 *FNPV* 值最大的工程项目与实现股东财富最大化的经营目标是一致的。而用内含报酬率并不能保证任何时候都作出导致财富最大化的选择。内含报酬率作为衡量项目的相对获利能力的指标，其优势在于能够精确地反映出资金留在公司内部可赚取的投资报酬率。然而，内含报酬率的最大化，并不意味着公司股东财富的最大化，因为从本质上说，*FIRR* 无法体现项目的绝对贡献额，投资分析的最终目标是工程项目能够赚取的绝对值而不是相对贡献额。因此，在属于竞争性质的互斥工程项目决策中应运用 *FNPV* 法。

【例 4-11】 设工程项目甲、乙是两个相互排斥的项目，要求达到的最低收益率为 10%，现金流动情况如表 4-23 所示。试计算其财务净现值和内部收益率。

表 4-23　工程项目甲和乙现金流量表

年度	工程项目甲	工程项目乙	差额
0	-10 000	-15 000	-5 000
1	12 000	17 700	5 700

解：假设要求达到的最低收益率为 10%，据此可以分别确定甲、乙的财务净现值和内部收益率：

$$FNPV(甲) = -10\,000 + 12\,000 \times (P/F, 10\%, 1)$$
$$= -10\,000 + 12\,000 \times 0.9091 = 909.2(元)$$
$$FNPV(乙) = -15\,000 + 17\,700 \times (P/F, 10\%, 1)$$
$$= -15\,000 + 17\,700 \times 0.9091 = 1\,091.07(元)$$

甲项目的内部收益率计算如下：

$$12\,000 \times (P/F, FIRR_{甲}, 1) - 10\,000 = 0$$

$$(P/F, FIRR_{甲}, 1) = 0.833\,3$$

查表可得：*FITT*(甲)＝20%

乙项目的内部收益率计算如下：

$$17\,700 \times (P/F, FIRR_{乙}, 1) - 15\,000 = 0$$

$$(P/F, FIRR_{乙}, 1) = 0.847\,5$$

查表可得：*FIRR*(乙)＝18%

另外，对于互斥工程项目的选优，也常采用差量分析原理进行工程项目比较，增量投资若能获得要求达到的最低收益率，则增量投资经济上是可取的。这一选优准则的具体化表现在，从净现值看，增量分析得到的净现值大于零，投资额大的项目较优；反之，投资额小的项目较优。这实际上是与净现值法的分析结论相一致的。

从差额投资内部收益率看，差额投资内部收益率大于要求达到的最低收益率，投资额大的项目较优；反之，投资额小的项目较优。差额投资内部收益率是两个工程项目净现金流量差额的现值之和等于零时的折现率，可用与计算内部收益率相同的方法进行计算。

用上述选优规则对互斥工程项目进行判别，同按净现值进行分析对比所得的结论相一致。

对例4-11进行增量分析，可得到增量投资的净现值为181.82元，差额投资内部收益率为14%，说明对工程项目乙的增量投资经济上可取，项目乙优于项目甲，同净现值对这两工程项目进行对比的原始结论相一致。

4.5.3.2　互斥非常规投资工程项目对比与选优

相互排斥的非常规投资工程项目对比与选优，同样要进行差量分析。但由于非常规工程项目可能出现多个内部收益率，因而对它们进行差量分析，不宜采用差额投资内部收益率指标，而要代之以差额投资净现值或差额投资外部收益率。

【例4-12】　设机床A的寿命期为5年，机床B的寿命期为10年；要求达到的最低收益率为8%，寿命期内的现金流动情况如表4-24所示，试分别求机床A、机床B的差额投资净现值和差额投资外部收益率。

表4-24　机床A和机床B现金流量表

年度	净现金流量(元)	
	机床A	机床B
0	−10 000	−15 000
1～5	2 800	
5	2 000*	
1～10		2 700

注：有*的数值代表寿命期终了时的残值。

解:由于机床A、机床B具有不同的寿命期,有关指标不能直接进行对比分析,而要以不同寿命期的最小公倍数(本例为10年)作为共同的比较基础。为此,对表4-24中提供的数据进行加工,形成表4-25。

表4-25　机床A和机床B现金流量修正表

年序	净现金流量		差额
	机床A	机床B	(B-A)
0	-10 000	-15 000	-5 000
1	2 800	2 700	-100
2	2 800	2 700	-100
3	2 800	2 700	-100
4	2 800	2 700	-100
5	-5 200	2 700	7 900
6	2 800	2 700	-100
7	2 800	2 700	-100
8	2 800	2 700	-100
9	2 800	2 700	-100
10	4 800	2 700	-2 100

其中,两种机床以10年为共同的比较基础,机床A经历了两个寿命期,第5年既是第一个寿命期的终了期,又是第二个寿命期的0期,因而在这一年,除该年正常经营的净现金流量2 800元外,可收到该机床第一个寿命期终了时的残值2 000元,同时支付该机床第二个寿命的原始投资10 000元,其净现金流量表示为-5 200元。机床A第10年的净现金流量是该年正常经营的净现金流量2 800元和第二个寿命期终了时的残值2 000元的合计。

显然,机床A的现金流动和差量现金流动都包含了一次以上的改号,按非常规投资进行对比、选优,分别计算差额投资净现值和差额投资外部收益率。

(1)差额投资净现值。

$$
\begin{aligned}
FNPV_{B-A} = & -100\times(P/F,8\%,1)-100\times(P/F,8\%,2)-100\times(P/F,8\%,3)-100\times \\
& (P/F,8\%,4)+7\,900\times(P/F,8\%,5)-100\times(P/F,8\%,6)-100\times \\
& (P/F,8\%,7)-100\times(P/F,8\%,8)-100\times(P/F,8\%,9)-2\,100\times \\
& (P/F,8\%,10)-5\,000 \\
= & -100\times0.925\,9-100\times0.857\,3-100\times0.793\,8-100\times0.735\,0+ \\
& 7\,900\times0.680\,6-100\times0.630\,2-100\times0.583\,5-100\times0.540\,3- \\
& 100\times0.500\,2-2\,100\times0.463\,2-5\,000 \\
= & -1\,152.6(\text{元})
\end{aligned}
$$

(2)差额投资外部收益率。

按8%的折现率计算隔年差额现金流量到寿命期终了时的终值之和:

$$
\begin{aligned}
& -100\times(F/P,8\%,9)-100\times(F/P,8\%,8)-100\times(F/P,8\%,7)- \\
& 100\times(F/P,8\%,6)+7\,900\times(F/P,8\%,5)-100\times(F/P,8\%,4)-100\times
\end{aligned}
$$

$(F/P,8\%,3)-100\times(F/P,8\%,2)-100\times(F/P,8\%,1)-2\ 100$

$=-100\times1.999\ 0-100\times1.850\ 9-100\times1.713\ 8-100\times1.586\ 9+7\ 900\times 1.469\ 3-100\times1.360\ 5-100\times1.259\ 7-100\times1.166\ 4-100\times1.080\ 0-2\ 100$

$=8\ 305.75$(元)

上述终值之和相当于原投资额至项目寿命期终了时的本利和,可据以推算原投资额在项目寿命期内取得的收益率,即:

$$(F/P,FERR,10)=8\ 305.75/5\ 000=1.661\ 2$$

查附表可知,当折现率 $=5\%$ 时,$(F/P,5\%,10)=1.628\ 9$;当折现率 $=7\%$ 时,$(F/P,7\%,10)=1.967\ 2$,通过"插值法"可得:

$$\frac{FERR-5\%}{1.661\ 2-1.628\ 9}=\frac{7\%-5\%}{1.967\ 2-1.628\ 9}$$

计算可得:$FERR=5.19\%$

计算表明,差额投资净现值出现负数,差额投资外部收益率小于要求达到的最低收益率 8%,对机床 B 的增量投资经济上不可取,应购置机床 A,放弃购置机床 B。

对于比较效益相同或效益基本相同但难以具体估算的工程项目,为了简化计算,可采用费用现值比较法,计算各工程项目的费用现值并进行对比,费用现值较低的工程项目为可取的工程项目。各工程项目费用现值的表达式为:

$$PW=I+C(P/A,i,n)-(S_v+W)(P/F,i,n) \tag{4-29}$$

式中 I——全部投资;

C——年经营成本;

S_v——计算期末回收的固定资产残值;

W——计算期末回收的流动资金;

i——基准收益率。

【例 4-13】 设有两个工程项目Ⅰ和Ⅱ,其生产能力和产品质量相同,有关数据如表 4-26 所示,若基准收益率为 12%,试计算工程项目Ⅰ和Ⅱ的费用现值。

表 4-26　各工程项目相关数据

工程项目	Ⅰ	Ⅱ
初始投资(万元)	4 000	5 000
寿命期(年)	5	5
残值(万元)	500	800
年经营成本(万元)	1 500	1 200

解:根据费用现值比较法公式有:

$$\begin{aligned}PW_{\text{Ⅰ}}&=4\ 000+1\ 500\times(P/A,12\%,5)-500\times(P/F,12\%,5)\\&=4\ 000+1\ 500\times3.604\ 8-500\times0.567\ 4\\&=9\ 123.5(\text{万元})\end{aligned}$$

$$PW_{\text{Ⅱ}}=5\ 000+1\ 200\times(P/A,12\%,5)-800\times(P/F,12\%,5)$$

$$= 5\,000 + 1\,200 \times 3.604\,8 - 800 \times 0.567\,4$$
$$= 8\,871.84(\text{万元})$$

因为 $PW_{\text{I}} > PW_{\text{II}}$，所以应选择工程项目Ⅱ。

对于效益难以具体估算的工程项目，为了简化计算，可采用年费用法。所谓年费用法，就是按基准收益率将各工程项目经济寿命期内的费用折算成一个等额年值，通过比较工程项目的年费用的大小来选择工程项目。年费用较低的工程项目为较优工程项目。各工程项目通用的年费用的表达式为：

$$AC = PW(A/P,i,n)$$

以例 4-13 的数据为例，基准收益率仍为 12%，年费用分别为：

$$AC_{\text{I}} = 4\,000 \times (A/P,12\%,5) + 1\,500 - 500 \times (A/F,12\%,5)$$
$$= 4\,000 \times 0.277\,4 + 1\,500 - 500 \times 0.157\,4$$
$$= 2\,530.9(\text{万元})$$
$$AC_{\text{II}} = 5\,000 \times (A/P,12\%,5) + 1\,200 - 800 \times (A/F,12\%,5)$$
$$= 5\,000 \times 0.277\,4 + 1\,200 - 800 \times 0.157\,4$$
$$= 2\,461.08(\text{万元})$$

由于 $AC_{\text{I}} > AC_{\text{II}}$，所以应选择工程项目Ⅱ。

4.5.4 具有约束条件的工程项目的排队与选择

项目比较和选择过程中，最常见的是投资的约束，不可能采用所有经济合理的项目，这就需要进行资金的合理分配。

在存在约束的条件下，尽管项目之间是互不相关的独立项目，即采用其中某一项目并不影响其他项目的选择，但在约束条件下（如资金限制），使其会成为相关的项目。

所以，在有约束的条件下，不管项目间是独立的还是互斥的，都可以采用一种选择方法，即把所有能够满足约束条件的工程项目的互斥组合列举出来，在此基础上，可以采用前面介绍过的互斥项目的选择方法进行选择，具体步骤是：

(1)判断每一个工程项目在经济上的可行性，舍弃那些不可行的工程项目。

(2)列出约束条件下所有可能的互斥的项目组合，项目组合内部的项目是相互独立的，项目组合之间是互斥的，选择其中某一工程项目组合就排斥了选择其他工程项目组合的可能性。

(3)把各项目组合按约束因素（在总投资有限时工程项目组的初始投资额）的大小，从小到大排序。

(4)舍弃那些不能满足约束条件的项目组合。

(5)留待考虑的项目组，可用差额投资内部收益率或增额投资净现值法和净现值率法等选择最优工程项目组。

【例 4-14】 现有三个独立工程项目 A、B、C，各工程项目的投资、年现金流量和寿命期如表 4-27 所示，其基准收益率为 15%，现有总投资限额为 30 000 元。如何安排三个独立工程项目的投资？

表 4-27　各工程项目相关数据

工程项目	投资(生产期初)(元)	年现金流量(元)	寿命期(年)
A	12 000	4 300	5
B	10 000	4 200	5
C	17 000	5 800	10

解:(1)判断每一个工程项目是否可行:

要判断每一个方案是否可行,可采用前面介绍过的净现值、净年值、内部收益率等指标,这里用内部收益率指标,分别求出各工程项目的 *FIRR* 与基准收益率比较。

工程项目 A: $-12\ 000 + 4\ 300 \times (P/A, FIRR, 5) = 0$

即: $(P/A, FIRR, 5) = 2.790\ 7$,反查复利系数表,用插值法求得:

$$FIRR(A) = 23.32\% > 15\%$$

同理,可求得工程项目 B、C 的 *FIRR* 也大于基准收益率,因此这三个工程项目都可行。

(2)在资金约束条件下,列出所有可能的工程项目组合:A、B、C、AB、AC、BC、ABC(见表 4-28)。

表 4-28　所有可能的工程项目组合投资额和现金流量表

项目组号	工程项目的组合	投资额(元)	年现金流量(元)
1	A	12 000	4 300(1 ~ 5)
2	B	10 000	4 200(1 ~ 5)
3	C	17 000	5 800(1 ~ 10)
4	AB	22 000	8 500(1 ~ 5)
5	AC	29 000	10 100(1 ~ 5) 5 800(6 ~ 10)
6	BC	27 000	10 000(1 ~ 5) 5 800(6 ~ 10)
7	ABC	39 000	14 300(1 ~ 5) 5 800(6 ~ 10)

(3)除去不满足约束条件的投资组合。由于 ABC 组合的投资额为 39 000 元,超过了现有投资额 30 000 元,故舍去 ABC 组合,并按投资额从小到大顺序排列可以考虑的工程项目组合(见表 4-29)。

表 4-29　满足约束条件的工程项目组合投资额和现金流量表

项目组号	工程项目的组合	投资额	年现金流量
2	B	10 000	4 200(1～5)
1	A	12 000	4 300(1～5)
3	C	17 000	5 800(1～10)
4	AB	22 000	8 500(1～5)
6	BC	27 000	10 000(1～5) 5 800(6～10)
5	AC	29 000	10 100(1～5) 5 800(6～10)

(4)用差额投资收益率法和增量投资的净现值来选择工程项目,得出的结果见表 4-30。

表 4-30　工程项目组合选择表

项目组号	工程项目的组合	增量	差额 *FIRR*(%)		增额 *FNPV*(元)	
2	B					
1	A	1－2	负值	放弃 1	－1 664.78	放弃 1
3	C	3－2	32.34	保留 3	8 029.8	保留 3
4	AB	4－3	负值	放弃 4	－5 615.34	放弃 4
6	BC	6－3	31.23	保留 6	4 079.9	保留 6
5	AC	5－6	负值	放弃 5	－1 664.78	放弃 5

从表 4-30 可以看出,用差额投资内部收益率或增额投资净现值来选择工程项目,其结果是一致的,最好的投资都是选择 6,即应当上项目 B 和项目 C。

下面我们用直接求各工程项目组合的净现值的方法来选择工程项目,计算结果见表 4-31。

表 4-31　各工程项目组合的净现值

项目组号	工程项目的组合	*NPV* (15%)	按 *NPV* 值 从小到大排列	决策
1	A	2 414.46	6	
2	B	4 079.24	5	
3	C	12 109.04	3	
4	AB	6 493.7	4	
5	AC	14 524.16	2	
6	BC	16 188.94	1	选中

由表 4-31 可以看出,净现值最大的组合为 BC 组合,即 BC 组合为最优工程项目组合。用净现值法选择工程项目和用差额投资内部收益率法或增额投资净现值法选择工程项目的结果是一致的,因此在有约束的条件下进行互斥组合项目的选择时,可以用项目组合净现值最大作为选择原则,这样可简化计算。

4.6　工程项目财务分析实物期权法

4.6.1　财务净现值(净现值)分析法局限性分析

工程项目财务分析的净现值法由于其完善的理论结构和较强的可操作性,并与股东财富最大化理财目标相一致,长期以来在工程项目分析中一直占据主流地位,成为判断一项工程项目是否可行的最主要方法。其分析思路是:首先,预测和计算工程项目的现金流入量的现值,并预测和确定该工程项目所需支出的现值;其次,计算上述两项现值的差额,即净现值;最后,根据净现值计算结果,判断工程项目的可行性。当工程项目为非互斥项目时,若项目的净现值大于零,则说明该工程项目经济上可行;净现值小于零,则说明该工程项目经济上不可行。另外,当工程项目为互斥项目时,还需要比较不同项目净现值的大小,选择其净现值最大者。然而,从理论上讲,使用净现值法进行项目投资分析时包含下面三个假设:一是工程项目未来的现金流量分布会如预测的那样;二是投资者对现金流量的分布只能被动接受,否定工程项目的可推迟性;三是工程项目会在预测的生命期中存续到期末,认为工程项目是可逆的。事实上,在现实投资活动中,工程项目未来的现金流量分布大多具有不确定性和不可逆性,而且投资者对项目的投资也具有决策选择权即具有推迟投资的选择权。因此,净现值法作为一种高度标准化的投资分析方法,仅适用于现金流量比较稳定的工程项目分析,对于未来的现金流量不确定性很高的工程项目以及含有决策选择权的工程项目来说存在着明显的局限性,难以全面反映该工程项目的应有价值。具体表现在以下几方面。

4.6.1.1　净现值法忽视了项目投资中决策柔性的价值

所谓决策柔性,是指当工程项目的外部决策环境发生变化时,决策者可以改变或调整原先初始选择的灵活性，这种决策柔性是具有价值的。而净现值法作为一种财务分析方法是一个几乎静态的分析方法，它忽视了项目管理策略的灵活性。它假设未来的变化总是按决策之初既定的环境发生，不论是对未来的现金流量还是所需采用的风险折现率，都未考虑管理者对未来变化的适时调整，也就是说，净现值法认为某项目一旦作出决策，就按原先的选择工程项目不折不扣地继续到底。事实上，在一个项目的实施过程中，它的实施条件、所处的经济环境都是可能发生非预期的改变的，因此理性的投资者必定会因环境的改变而改变自己的管理策略，对工程项目的运营进行调整。也就是说，工程项目决策的过程由静态决策转变为动态决策。如项目投资建成并运营后，投资者如果发现该项目具有潜在的市场需求，他会加大投资力度，追加投资，扩大项目规模，以获得更大的收益；投资者如果发现该市场前景已不再乐观，他可以缩减投资，甚至提前终止该项目的实施，将损失减到最小。因为如果一个项目未来可实现的净现值比现在就放弃该项目取得的残余价值还小，放弃该项目比持有该项目至期末更经济。这种经营灵活性的存在，虽然为预期现金流量的精确预测带来很大困难，但它可以改变项目运营的风险，并为风险的规避提供可能。然而，净现值法由于没有考虑项目投资过程中的决策柔性，因此没有也难以对投资过程中的柔性价值进行分析。

4.6.1.2　净现值法忽视了项目投资中等待的价值

净现值法在对某一特定项目投资决策时有一个假设，即假定投资决策的执行是不可推迟的。在某一时点上若工程项目的净现值大于零，则执行该项目；否则，拒绝该项目，并永不执行。也就是说，净现值法只对是否进行投资进行决策，而不考虑项目投资时机的选择问题。然而，很多项目投资往往在一定时期内是可以推迟的，项目非竞争性的特征决定了对某个企业来说，项目可以现在投资，也可以等待一段时间，待工程项目有关的不确定信息进一步明朗以后，再决定投资与否，以减少工程项目的不确定性，许多信息的不确定性会随时间的推延而最终得以消除。因此，选择投资的时机不同，决策时得到的信息支撑就不同，项目的风险和收益就会发生变化。一方面，延迟投资可以保留未来投资获利的机会；另一方面，延迟投资可以规避风险，使决策者有更多的时间和信息来检验自身对市场环境变化的预期以及提供不利环境下规避重大损失的机会。

4.6.1.3　净现值法忽视了项目投资中的战略价值

净现值法单从数字和结果上来分析该项目的价值，从某种角度上来说，它忽略了该项目潜在的战略价值。根据净现值法投资决策准则，项目净现值大于零的工程项目则接受，而净现值小于零的工程项目则拒绝。但净现值小于零的工程项目并不等于说该项目没有投资意义，因为很多战略性投资都具有战略价值。而净现值法对投资的战略意义或间接价值及知识价值是无法进行量化分析的。在实际经营中，企业进行的投资活动并非都能立即获益，而且投资的目的也不一定单纯是为了获得财务上的利益，尤其是短期性的利益。从长期来看，企业当前投入的资本是为了占有更多的市场份额，拥有某种专利或者是持有进入某个新兴市场的机会等，它们都是企业战略目标实现的重要组成部分。例如，投资于研究和发展项目，可能会获得专利，为企业创造未来获利机会；购入一块土地可能会有利于未来开采矿产或者开发房地产等。这些投资活动都有一个共同的特点，就是使企业获得未来成长的机会。对大多数企业而言，未来的发展机会可能比眼前的收益更有价值,它们多是企业战略目标实现的重要组成部分。显然,采用净现值法不能为这些着眼于未来的投资决策提供理论支持。

4.6.2 实物期权概述

4.6.2.1 实物期权的基本含义

实物期权(Real Option)作为与金融期权(Finance Option)相对应的概念,是由美国麻省理工学院斯隆管理学院的Stewart Myers教授首先提出并使用的,主要用来说明金融期权与公司战略性计划间的差别,并认为实物期权是金融期权理论在实物(非金融)资产期权上的扩展。金融期权是指投资者按一定价格购买期权合约,进而获得在规定的时间内以约定的价款买进或者卖出某种金融资产的权利,投资者可以在条件有利时实施该权利,也可以在条件不利时不实施(放弃)该权利,即只有权利而无义务。将金融期权运用到投资决策实务中,就是反映企业进行长期投资决策时拥有的、能根据在决策时尚不确定的因素改变投资行为的一种权利。如果一项投资赋予决策者在未来采取某些投资决策的权利而不是义务,那么这项投资就含有实物期权。

企业的投资机会相当于期权持有者拥有的买方期权,投资相当于执行期权,企业一旦投资,企业的投资机会具有的价值就丧失了,转化为投资的成本,称之为机会成本。工程项目的期权特征主要体现在以下两方面:

(1)投资者对工程项目不仅在当前具有决策权,而且工程项目建设后,投资者仍有权根据工程项目的实际情况作出决策,也就是说,投资者对工程项目具有一种未来决策权。其主要有以下几种情况:①投资者不仅有权决定是否投资一个新的项目,而且有权决定是否进行延期投资;②投资者不仅有权在项目开展前决定投资规模的大小,而且有权在项目实施过程中改变项目投资规模的大小;③投资者不仅有权在工程项目开展前决定投资于哪一种类型的工程项目,而且有权在工程项目实施过程中改变工程项目;④投资者不仅有权决定工程项目的开始,而且有权决定工程项目的终止。

(2)对工程项目来说,其所涉及的风险因素众多,因而工程项目的价值具有波动性。根据不同的分类方式可划分为不同的种类,根据工程项目风险产生的原因可分为:①技术风险,主要指工程项目所采用的技术的先进性、适用性、可靠性以及同类项目之间的科技竞争强度;②金融风险,主要指市场利率、汇率的波动,通货膨胀的水平以及资金的募集成本等;③市场风险,主要指产品需求量的变动、市场竞争的激烈程度、生产资料的供应状况以及市场的转型;④自然风险,主要指工程地质情况、自然资源禀赋情况以及气候状况等;⑤社会风险,主要指工程项目所处的社会软环境,具体包括社会信用风险、政府是否廉洁高效以及政治风险等。正是由于工程项目具有这么多的风险因素,并且每种风险因素又都有自己特定的波动过程,决定了工程项目价值的波动性,进而决定了工程项目价值的波动性同其他金融资产一样是具有价值的。

4.6.2.2 实物期权的基本类型

按工程项目具体情况的不同,不同的学者对此进行了不同的分类,如Dixit和Pinkdyck从企业角度将实物期权划分为:延期期权、时间累积期权、改变生产规模期权、放弃期权、转换期权、增长期权和交互式期权,并对它们进行了分析。其中,延期期权相当于看涨期权,其执行价格为投资成本。时间累积期权相当于复合期权,主要针对阶段工程项目。改变生产规模期权包括扩展期权、收缩期权和开关期权。扩展期权是由市场状况好于预期市场状况时,企业扩展规模引起的,相当于看涨期权;收缩期权是由市场状况差于预期市场状况时,企业收缩规模引起的,相当于看跌期权;开关期权是由市场状况好转时重新开工引起的,是看涨期权(暂时停工)和看跌期权(重新开工)的组合。放弃期权是由企业放弃投资获取清算价值引起的,相当于看跌期权。转换期权是由企业改变投入组合或产品组合引起的,可以是看跌期权、看涨期权或看涨期权与看跌期权的组合。增长期权是指早期投资为后来投资提供信息并使企业获得未来的增长机会,相当于复合期权。交互式期权是由多个实物期权的交互作用而产生的,其价值并不是单个期权的累积。

Armram Kulatilaka(1999)把实物期权分成五类,即延迟投资期权、增长期权、柔性期权、退出期权、学习期权;Myers、McGuigan、Rrethow 认为实物期权有以下几种形式,即等待投资期权、取消项目期权、终止期权和成长期权等。

一般地,根据实物期权特征性质,工程项目的实物期权主要包括延迟投资期权、扩张投资期权、收缩投资期权、放弃投资期权、转换投资期权和成长性投资期权。

(1)延迟投资期权或称投资时间的选择权。是指工程项目的持有者有权推迟对项目的投资,从而获取更多的信息或技能,以解决项目所面临的一些不确定性。企业如果能够延期投资,就等于拥有了一个买权,其执行价格为投资成本。企业投资的大部分一般表现为沉积成本,难以收回。如果企业可以延期投资,就可以等到获得更多价格、成本及其他信息之后,再决定是否投资,从而最大程度地控制损失。所以,当产品的价格波动幅度较大或投资权的持续时间较长时,推迟期权的价值较大,较早投资意味着失去了等待的权利。这样,含有延迟投资期权项目的价值,往往要比传统工具所估计的价值大,因为期权控制了工程项目的损失。

(2)扩张投资期权。是指项目的持有者有权根据项目实际进展情况在未来的时间内增加项目的投资规模,即在未来时间内,如果项目投资较好,则投资者有权扩张投资规模。例如,如果投资者在投资某一项目后,市场条件变得比较好(产品价格的上涨或成本的降低等),则投资者可以通过扩张工程项目的规模,取得比开始预期较好的投资收益。扩张投资期权是由市场状况好于预期市场状况时,企业扩张规模引起的,相当于看涨期权。

(3)收缩投资期权。是与上述扩张投资期权相对应的实物期权,即项目的持有者有权在未来的时间内减小项目的投资规模,在未来时间内,如果项目投资效果不佳,则投资者有权收缩投资规模。收缩投资期权相当于一个卖权,大多数项目都考虑到市场需求减小时或在其他情况下收缩规模。例如,如果投资者在投资某一项目后,市场条件变坏(产品价格的降低或成本的上升等),则投资者可以通过收缩工程项目的规模降低投资的风险。

(4)放弃投资期权。相当于一个卖权,是指项目的持有者在未来时间内,如果项目的收益不足以弥补成本或市场条件变坏,则投资者有权放弃对项目的继续投资。例如,投资从研发某一产品到产品推向市场可以分成若干个阶段,如果市场条件变坏,则投资者有权放弃对项目的继续投资,以控制继续投资的可能损失。

(5)转换投资期权。是指项目的持有者有权在未来的时间内选择多种决策之间的转换。例如,投资者在从事石油冶炼的项目设计时,可以设计成使用多种能源(如电力、油气等)进行石油的冶炼,投资者可以根据这几种能源价格的变化情况,选择合适的能源,以降低成本。由于项目投资的可变性,我们可以将相应的期权蕴涵于项目的初始设计之中。灵活的制造设备允许生产线在产品之间进行转换,转换投资期权将成为设备成本的一部分。一旦决定进行转换,则转换的价值就取决于所处的状态和拥有的转换投资期权。

(6)成长性投资期权。是指项目的投资者通过预先投资作为先决条件或一系列相互关联项目的联结,获得未来成长的机会(如新产品、新市场等),而拥有在未来一段时间进行某项经济活动的权利。例如,研究开发部门的投资是典型的具有增长权的投资,因为它的价值来自于研究开发部门为进一步发展而设计的产品,而该产品可能是可销售的产品。成长性投资期权存在于所有的基础设施工程项目和战略性的工程项目。使用实物期权方法的投资者会增加具有增长权的工程项目,因为传统的工具往往低估了这些投资机会的价值。

4.6.2.3　实物期权法分析方法的现实意义

将金融期权理论引入战略投资决策的实物期权方法具有以下重要意义:

(1)它改变了传统的项目决策标准。一个净现值为负的项目由于具有期权的性质有可能在将来成为一个有价值的项目,因此企业不能因项目当前的净现值为负就轻易拒绝它,因为项目中隐含期权的价值是不可忽视的。而一个具有正净现值的项目在实物期权法下却有可能不会被立即执行,因为在不确定条件下,延迟投资权是具有相当价值的。

(2)它丰富了投资决策理论。实物期权法是一种动态评估方法,它充分考虑了不确定性和灵活性在投资决策中的作用,为准确评估项目价值提供了新的思路。对于高度不确定的评估准确性大大高于传统的项目决策方法,目前不少高新科技、高风险的企业决策者都已经尝试着使用实物期权法来进行项目评估和决策。

(3)它改变了决策者对风险的态度。在工程项目净现值分析法下,不确定性的提高增加了项目的风险,降低了项目的吸引力,但如果将该项目视为一个期权,不确定性的增加反而会增加期权的价值。

(4)它不仅要求决策者识别出战略工程项目中所包含的实物期权的类型、计量实物期权的价值,更重要的是,决策者应该在规划战略工程项目时,有意识地创造各种实物期权,以实现投资价值的最大化。

4.6.2.4　实物期权的价值计算

随着实物期权理论的发展,实物期权的应用逐渐受到学术界和一些公司的重视。从20世纪80年代起,期权定价理论和方法逐渐被引入实物资产或企业的估价领域,形成了实物期权的估价方法。针对不同类型实物期权的具体特征,理论界分别提出了相应的定价模型。目前,常用的实物期权定价方法基本上是通过和金融期权的映称关系,在金融市场上找到相应的标的金融资产,通过 Black-Scholes 模型和二项式模型予以解决的(Hull,1985)。Black-Scholes 模型和二项式模型的基本含义如下。

1. Black-Scholes 模型

Black-Scholes 模型是一种不支付红利的欧式看涨期权定价公式。它是美国金融学家 Black 和 Scholes(1973)基于大量的市场假设和股票价格的随机运动,运用数学方法研究

的偏微分方程,从标的资产的价值、波动性和无风险回报率的角度刻画金融期权价值的变动。其计算公式为:

$$V = SN(d_1) - Xe^{-rT}N(d_2) \tag{4-30}$$

其中

$$d_1 = \frac{\ln(S/X) + (r + \sigma^2/2)T}{\sigma\sqrt{T}} \tag{4-31}$$

$$d_2 = d_1 - \sigma\sqrt{T} \tag{4-32}$$

式中 V——基础资产现值,即期权价值;

S——基础资产当前价格;

X——期权执行价格;

r——无风险利率;

σ——基础资产价格波动率;

T——期权从开始持有到执行的时间;

$N(d_1)$、$N(d_2)$——标准正态分布的累积概率分布函数。

从式中可以看出,实物看涨期权价值主要取决于以下几个因素:

(1)标的资产的价格。标的资产价格升高会增加看涨期权的价值;反之,会减少看涨期权的价值。

(2)标的资产回报率的方差(标的资产价值的波动性)。标的资产价值的波动性越大,看涨期权的价值就越大;反之,就越小。

(3)期权的预定价格(或执行价格)。期权的预定价格越高,看涨期权价值就越小;反之,就越大。

(4)期权距离到期的时间。期权有效期限越长,看涨期权的价值就越大;反之,就越小。

(5)无风险利率。无风险利率的提高通常会增加看涨期权的价值。

2. 二项式模型

二项式模型是继 Black-Scholes 模型之后,由 Cox、Ross、Rubinstein(1979)等通过复制组合,按照风险中性定价法推导的又一期权定价方法。二项式模型以对基础资产价值变化的一种简单描述为基础,根据基础资产价值的波动情况,确定基础资产价值在单位时间上升、下降的幅度,建立相应的基础资产价值变化树形图,最后通过树形图倒推,计算期权的价值。假设在被广泛应用的多阶段不确定性二项式模型中,基础资产具有初始价值 S,在一个较短的时间内,要么向上变为 $S_u = uS$,要么向下变为 $S_d = dS$,相应的期权价值为 V_u、V_d,其概率为 p 和 $1-p$;在下一个阶段基础资产的可能值为 S_{uu}、S_{ud} 或 S_{dd},相应的期权价值为 V_{uu}、V_{ud} 或 V_{dd},依次类推。树形图表示见图 4-1。

根据图 4-1,利用风险中性定价方法对每个后果计算出相应期权的价值,然后由后往前逐期推算,像决策树一样,最后可以求出期权的现在价值。在多期数二项式定价模型里,两期二项式定价模型是决策分析中最常用的模型,同时也是计算多期数期权价值的基础。其计算公式为:

$$V = e^{-rT}[pV_u + (1-p)V_d] \tag{4-33}$$

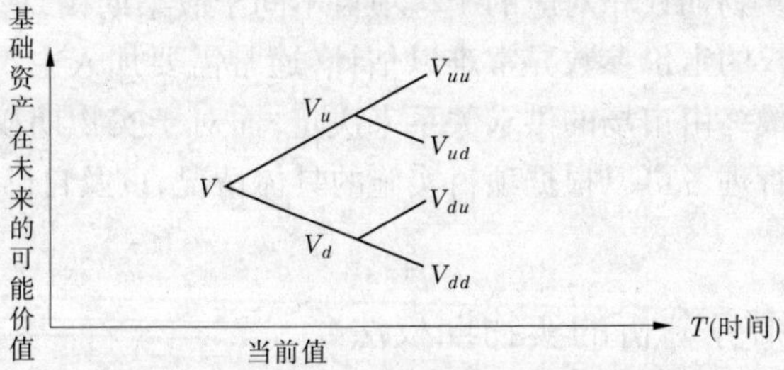

图 4-1　二项式定价树形图

其中
$$p = \frac{e^{rT} - d}{u - d} \tag{4-34}$$
$$V_u = e^{-rT}[pV_{uu} + (1 - p)V_{ud}] \tag{4-35}$$
$$V_d = e^{-rT}[pV_{ud} + (1 - p)V_{dd}] \tag{4-36}$$
$$V_{uu} = \max(S_u - X, 0), V_{ud} = \max(S_{ud} - X, 0), V_{dd} = \max(S_{dd} - X, 0)$$

式中　V——期权价值；

p——风险中性概率；

r——无风险利率；

X——期权执行价格。

一般地，对期权在有效期 T 内其基础资产价格发生 n 次变动的多时期而言，其期权价值为：

$$V = e^{-rT}\sum_{j=1}^{n}\left[\frac{n!}{j!(n-j)}\right]p^j(1-p)^{n-j}\max[0, u^j d^{n-j}(S - X)] \tag{4-37}$$

式中　$\left[\frac{n!}{j!(n-j)}\right]p^j(1-p)^{n-j}$——在基础资产价格运动中共上涨 j 次、下跌 $(n-j)$ 次的总概率；

$\max[0, u^j d^{n-j}(S - X)]$——在期权到期时，基础资产价格共上涨 j 次、下跌 $(n-j)$ 次时的期权的价值。

很显然，Black-Scholes 定价模型是二项式定价模型的一种特例，它是在 n 期定价模型中当 $n \to \infty$ 时的一种极限分布，借助于正态分布，它减少了所需要的信息量和计算量。

根据金融期权与实物期权参数之间的映称关系（见表 4-32），将影响未来投资机会期权的各参数分别代入金融期权定价公式，即可得到未来投资机会的期权价值。

表 4-32　金融期权与实物期权参数之间的对应关系

项目	金融期权	实物期权
标的	股票	工程项目
价格	股票的市场价格	工程项目期望现金流量的现值
执行价格	约定的价格	投资的成本、获取成本
执行期	约定的到期日	投资机会持续的期限
波动性	股价的波动性（标准差）	项目现值的波动性（标准差）
收益	期权持有期股利	工程项目实施期现金流量

需要注意的是,实物期权相对应的工程项目不同于股票期权,它不能在资本市场上自由流通,因此实物期权的定价参数异常难以估计,通常需要加入主观的判断。另外,就股票期权而言,其价格最终由市场的供求关系来决定,而对于实物期权,由于不存在这样一个自由交易的市场,管理者可以根据项目实施的具体情况,以及自己的分析和预见来界定或控制其价格。

4.6.3　工程项目财务分析的实物期权法

通过以上分析可知,从期权分析的角度来看,工程项目的价值应当包括两部分:一部分是不考虑实物期权价值的存在而项目固有的内在价值,一般可由净现值法计算求得;另一部分是项目含有的期权的价值。其计算公式为:

$$项目价值 = 项目净现值 + 期权价值 \tag{4-38}$$

其中,项目含有的期权价值又包括项目的灵活性价值和战略价值。灵活性价值用灵活性期权分析,即用延迟投资期权、扩张投资期权、收缩投资期权、放弃投资期权、转换投资期权和成长性投资期权等对工程项目经济可行性进行分析。灵活性期权使公司得以在未来调整投资计划,用于对工程项目中包含的灵活性因素的价值进行挖掘,以帮助投资决策者识别风险、管理风险,选择最佳的投资时机,从而更好地分析工程项目的经济可行性。战略价值一般用复合性期权来分析,它赋予企业提高未来生产能力或竞争力的机会或可能性,其价值通常体现在企业一系列后续投资机会的价值基础上,即依赖于它所能生产的新的选择机会的价值。但实物期权的发掘主要取决于工程项目设计者的设计思路、项目的行业、产品特征、项目投资过程的复杂程度和运作方式,以及项目所采用技术的特殊性等一系列因素。

【例4-15】　某企业2011年计划投资2 000万元建设一条生产线,生产A产品,基准收益率为20%,预计各年现金流量如表4-33所示。假定企业的目标是通过A产品的生产培育销售渠道和扩大知名度,预计到2014年,另一替代产品B的技术将成熟,企业到时可以迅速上马产品B的生产线,迅速扩展市场份额,从而实现"蛙跳"战略。鉴于B产品今后的销售情况受多因素的影响,企业对上马B产品生产线的情况作了最保守的估计,现金流量情况如表4-34所示,基准收益率仍为20%,并估计B产品投资价值随市场情况变化的波动率为35%。试分别用净现值法和实物期权法分析企业上述"蛙跳"战略的可行性。

表4-33　2011～2016年预计现金流量表

年末	2011	2012	2013	2014	2015	2016
净现金流量(万元)	−2 000	600	800	680	760	380

表4-34　2014～2019年预计现金流量表

年末	2014	2015	2016	2017	2018	2019
净现金流(万元)	−4 800	1 000	2 400	1 600	1 900	900

解:财务净现值法的投资分析。

分别计算生产 A、B 产品的净现值 $FNPV_A$、$FNPV_B$:

$$FNPV_A = -2\,000 + 600 \times (P/F,20\%,1) + 800 \times (P/F,20\%,2) + 680 \times (P/F,20\%,3) + 760 \times (P/F,20\%,4) + 380 \times (P/F,20\%,5)$$
$$= -2\,000 + 600 \times 0.833\,3 + 800 \times 0.694\,4 + 680 \times 0.578\,7 + 760 \times 0.482\,3 + 380 \times 0.401\,9 = -31.714(\text{万元})$$

同理

$$FNPV_B = -96.14\ (\text{万元})$$

由此,上马 A 产品生产线和 2014 年上马 B 产品生产线的方案在经济上均不可行。

将 $FNPV_B$ 贴现到 2011 年得到:

$$FNPV_{B1} = -96.14 \times (P/F,20\%,3) = -96.14 \times 0.578\,7 = -55.64(\text{万元})$$

由于 B 产品投资价值具有 35%的波动性,其财务净现值有可能在 3 年后大于零,企业若上马了 A 产品生产线,就相当于获得了未来生产 B 产品的机会,否则就失去这一机会。因此,这可以看成一个增长投资期权。所以,现在上马 A 产品生产线的实际价值应由两部分构成:$FNPV_A$ 加上一个增长投资期权的价值。

该增长投资期权相当于一个到期日为 3 年,约定价格为 4 800 万元(投资额),标的资产当前价格为 2 722.124 万元的看涨期权(即 B 产品 2015 ~2019 年各年累积净现金流量贴现到 2011 年的现值)。

由分析知道,$\sigma = 35\%$,$T = 3$,$S = 2\,722.124$,$X = 4\,800$,假定无风险利率 $r = 5\%$,根据 Black-Scholes 期权定价公式,有:

$$d_1 = \frac{\ln(S/X) + (r + \sigma^2/2)T}{\sigma\sqrt{T}}$$
$$= \frac{\ln(2\,722.124/4\,800) + (5\% + 0.35^2/2) \times 3}{0.35\sqrt{3}} = -0.385\,1$$

$$d_2 = d_1 - \sigma\sqrt{T}$$
$$= -0.385\,1 - 0.35\sqrt{3} = -0.991\,3$$

$$N(d_1) = 0.350\,1,\ N(d_2) = 0.160\,8$$

$$V = SN(d_1) - Xe^{-rT}N(d_2)$$
$$= 2\,722.124 \times 0.350\,1 - 4\,800e^{-5\% \times 3} \times 0.160\,8$$
$$= 288.69(\text{万元})$$

则 2011 年投资 A 产品生产线的实际价值为:

$$-31.714 + 288.69 = 256.976(\text{万元})$$

财务净现值大于零,说明从企业的长远战略考虑,当前应上马 A 产品生产线。

必须指出的是,利用实物期权进行工程项目的分析并非完全否定净现值分析方法,只是对它的应用作进一步的改进。实际上,它使很多决策者根据直觉作出的决策有了理论依据。比如:①强调了决策时间的重要性。在可行性研究中增加考虑推迟建设项目的实施时间是否会更有利;以及在可能的情况下,对周期长的建设项目进行分阶段决策,尽可能减少一次性决策带来的巨大损失。②识别、评估会使建设项目价值减少风险以及会使项目有升值的机会。③识别、评估并最优化那些未来决策，这些决策可能会引起建设项目升减值波动。总之，实物期权作为一种评估与开发不确定性的工具，可以最优化管理创造性和应用机动性。

另外，一项工程项目决策的实物期权价值并不是多项实物期权价值的简单相加，各项实物期权之间很可能具有相关性。比如，企业对一个项目执行了扩张投资期权，就不可能同时对其执行暂时中止期权。另外，项目间的实物期权也可能具有相关性。企业发展存在阶段性及决策上的动态序列性，后一阶段的实物期权价值有可能要受制于前一阶段期权的实现和执行。企业生产经营的不同环节也会同时存在着不同类型的实物期权，这些期权之间也可能存在着互动性。例如，最初投资机会是后续投资机会的前提条件，或者是能执行下一步可斟酌的投资机会的实物期权。一个期权的执行价值不仅取决于自身的特征，而且与其他尚未执行的实物期权价值有关。因此，在计算企业拥有的实物期权价值时，不能忽略这种相关性，必须结合企业决策系统对各种实物期权进行必要的识别、筛选，才能合理界定估算范围。

结合项目投资的不确定性及项目投资的期权特征运用期权定价的基本思想对项目投资进行财务分析，弥补了单一净现值法对工程项目分析的缺陷，建立了一种更加“动态”的分析观点，挖掘了工程项目的选择权价值，使决策过程更富有弹性和增加了抗风险能力，这是站在更高的角度上对现行财务分析指标不足的改进，使分析的结果更符合现实情况。

第 5 章　工程项目费用效益分析

5.1　费用效益分析概述

5.1.1　费用效益分析的概念和作用

5.1.1.1　费用效益分析的概念

费用效益分析就是按照资源合理配置的原则,从国家整体角度考察工程项目的费用与效益,用货物影子价格、影子工资、影子汇率和社会折现率等经济参数分析,计算工程项目对国民经济的净贡献,分析工程项目的经济合理性,实现资源的最优利用和合理配置。

5.1.1.2　费用效益分析的作用

费用效益分析把建设项目放到整个国民经济体系中来研究考察,是工程项目经济分析的重要组成部分和核心内容,是从宏观角度分析工程项目的实际经济效益和社会效益,其作用主要体现在以下 3 个方面。

1. 费用效益分析能够真实反映项目对国民经济的净贡献

从国家角度出发,工程项目建设的目的是取得尽可能大的国民经济效益,项目的取舍应以项目对国民经济净贡献的大小为依据。为全面真正地反映工程项目的国民经济净贡献,需要进行费用效益分析。但是,许多国家,特别是发展中国家,不少商品的价格不能反映价值,也不能反映供求关系,在这种商品价格严重"失真"的条件下按现行价格计算项目的投入和产出,不能确切地反映项目投资给国民经济带来的效益与费用支出。因此,必须运用能反映资源真实价值的影子价格,借以计算工程项目的费用、效益,以得出该工程项目的建设是否对国民经济总目标有利的结论。同时,任何项目的费用和效益不仅体现在它的直接投入物和产出物中,还会在国民经济相邻部门中反映出来,这就是项目的间接费用和间接效益,通常称为外部效果。例如,工业项目产生的废水、废气和废渣引起的环境污染及对生态平衡的破坏;在建设一个钢铁厂的同时,又修建了一套厂外运输系统,它除为钢铁厂服务外,还使当地的工农业生产和人民生活得益。项目财务分析中并没有包括这类外部效果,而这类外部效果又确实是项目给国民经济整体带来的损失或利益,这是不容忽视的。因此,只有通过工程项目费用效益分析,才能全面地权衡项目的内部效果和外部效果。

2. 费用效益分析能够促进国家有限资源的合理配置

国家资源(包括资金、外汇、土地、劳动力及其他自然资源)总是有限的,因此为达到有限资源的合理配置,必须在资源的各种相比竞争的用途中作出选择。而这种选择必须借助于费用效益分析,从国家整体的角度来考虑,即把国家经济看做是一个大系统,把项目看做是这个大系统中的一个子系统,工程项目的建设与生产要从国民经济这个大系统中吸取大量的投入物(资金、劳动力、物资、土地等),同时也向国民经济这个大系统提供一定数量的产出物(产品、劳务等)。由于市场的不完善及市场功能的局限性等,财务价格往往不能全面正确地反映项目投入物及产出物的真正经济价格,由财务分析所选择的项目就可能不是对国民经济目标优化最有利的项目。费用效益分析是一种发现分析,它将工程项目置于国民经济整体中来考察,分析其从国民经济中所吸取的投入和向国民经济提供的产出对国民经济这个大系统经济目标的影响,从而选择对大系统目标优化最有利的项目或方案。因此,为在宏观上实现合理资源配置,需要进行费用效益分析。

3. 费用效益分析有利于工程项目投资决策的科学化

费用效益分析是投资决策科学化的需要。科学合理的投资决策应能有效地促成适度的投资规模、合理的投资结构和实现好的经济效益。费用效益分析可以从以下 3 个方面促进投资决策的科学化:

(1)有利于控制投资规模。通过调整社会折现率等重要的参数来控制一些项目的通过与否,达到调控投资规模的目的。

(2)有利于引导投资方向。通过运用经济净现值、经济内部收益率等指标及体现宏观意图的影子价格、影子工资等参数可以起到鼓励或抑制某些行业、区域及某类项目发展的作用,促进国家资源的合理分配。

(3)有利于提高计划质量。工程项目是计划的基础。有了足够数量的、经过充分论证和科学分析的备选项目,才便于各级计划部门从宏观经济角度对项目进行排队和取舍,选择对国民经济净贡献大的项目,从而保障国民经济总体效益。

5.1.2 费用效益分析方法与理论基础

5.1.2.1 费用效益分析方法

在工程项目分析实践中,许多国际组织和专家学者逐步总结出了一套方法,被各个国家或机构组织所采纳。特别是世界银行、联合国工业发展组织(UNIDO)及其研究人员,提出了最有代表性的方法体系,即 L - M 法、S - T 法和 UNIDO 法。由于 S - T 法的基本观点和方法与 L - M 法基本上是一致的,所以这里仅介绍 L - M 法和 UNIDO 法。

1. L - M 法

L - M 法是由牛津大学著名福利经济学家 I. Little 和经济数学教授 J. Mirrees 在他们共同编写的《发展中国家工业项目分析手册》和《发展中国家的项目评价和规划》中提出的。

具体应用时,需将拟建工程项目所有的投入和产出划分为贸易品和非贸易品,并根据投入产出的具体情况,制订出各种转换系数,再用转换系数折算成边境价格;以边境价格作为计算基础计算出影子价格。在 L - M 法中,物品的边境价格就是它的影子价格,对进口品而言,就是其到岸价格,对出口品而言,就是其离岸价格。

假设有一工程项目,它使用两种国内投入:一种为农产品,价格为 N_1 元;另一种为工业品,价格为 N_2 元。该项目还使用进口的设备,其到岸价格为 M 美元,项目的产出用于出口,其离岸价格为 X 美元。设官方汇率为 OER,在不考虑时间因素,忽略进出口的国内运输等费用的情况下,经济分析中工程项目的净效益可表示为:

$$B_1 = OER \cdot (X - M) - (N_1 - N_2) \tag{5-1}$$

但是,工农业产品之间以及外贸货物与非外贸货物之间的定价体系是不一致的,存在价格不可比因素,也就是说,工农业产品之间以及工农业产品和进出口产品之间的比价不合理。考虑到这一因素,上述工程项目净效益公式可作如下修正:

$$B_2 = OER \cdot (X - M) - (C_1N_1 + C_2N_2) \tag{5-2}$$

其中,C_1、C_2 分别为农产品和工业品的价格修正系数。修正后公式中对国内价格 N_1、N_2 的处理办法,就是项目经济分析的 L－M 法。从修正后公式可以看出,L－M 法的主要特点就是把项目的投入和产出划分为外贸货物和非外贸货物,并以边境价格为基准计算各种货物和劳务的影子价格(或计算价格)。所谓边境价格,对于可外贸货物来说就是用官方汇率换算的口岸价格。

L－M 法的主要优点是:

(1)价格修正问题在项目经济分析中是评估工作者最为棘手的问题,L－M 法的最大贡献就是使影子价格的计算简单化。特别是在对外贸易发达的国家中,只需对少数几种不能进行外贸的货物,将国内价格进行修正就可以了,为项目分析工作提供了极大的方便。

(2)L－M 法使用官方汇率,容易为各国政府所接受。

L－M 法的主要缺点是:

(1)精确计算影子价格需要各种商品的价格弹性系数,在西方国家,有许多专门研究机构定期公布,但是在缺少这些资料或这些资料不够准确时,就往往不得不忽略弹性系数的影响,因而引起很大的误差。例如,在忽略弹性系数的情况下,实际上认为国际市场完全是竞争市场,但国际市场受垄断、资源短缺以及各种政治因素的影响很大,这样就会导致各种贸易货品价格的计算中产生很大的误差。

(2)L－M 法以边境价格水平作为计算各类商品和劳务影子价格的基准,没有和国内价格政策直接联系起来,特别是在国内价格和边境价格相差很大的情况下,将会给实际工作带来困难。

2. UNIDO 法

UNIDO 法出自联合国工业发展组织(UNIDO)的《项目评价准则》一书。作为 UNIDO 的《工业可行性研究编制手册》推荐的经济分析方法,此法在不发达国家得到了较为广泛的应用。

在具体应用过程中,UNIDO 法与 L－M 法一样,也需将拟建工程项目所有的投入和产出划分为外贸货物和非外贸货物。与 L－M 法不同的是,它不是修正国内价格,而是以国内价格为计算基础,用外汇的影子汇率 SER 将国际价格换算成国内价格,以具有基准消费水平的消费值为计算单位。其计算公式为:

$$B_3 = SER \cdot (X - M) - (N_1 + N_2) \tag{5-3}$$

其中

$$SER = \frac{N_1 + N_2}{C_1N_1 + C_2N_2} \cdot OER \tag{5-4}$$

这种方法是以净总消费效益为主要目标,也就是把能为国家、社会提供多少净总消费效益作为主要指标,把收入的再分配、国民收入增长率、就业程度和自力更生能力等其他目标作为附加指标,综合衡量拟建项目对国家、社会所作贡献的大小,并以这些指标作为取舍项目的准则。

UNIDO 法的主要优点是:

(1) UNIDO 法以国内价格水平作为计算基础,既易于为人们所接受,又直接和国内价格政策相联系。

(2) UNIDO 法在对外贸易不发达的国家中使用较为方便,因为这时不需要计算太多的影子汇率。

UNIDO 法的主要缺点是:

(1)有些国家认为影子汇率是对官方汇率的否定,进而认为是对其汇率政策的否定,因此不愿使用影子汇率。

(2)影子汇率仅仅反映了外贸货物和非外贸货物之间合理的比价关系。当国家关税政策不变时,影子汇率并不反映外汇的稀有性,有人认为影子汇率反映了外汇的稀有性,实际上这是一种误解。

5.1.2.2 费用效益分析的理论基础

费用效益分析的理论基础是福利经济学。福利经济学从生产资源的有效配置和国民收入在社会成员之间的分配两个方面来研究一个国家实现最大的社会福利所需具备的条件和国家为了增进社会福利应有的政策措施。所有的国家,特别是发展中国家,都面临着一个基本的经济问题,即如何把有限资源分配到各种不同的用途中去,资源的这些不同用途,并不是资源分配过程的最终目标,而是一些手段。国家通过这些手段调配资源,目的是追求更为基本的目标,如消除贫困,促进经济增长,减少不公平的收入分配等。费用效益分析正是基于这样的理论基础来确定影子价格、社会折现率和影子汇率等分析参数的。其中,影子价格是费用效益分析的重要参数。

影子价格指的是资源处于最优配置状态时的边际产出价值,是为实现一定的社会发展目标而人为确定的、比交换价格更能合理利用资源的效率价格,能更好地反映出产品的社会价值和资源的稀缺程度;是国家从自身经济利益出发,对项目需求所提出的资源、劳动力、外汇价格要求;是一种经济活动中的外生变量,是对项目需求施以影响的一种财政、金融政策性工具和手段,它应与国民经济的增长相适应。费用效益分析中用影子价格代替市场价格来计算经济效益和经济费用,能够使稀缺的国家资源产生最大的经济效益,起到资源优化配置的作用。

5.1.3 费用效益分析与财务分析的关系

工程项目经济分析包括财务分析和费用效益分析两个层次。其中,财务分析是进行费用效益分析的基础,没有前者就无法进行;而后者又是前者的延伸,没有后者工程项目的经济分析是不完整的。一般地,多数工程项目应先进行财务分析,在此基础上对效益、费用、价格等进行调整后,再进行费用效益分析。有些项目可先进行费用效益分析,然后进行财务经济效益分析。费用效益分析与财务分析既相互联系又相互区别,并且各有其任务和作用,它们相互结合,共同完成工程项目的经济分析任务。

5.1.3.1　**费用效益分析与财务分析的关系**

(1)费用效益分析以财务分析为基础和出发点。如价格的调整、投入和产出价值的调整、外部效果的计量等往往都以财务分析为出发点。

(2)费用效益分析与财务分析的结果作为投资决策的依据,互为参考和补充,由于投资主体的分析立场和利益不尽一致,因此工程项目是否值得投资必须同时考虑财务上的盈利性和经济上的合理性。当然,在我国,一般以费用效益分析的结论为主进行决策。

(3)费用效益分析与财务分析都使用基本的经济分析理论,即费用效益分析比较理论;采用同类的基本分析方法和主要分析指标,即以现金流量分析(费用效益分析中称费用效益流量分析)为主要方法,通过编制基本报表计算净现值、内部收益率等主要分析指标。

(4)费用效益分析与财务分析都是在完成项目产品市场分析、方案构造、投资估算及资金筹措等的基础上,寻求最有利的工程项目或方案,即分析的基础相同,目的相似。

5.1.3.2　**费用效益分析与财务分析的区别**

(1)分析的角度和基本出发点不同。财务分析是从财务角度考察货币收支和盈利情况及借款偿还能力等,侧重从企业角度分析和预测投资行为的财务可行性;费用效益分析则是从国民经济整体的角度考察项目需要国家付出的代价和对国家的贡献,即国民经济效益,分析和预测项目投资行为的宏观可行性及经济合理性。

(2)效益与费用的含义及划分范围不同。财务分析根据项目的直接财务收支计算项目的费用和效益;费用效益分析则根据项目实际耗费的有用资源及向社会提供的有用产品或服务来考虑项目的费用和效益。有些在财务分析中视为费用或效益的财务收支如税金、国内借款利息和补贴等,在费用效益分析中不视为费用和效益;而且财务分析只计算项目的直接效益和直接费用,费用效益分析对项目引起的间接效益与费用即外部效果也要进行计算和分析。

(3)费用与效益的计算价格不同。财务分析采用实际可能的财务价格计算项目的费用和效益。费用效益分析则采用根据机会成本和供求关系确定的,能够反映资源真实经济价值的影子价格体系来计量项目的费用和效益。

(4)分析依据的参数不同。财务分析依据的参数主要是行业基准收益率或设定的折现率,费用效益分析依据的参数则是国家统一测定的社会折现率;而且财务分析依据的行业基准收益率在不同行业中是不同的,而社会折现率则是统一的。

总之,对于工程项目进行系统的、定量的经济分析应包含两个方面:一是对工程项目进行财务分析和费用效益分析。工程项目的财务分析和费用效益分析的最主要区别是对项目分析的角度不同,工程项目的财务分析是站在项目的角度分析项目的效益情况,而工程项目的费用效益分析是站在国家角度分析评价其对整个国民经济的贡献。二是工程项目的财务分析和费用效益分析对于一个建设项目来说构成了在不同层次的基础上,对工程项目进行经济分析的有机整体,缺一不可。但两种分析在项目决策中的地位是不同的。首先,工程项目的财务分析和费用效益分析是在项目经济分析中两个不同层次、不同范围和不同价格体系基础上,对项目效益的分析;费用效益分析是比财务分析更高层次的分析。其次,从资源最优配置的角度来看,项目费用效益分析具有绝对的否决权。最后,项目的财务分析和费用效益分析都是项目决策的主要依据,不能用项目的财务分析取代项目的费用效益分析。

5.1.4 工程项目决策准则

对于同一个工程项目,既要进行财务分析,也要进行费用效益分析。但由于财务分析和费用效益分析在利益原则与分析方法上的差异,两种分析结果可能出现一致或不一致的情况。当两种分析结果出现不一致时,必须根据两种分析结果可能出现的各种情况进行具体的分析,但基本思想是,工程项目取舍的决策应主要依据费用效益分析的结果。其具体决策准则如下:

(1)当费用效益分析和财务分析均认为项目可行时,则该项目是可取的,对其最终的分析结论应予以肯定。

(2)当费用效益分析和财务分析均认为项目不可行时,则该项目是不可取的,对其最终的分析结论应予以否定。

(3)当费用效益分析认为可行,而财务分析认为不可行时,需进行一些具体的分析。要区别价格上的不合理或是其他原因,向国家和主管部门提出建议,并相应地采取一些必要措施,如调整市场价格和税收,实行政策性补贴等,使分析成为可行,其目的是使项目最终能够成立,并能发挥企业的积极性。

(4)当费用效益分析认为不可行,而财务分析认为可行时,在一般情况下,该项目应予以否定。因为这样的工程项目的兴建,对国家的全局是无益或有害的,而企业"好"的经济效益,也必然是以牺牲其他企业或国家的利益为代价的。

5.2 费用效益识别

5.2.1 费用和效益的概念

工程项目费用效益分析中的费用是指国民经济为项目所付出的代价或负贡献,它是国家为项目建设和生产所付出的真实代价。其包括直接费用和间接费用,即项目本身的费用和由项目引起的外部费用。直接费用是指为建设项目本身直接投入的财力、物力,是在项目范围内计算的经济费用。间接费用也称外部费用,是指由项目引起但在项目的直接费用中未得到反映的那部分费用。工程项目的间接效益和间接费用统称为外部效果。

工程项目费用效益分析中的效益是指项目对国民经济所作出的贡献,即由于项目的兴建为国民经济提供的总经济效益,包括项目本身产生的直接效益和由项目引起的间接效益。直接效益是由项目本身增加收入或减少支出,并能在项目范围内直接计算的经济效益。间接效益也称外部效益,是指由项目对社会产生的但又不能在其产出中反映出来的那部分效益。

效益与费用的差额也称为工程项目国民经济净贡献。工程项目费用效益分析的实质就是选择国民经济净贡献最大的工程项目,而实现这一目的的基本途径是将工程项目的费用与效益进行比较,进而计算其对国民经济的净贡献。因此,正确地识别费用效益分析中的费用和效益,是保证费用效益分析正确性的重要条件。

5.2.2 费用和效益识别的特点与方法

5.2.2.1 费用和效益识别的特点

相对财务分析来说,工程项目费用效益分析中的费用和效益识别具有识别系统的开放性及考察内容的物质性和边际性两个显著特点。

1. 识别系统的开放性

财务分析以项目自身作为相对独立的封闭系统,凡是流入这个系统的款项,都是对项目盈利目标的贡献,即效益,如销售收入、回收固定资产残值等;反之,凡是流出系统的款项,都是对系统盈利目标的负贡献,即费用,如投资、纳税等。由此可见,在工程项目的财务分析中,考察的系统相对较小,且是封闭和独立的,费用和效益完全是以现金流入或是现金流出来识别的。而费用效益分析则不同,它把考察的范围扩大到了整个社会,即投资分析者面对的是一个开放性系统,费用和效益不仅发生在项目之内,而且发生在项目之外。

2. 考察内容的物质性和边际性

一方面,工程项目的费用效益分析是以整个社会全部最终产品的总和作为衡量国民收入增长目标的基本依据的,因此任何导致最终产品减少的都是项目投资所引起的费用,任何导致最终产品增加的都是其效益。如果把项目的全部投入和产出统称为资源,那么,项目的投入,即使用资源,则会因投入物资源的减少而构成费用;而项目的产出则会由于其产出物资源的增加而构成效益。由此可见,工程项目费用效益分析所要考察的始终是全部实际有形资源的流动,而不仅仅是追踪货币的流动(即财务收支)。另一方面,一个项目的投入和产出对国民经济整体来说一般都视为边际的影响,即国民经济中考察项目的费用和效益时,通常只考察其边际变化的数量,而不考察其平均量或总量。例如,项目投入品如果是靠原生产该投入品的企业利用剩余生产能力增产来供应,则该项目所用投入品的费用仅为增产该投入品的可变成本。

5.2.2.2 费用和效益识别的方法

识别工程项目费用和效益的基本方法是有无对比法,即将由于工程项目的实施和运行而对国民经济造成的影响(包括正面影响和负面影响)与无项目条件下的情况进行对比。根据效益和费用计算范围相对应的原则,凡是项目对国民经济所作的贡献即由于项目的兴建和投产为国民经济提供的所有收益,均计为项目的国民经济效益;凡是国民经济为项目所付出的代价即国家为项目建设和生产付出的全部真实的代价,均计为项目的国民经济费用。

5.2.3 费用和效益的具体识别

5.2.3.1 直接效益与直接费用的识别

工程项目的直接效益是指由项目本身产生,由其产出物提供,并用影子价格计算的产出物的经济价值。它是由于项目向国民经济大系统提供产品或劳务而对国民经济作出的直接贡献。不增加产出的项目,其效益表现为投入物的节约,即释放到社会上的资源的经济价值。直接效益的确定一般可分为以下两种情况：

(1)若工程项目产出物用以增加国内市场的供给量，其效益就是这部分增加量所满足的国内需求的价值，也就是所增加的消费者支付意愿。

(2)若工程项目产出物未导致国内市场供给量的相应增加，则：①项目产出物用于替代出口，其效益为所获得外汇的经济价值；②项目产出物用于替代进口，其效益就是所节约外汇的经济价值；③项目产出物用于替代国内原生产企业的部分或全部生产，其效益为原生产企业减产或停产向社会所释放的资源，其价值等于对这部分资源的支付意愿。

工程项目的直接费用主要是指国家为满足项目投入(包括固定资产投资、流动资金及经常性投入)的需要而付出的代价。这些投入物用影子价格计算的经济价值即为项目的直接费用。直接费用的确定一般也分为两种情况：

(1)若工程项目的投入物来自国内供应量即增加国内生产来满足工程项目的需求，其费用就是增加国内生产所消耗资源的经济价值。

(2)若工程项目投入物的国内生产量保持不变，则：①项目投入物来自国外即增加进口来满足项目需求，其费用就是所花费外汇的经济价值；②项目的投入物本来可以出口，为满足项目需求，减少了出口量，其费用就是所减少外汇收入的经济价值；③项目的投入物本来用于其他项目，但由于改用于拟建项目将减少对其他项目的供应，其费用为其他项目因此而减少的效益，也就是其他项目对这部分投入物的支付意愿。

在费用效益分析中，工程项目的直接费用和效益的识别及度量通常是在财务分析的基础上进行的。一般来说，需要对费用或效益进行两类调整：一是如果某些投入物和产出物的市场价格与影子价格存在偏差，则必须对其按影子价格进行重新估计；二是在财务分析中被排除的某些费用或效益，可能需要补充进来，而另一些在财务分析中已考虑的费用或效益则可能要重新根据其对经济整体的性质进行归类或调整。

5.2.3.2　间接效益与间接费用的识别

工程项目的效益除由产出物所体现的直接效益外，还应包括项目对社会产生的某些其他效益，即间接效益或外部效益。间接效益是指项目为社会所作的贡献而项目本身并未得益的那部分效益。如大型水利项目为当地防洪及旅游业等带来的效益，项目厂外运输系统为附近工农业生产和人民生活带来的效益，项目为所处相对落后地区社会、经济、文化、观念等带来的综合效益等。这些效益有些是有形的，有些是无形的；有些是可用货币计量的，有些是难以或不能用货币计量的。

同样，工程项目的费用除由其投入物体现的直接费用外，还包括社会为项目付出的其他代价，即间接费用或外部费用。间接费用是指社会为项目付出了代价，项目本身不需要支付的那部分费用。间接费用的典型例子是工业项目排出“三废”(废水、废渣、废气)引起的环境污染及所造成的社会损失。间接费用也有有形与无形、可用货币计量与不可用货币计量之分。

在进行项目经济分析时，只有同时具备以下两个条件的费用或效益才能称做外部费用或外部效益：

(1)项目将对与其无直接关联的其他项目或消费者产生影响。

(2)这种费用或效益在财务报表中并没有得到反映，或者没有将其量化。

与项目相关的间接效益和间接费用统称为外部效果。外部效果通常是较难计量的，为减少计量上的困难，首先应力求明确项目的边界，如通过扩大项目范围把一些相互关联的项目合在一起作为联合体进行分析，使间接费用和间接效益转化为直接费用和直接效益。另外，通过采用影子价格计算项目费用和效益，可在很大程度上使项目的外部效果在项目内部得到体现。这样，通过扩大项目范围和调整价格两个步骤后，可使很多外部效果内部化。

在工程项目费用效益分析中，为既能全面考虑项目的外部效果，又能防止将外部效果扩大化，避免重复计算，一般情况下，需要考虑下面这些外部效果：

(1)项目对环境的影响。有些工程项目对自然环境和生态环境产生污染与破坏，如排放污水造成水污染、排放有毒气体和粉尘造成大气污染等。项目造成的环境污染和破坏是一种外部费用，一般较难计量，除根据环境卫生部门规定征集的排污费计算外，可以参照同类企业所造成的损失近似估计，或按恢复环境质量所需的费用估计，至少应作定性描述。有些项目可能含有环境治理工程，会对环境产生好的影响，分析时则应计算相应的效益。

(2)乘数效应和价格影响。乘数效应指新建项目的实施，刺激了项目投入物的国内需求，可以使原来闲置的资源得到利用，从而产生的一种连锁性的外部效应。以劳动力为例，如劳动力产生剩余，项目的实施利用了原来闲散的劳动力，引起劳动力消费的增加，导致服务行业的发展，从而引起一系列的连锁效应。一般情况下，只计算一次相关效应，不连续扩展计算乘数效应。

同理，有些项目的产品大量出口，可能导致出口价格下降，减少了创汇的效益，减少的效益可计为项目的负效益，或直接计为该项目的间接费用。如果项目的产品增加，导致产品市场价格下降，可以使用户和消费者得到产品降价的益处。但这种益处一般不应计为项目的间接效益，因为原用户及消费者从产品价格下降中所得好处正是原生产厂家效益的减少，从整个国家经济角度来看，效益并未增减，只是一种效益的转移。这与产品出口导致的价格变化具有明显的区别。

(3)技术扩散效果。通常包括技术培训和技术推广等，这是一种较为明显的技术性外部效果。投资兴建一个技术先进的项目会培养和造就大量的工程技术人员、管理人员或技术性较强的操作工人，人员的流动和技术的外流等最终会给整个社会经济的发展带来好处，因此应计为项目的间接效益，称为技术扩散效果。但这种效果通常是隐蔽的、滞后的，因而难以识别和计量，一般只能作定性描述。

(4)上、下游企业相邻效果。这一效果是指由于工程项目建设或投产后能使项目的上游企业或下游企业原来闲置的生产能力得以利用的一种外部效果。上、下游企业相邻效果一般包括对下游企业的效果和对上游企业的效果。下游企业的效果主要是指生产初级产品的项目对以其产出物作为原材料的经济部门产出的效果。项目的下游企业是指以项目产出物作为原材料或半成品的企业，项目的产品可能使下游的企业经济效益得到提高，使其闲置的生产能力得到发挥，或使其在生产时节约成本。就项目分析而言，项目对以其产出物为主要投入物的下游企业所产生的效果，如果能够合理确定这些投入物的影子价格，就能正确计算这类项目的经济效益，不再需要单独进行计算。

上游企业的效果主要是指一个项目的建设会刺激那些为该项目提供原材料或半成品的经济部门的发展，从而引起向后联的效果。项目的上游企业是指为该项目提供原材料或半成品的企业，项目的实施可能会刺激这些上游企业得到发展，增加新的生产能力或使原有生产能力得到更充分的发挥。这又可分为以下两种情况：

(1)项目所需的原材料原来国内没有生产，由于新项目的建设产生了国内需求，刺激了原材料工业的发展。如果其价格低于进口价格，显然建设这种原材料生产项目对国民经济是有利的，就项目分析而言，如果采用这种较低的原材料价格作为影子价格，这种效果一般能够通过合理确定的投入物影子价格得到反映，不需要单独计算。

(2)项目所需的原材料国内原来就有生产，由于项目的实施增加了国内需求，使原材料生产企业原来闲置的生产能力得以发挥或达到经济规模，从而产生了新的效益，并且这种效益很难通过原材料价格反映到拟建项目的效益中去，因而应计为项目的间接效益。

根据以上两种情况，为防止外部效果计算的扩大化，需注意以下两点：

(1)随着时间的推移，如果不实施该工程项目，其上、下游企业的生产情况也会由于其他原因而发生变化，要按照有无对比的原则计算上、下游企业的增量效果作为考虑拟建项目外部效果的依据。

(2)应注意其他拟建工程项目是否也有类似的效果。如果有，就不应把总效果全部归功于某个拟建项目，否则会引起外部效果的重复计算。

考虑了以上两点之后，这种上、下游的效果相对于拟建工程项目本身的直接效益来说，一般是较小的，除非特殊情况，一般不去计算这种外部效果。

此外，还需要考虑由于现行价格失真所引起的外部效果。在现行的价格体系中，由于历史和政策等原因，某些产出物或投入物的价格往往背离其实际经济价值。这实际上使项目内应产生的效益或费用的一部分转移到了项目以外其他部门，成为这些部门的效益或费用，这一未经计入的效益和费用应予以估算并作为外部效果予以补充计入。例如，国内铁路货运运费现行价格偏低，背离其实际经济价值，从而使项目对货运的应投入费用的一部分转移到铁路运输部门，成为该部门的负效益，这部分发生在项目外的费用应作为外部费用予以补充计入。这种因现行价格失真所引起的外部效果，是当前费用效益分析中较普遍、较突出的问题，解决的办法是通过价格调整，用影子价格代替现行市场价格。

5.2.3.3　转移支付

转移支付是指那些并不伴随资源增减的纯粹货币性质的转移。也就是说，某一项效益、费用或某一种资源或产品在社会或国民经济内部由一个实体转向另一个实体，从整个国民经济来看并没有导致社会资源或社会产品的增和减，纯属国民经济内部的相互转移。显然，在费用效益分析中对内部转移支付项要剔除，既不列为费用，也不列为效益。

转移支付主要包括项目缴纳的各种税金及附加，向国内银行和其他金融机构支付的借款本息以及从国家或地方政府获取的各种补贴等。从财务角度来看，它们都是项目财务分析中的实际现金收入或支出，应计为项目的费用或效益；但从整个国民经济角度来看，它们都只是国民经济内部不同社会成员之间资源支配权的相互转移或支付，是社会的再分配，并未导致资源的实际耗费或增加，在费用效益分析中既不能计为项目的费用，也不能计为项目的效益。因此，在财务分析基础上进行费用效益分析时，应注意从原费用和效益中剔除其中的转移支付;当对项目直接进行费用效益分析时,应注意在费用和效益中不包括转移支付。同时应注意,如果项目有国外借款,则其利息的支付不应视为转移支付,因为项目偿还国外借款本息,产生了国民经济内部资源向国民经济系统外部的转移,导致了国民经济内部资源的减少,必须计为项目的国民经济费用。

5.3 影子价格

5.3.1 影子价格的含义

影子价格这一术语是20世纪30年代末40年代初,由荷兰数理经济学家、计量经济学创始人詹恩·丁伯根和苏联数学家、经济学家、诺贝尔经济学奖获得者康特罗维奇提出来的。它是指某种资源处于最佳分配状态时的边际产出价值。其中,边际产出价值是指为增加1个单位资源的投入量所带来的社会效益的增加量。在工程项目分析中使用边际的数据,而不用平均的,是因为项目对国民经济来说,一般只起微量的变化。从理论上讲,某一种资源的总量一旦确定,其合理分配方案总是存在的,或者可以认为,某一种资源在一定范围内的分配使用,经过社会经济机制的作用总是趋向于合理流动,对资源利用的计划中也应该能够找到这一最佳分配,因此影子价格又称为最优计划价格。依据影子价格的定义,当资源处于最佳分配状态时,也即不同用途的资源所获得的边际产出价值相等时,这个边际产出价值就是这种资源的影子价格。可以认为,某一种资源的影子价格是这种资源的实际经济价值,它有时可以通过市场价格反映出来,但在相当多的情况下并不能通过市场价格进行反映。社会资源量不同,其边际产出价值不同,它的影子价格也不相同,并且随着资源量的增加,在相同用途条件下,边际产出价值即影子价格也呈递减趋势。因此,影子价格可以反映社会经济在某种最优状态下时的资源稀缺程度和对最终产品的需求情况,是一种更能反映资源真实经济价值、促进资源合理利用、为实现一定的经济发展目标而人为确定的效率价格。

价格是工程项目费用效益分析的核心内容,是决定工程项目取舍的重要因素。对同一个工程项目来说,采用不同的价格标准进行费用效益分析计算,往往会得出不同的结论,甚至是相反的结论。因而,在费用效益分析中,必然要找到一种能够把项目的财务费用与效益和国民经济费用与效益协调一致的价格,这种价格既能反映社会资源本身的实际价值,同时又能反映产品市场的供求关系及资源的稀缺程度,并引导资源配置向优化方向发展,它便是影子价格。因此,在费用效益分析中合理确定和应用影子价格是正确衡量项目国民经济效益和费用最重要的前提。只有合理确定和应用影子价格,才能保证项目国民经济效益和费用衡量的真实,使费用效益分析的结论能够用于正确指导投资决策,保证资源的合理配置,从而使国民经济获得高效率、高速度的发展。反之,失真和扭曲的影子价格必然导致项目国民经济效益和费用的衡量失实,从而导致错误的投资决策,造成有限资源的浪费,延误国民经济的发展。我国同大多数发展中国家一样,由于产业结构不合理、劳动力过剩、过度保护本国工业、通货膨胀、外汇短缺及管制价格、管制工资等,现行价格存在着较为严重的扭曲与失真。许多价格既不反映资源的真实价值,也不反映供求关系。显然,这种情况的价格很难适用于费用效益分析,而必须测算和应用影子价格。

5.3.2　影子价格的寻求思路

由于影子价格表现为某种资源处于最佳分配状态时的边际产出价值,因此确定影子价格的前提就是资源处于最佳分配状态。从理论上讲,资源最佳分配有两种情况能够达到理想状态:一是将各种资源及其各种使用途径都一一列出,通过投入产出表进行优化,从而达到资源的最佳分配,此时各种资源最后一个单位的边际产出价值就是这些资源的影子价格。二是根据西方经济学的观点,如果经济社会处于一种无行政或无人为干扰的、理想的、纯粹的自由竞争状态,按照平均利润率的作用规律,资源也会趋于合理分配,此时资源的市场价格比较接近于它的实际经济价值,也即这时市场价格能够近似地代替影子价格。

显而易见,如果按照第一种情况确定影子价格,需要对国民经济各部门的相互联系以及各种资源的可用量掌握得比较清楚,同时还要考虑各种宏观政策变化对各部门使用资源量的影响,这样的大规模信息量的获得与处理难度相当大。如果按照第二种情况确定影子价格,在一个具体国度中,由于各种行政的、非行政的人为干扰,纯粹的自由竞争被破坏,西方经济理论中的平均利润率的实现也受到阻碍,所以某一国家内的市场价格往往也会因为偏离其实际经济价值较远而不能作为影子价格来使用。由此可见,影子价格的确定应分情况区别对待:

(1)尽管在一个国度内难以达到资源的最佳利用,如果从国际市场的角度来分析,各种人为因素的正向或负向干扰相对于某一国家内部会少些,因此在某些情况下可以用国际市场价格近似地代替影子价格。

(2)在工程项目中,无论是投入物或是产出物,均可视为一种社会资源,而社会产品又可以分为中间产品和最终消费品两大类。一般来说,中间产品具有多种可以选择的用途,因此它们的影子价格可以用机会成本或相同的边际产出价值来表示;而最终消费品一般没有可以选择的多种用途,此时影子价格无法用机会成本或边际产出价值来表示,对此只能以其使用价值的原则来表示它的实际经济价值,也即以用户的支付意愿作为最终消费品的影子价格。

(3)在实际的工程项目分析中,将工程项目涉及的各种资源(统称为货物)分成外贸货物和非外贸货物。所谓外贸货物,是指直接或间接影响国家进出口的货物。对于外贸货物,往往寻找其口岸价,即以国际市场价格来替代影子价格,当然在具体分析中还视具体情况需对口岸价进行适当的修正。对于非外贸货物,原则上以用户的支付意愿来确定。价格合理的,或按国家统一价格定价,或按国内市场价格替代;价格不合理的,用分解成本的办法,将财务价格调整为影子价格。

5.3.3　影子价格的计算方法

工程项目投入物和产出物的类型不同,其影子价格的计算方法也不同。在费用效益分析中,为了进行价格调整,一般把项目投入物和产出物分为外贸货物、非外贸货物和特殊投入物三种类型。其中,外贸货物是指其生产或使用将直接或间接影响国家进出口的货物，具体包括项目产出物中直接出口（增加出口）、间接出口（替代其他企业产品使其增加出口）或替代进口（以产顶进减少进口）的货物；项目投入物中直接进口（增加进口）、间接进口（挤占其他企业的投入物使其增加进口）或挤占原可用于出口的国内产品（减少出口）的货物。非外贸货物是指其生产或使用不影响国家进出口的货物，具体包括“天然”的非外贸货物如建筑、国内运输等基础设施及商业的产品和服务，由于运输费用过高或受国内国外贸易政策和其他条件的限制不能进行外贸的货物等。特殊投入物一般指土地和劳务的投入。

在工程项目费用效益分析时，首先应根据具体情况分析项目投入物和产出物的类型，然后根据货物的不同类型，分别采用不同的定价原则和调整计算方法。

5.3.3.1　外贸货物影子价格的计算方法

外贸货物影子价格是以实际可能发生的口岸价格为基础确定。口岸价格是指进口或出口货物在我国口岸交货的价格，包括到岸价格和离岸价格。到岸价格是指进口货物运抵我国进口口岸的价格，包括货物的出厂价格和国内运费以及国内出口商的经销费用。

如果项目的投入物或产出物是外贸货物，在完善的市场条件下，国内市场价格应等于口岸价格。这是由于如果市场价格高于到岸价格，消费者宁愿进口，而不愿购买国内货物；如果国内市场价格低于离岸价格，生产者宁愿出口，而不愿以较低的国内市场价格出售。因此，口岸价格反映了外贸货物的机会成本或消费者的支付意愿。在实际的市场条件下，由于关税限额补贴或垄断等原因，存在供需偏差，国内市场价格可能会低于或高于口岸价格。所以，在进行国民经济分析时，应以口岸价格为基础来确定外贸货物的影子价格。

1. 项目产出物影子价格的计算

1）直接出口（外销）产品的影子价格计算

项目的产出物直接出口是指项目的产品通过国内或者国外的贸易公司或由项目企业直接或间接出口。其影子价格计算公式为：

$$SP = FOB \cdot SER - T_1 - TR_1 \tag{5-5}$$

式中　SP——产品的影子价格，按出厂价计价；

FOB——产品出口离岸价格，以外汇计价；

SER——影子汇率；

T_1——出口产品国内运输费用；

TR_1——出口产品的国内外贸经销企业的贸易费用。

国内运费和贸易费用在组织出口时，要消耗一定数量的资源，所以是出口所必需的社会成本，出口货物的经济价格应当从外汇收益中扣除这部分社会成本，按照净得的收益计算。

2）间接出口产品影子价格的计算

项目的产出物间接出口是指项目的产品并不出口，而是在国内销售，但是可以替代其他企业的产品供应国内消费，使其他企业的产品得以出口，从而导致国家增加这种产品的出口。其影子价格计算公式为：

$$SP = FOB \cdot SER - (T_2 + TR_2) + (T_3 + TR_3) - (T_4 + TR_4) \tag{5-6}$$

式中　SP——间接出口产品的影子价格,按出厂价计价;

FOB——同类产品出口离岸价格,以外汇计价;

SER——影子汇率;

T_2+TR_2——原供应厂到口岸的运费及贸易费用;

T_3+TR_3——原供应厂到用户的运费及贸易费用;

T_4+TR_4——项目产品出厂地到用户的运费及贸易费用。

当原用户供应商难以确定时,可简化按直接出口计算。这时需要假定一个产品出口的离岸口岸,估算出离岸价格以及项目所在地到口岸的运费及贸易费用,再计算出产品的影子价格。

3)替代进口产品影子价格的计算

项目的产出物替代进口是指项目的产品并不出口,而是在国内销售,但是国家这种产品原来是大量进口的,项目的产品供给国内使用后得以减少国家这类产品的进口量。其影子价格计算公式为:

$$SP = CIF \cdot SER + (T_5 + TR_5) - (T_4 + TR_4) \qquad (5\text{-}7)$$

式中　SP——替代进口产品的影子价格,按出厂价计价;

CIF——被替代进口货物的到岸价格,以外汇计价;

SER——影子汇率;

T_5+TR_5——被替代进口产品从口岸到用户的运费及贸易费用;

T_4+TR_4——项目产品出厂地到用户的运费及贸易费用。

从购买者到口岸的国内运费和贸易费是进口时必需的社会成本,应当作为经济价格的一部分。现在不进口了,这部分成本就成为项目的经济效益,同时要减去对内销售该货物必须消耗的国内运费和贸易费用,求得该产出的净收益。具体用户难以确定时,可按到岸价格计算。这种简化相当于假定 $T_5+TR_5=T_4+TR_4$,也就是假定被替代进口产品从口岸到用户的运费及贸易费用等于项目产品出厂到用户的运费及贸易费用。

2. 项目投入物影子价格的计算

1)直接进口投入物影子价格的计算

项目的投入物直接进口是指项目的投入物通过贸易公司或由项目企业直接或间接地进口。其影子价格计算公式为:

$$SR = CIF \cdot SER + T_1 + TR_1 \qquad (5\text{-}8)$$

式中　SR——直接进口投入物的影子价格,按到厂价计价;

CIF——直接进口投入物的进口到岸价格,以外汇计价;

SER——影子汇率;

T_1+TR_1——直接进口投入物从国内口岸到项目地点的运费及贸易费用。

2)间接进口投入物影子价格的计算

项目的投入物间接进口是指项目的投入物并不是进口品,而是国内的厂家生产的产品,但是由于项目使用了这些产品,国内的原有其他用户不能再继续使用这些产品,转而使用进口品,从而导致国家增加这种产品的进口。其影子价格计算公式为:

$$SR = CIF \cdot SER + (T_5 + TR_5) - (T_3 + TR_3) + (T_6 + TR_6) \qquad (5\text{-}9)$$

式中　SR——直接进口投入物的影子价格，按到厂价计价；

CIF——直接进口投入物的进口到岸价格，以外汇计价；

SER——影子汇率；

T_5+TR_5——间接进口投入物从口岸到原用户的运费及贸易费用；

T_3+TR_3——国内生产供应厂到原用户的运费及贸易费用；

T_6+TR_6——国内生产供应厂到项目地点的运费及贸易费用。

当原用户及供应厂难以确定时，可简化为按直接进口计算，这时需要假定一进口口岸，估计项目投入物的进口到岸价格以及从口岸到项目地点的运费及贸易费用，再按直接进口计算项目投入物的影子价格。

口岸到原用户的运费和贸易费用加上到岸价格是增加进口所增加的社会成本，应作为影子价格的一部分。原用户在国内被挤占了投入物，所以原供应厂到用户的运费及贸易费就不用了，作为节省的一部分社会成本，项目使用了供应厂的产品，则供应厂到项目的运费及贸易费是必需的社会成本，应作为影子价格的一部分。

3）减少出口投入物影子价格的计算

项目的投入物减少出口是指项目所使用的投入物是国内生产的产品，但是这种产品原来是供给出口的，项目的使用耗费了原有可供出口的产品，减少了国家的出口。其影子价格计算公式为：

$$SR = FOB \cdot SER - (T_2 + TR_2) + (T_6 + TR_6) \tag{5-10}$$

式中　SR——减少出口投入物的影子价格，以到厂价计价；

FOB——投入物的出口离岸价格，以外汇计价；

SER——影子汇率；

T_2+TR_2——投入物原来出口由生产厂到口岸的运费及贸易费用；

T_6+TR_6——投入物原生产厂到项目地点的运费及贸易费用。

供应厂难以确定时，可简化为按离岸价格计算。这时等于假定减少出口的投入物原来出口由生产厂到口岸的运费及贸易费用与投入物由原生产厂到项目地点的运费及贸易费用相等，即假定 $T_2+TR_2=T_6+TR_6$。

出口货物转为国内使用，国民经济损失的是离岸价格扣除供应者到口岸的国内运费和贸易费用后的净收益，应当作为项目使用该货物的社会成本；出口货物现在不出口了，应当再加上从供应者到项目所在地的国内运费和贸易费用作为影子价格的一部分，在具体计算时，由于贸易费用是按口岸价格计算的，而且费率也是统一的，因此贸易费用可以简略不计。

5.3.3.2　非外贸货物影子价格的计算方法

1. 产出物定价

项目的产品是非外贸货物，要按国内市场上这种产品的供求关系定价，具体分为：

（1）增加供应数量满足国内消费的产出物，按以下原则和方法定价后再计算为出厂价格：①市场供求均衡的，按财务价格定价；②市场供不应求的，参照国内市场价格并考虑价格变化的趋势定价，但不应高于相同质量产品的进口价格；③无法判断供求情况的，取上述价格中较低者；④价格不合理的，按国内类似企业产品的平均成本分解定价。

(2)替代国内原生产企业部分或全部生产的项目产出物,按以下原则和方法定价后再计算出厂价格:①质量与被替代产品相同的,应按被替代企业相应产品的可变成本分解定价;②提高产品质量的,原则上应按被替代产品的可变分解成本加提高产品质量而带来的国民经济效益定价,其中,提高产品质量带来的效益,可近似地按国际市场价格与被替代产品的国内市场价格之差确定。

2. 投入物定价

项目的投入物是非外贸货物,按这种投入物的供给方式决定定价原则,具体分为:

(1)项目所需某种投入物能通过原有企业生产能力挖潜即可满足供应,不必增加新的投资。这说明此种货物原有生产能力过剩,属于长线物资。此时确定其影子价格时,可对其可变成本进行分解,得到货物出厂的价格,再加上运输费和贸易费用,即得出货物到项目的影子价格。

(2)项目所需的某种投入物必须通过投资扩大生产规模才能满足拟建项目的需要时,说明这种货物的生产能力已被充分利用,此时确定其影子价格时,可对其全部成本进行分解得到货物出厂影子价格,加上运输费用和贸易费用,就得出货物到项目的影子价格。

(3)项目所需的某种投入物,在项目计算期内,其原有生产能力无法得到满足,又不可能新增生产能力,只有通过减少原有用户的供应量才能得到,这说明这种货物是极为短缺的物资,此时影子价格选择计划价格加补贴、市场价格、协议价格三者之中最高者,再加上贸易费用和运输费用。

3. 非外贸货物的成本分解法

成本分解法是确定非外贸货物影子价格的一种重要方法。用成本分解法对货物进行分解,可得到该货物的分解成本,用以反映货物的经济价值。

对于项目的非外贸投入物及替代国内原有企业产品的产出物,大多数不能直接按市场价格反映其影子价格或导出反映其影子价格(或影子效益、影子费用)的消费者支付意愿。在费用效益分析中,对国内价格扭曲的非贸易的主要投入进行费用的分解是解决价格扭曲、确定合理影子价格的重要手段。无论是建设期间还是生产期间重要的投入物都有必要进行这种分解。

成本分解原则上是对边际成本而不是平均成本进行分解,如果缺乏资料,也可分解平均成本。对于必须用新增投资来增加所需投入物供应的,应按其全部成本(包括可变成本和固定成本)进行分解;对于能以发挥原有企业生产能力来满足供应的,应按其可变成本进行分解。成本分解的步骤如下:

(1)按费用要素列出某种非外贸货物的财务成本、单位货物的固定资产投资额及流动资金,并列出该货物生产厂的建设期限、建设期各年投资比例以及生产期末单位产品固定资产残值。

(2)剔除上述数据中包括的税金。

(3)对货物生产费用构成中的外购原材料、燃料及动力,按其属外贸货物还是非外贸货物,依照相应的定价原则确定其影子价格:对重要的外贸货物应自行测算其影子价格;而对重要的非外贸货物,又找不到现成合理的影子价格,可依据成本分解法的步骤进行第二轮分解;其他货物可直接套用原国家计划委员会发布的影子价格或影子价格换算系数,然后用所得影子价格对相应费用进行调整。

(4)工资及福利费和其他费用原则上不予调整。若需调整,财务成本中的工资及福利费用工资换算系数调整,财务成本中单列的运费用运费换算系数进行调整。有条件时,对投资中某些占比例大的费用项目也应进行调整。

(5)对固定资产投资进行调整和等值计算。按建设期各年投资比例,将调整后的单位产品固定资产投资额分摊到建设期各年,然后按下式等值换算到建设期末(生产期初):

$$I_F = \sum_{t=0}^{n_1} \left[I_t (1 + i_s)^{n_1 - t} \right] \tag{5-11}$$

式中　I_F——等值换算到生产期初的单位产品固定资产投资额,按可变成本分解时,$I_F = 0$;

I_t——建设期第 t 年调整后的单位固定资产投资额;

i_s——社会折现率;

n_1——建设期。

(6)用固定资金回收费用取代财务成本中的折旧费。单位产品固定资金回收费用的计算公式为:

$$M_F = (I_F - S_v)(A/P, i_s, n_2) + S_v i_s \tag{5-12}$$

式中　M_F——单位产品固定资金回收费用;

S_v——生产期末的单位产品固定资产残值;

i_s——社会折现率;

n_2——生产期。

(7)用流动资金回收费用取代财务成本中的流动资金利息。单位产品流动资金回收费用的计算公式为:

$$M_W = W \cdot i_s \tag{5-13}$$

式中　M_W——单位产品流动资金回收费用;

W——单位产品流动资金占用额。

(8)完成上述调整后,重新计算的各项费用总额即为货物的分解成本,也就是货物的出厂影子价格。

【例 5-1】　某钢闸门拟由施工企业自行建厂制作,是非外贸货物。在进行拟建项目的费用效益分析时,需要将作为主要投入物的财务成本进行分解以求得影子价格。由于缺乏边际成本资料,只能按平均成本进行分解。分解依据的基本资料为:①钢闸门的财务成本表(见表 5-1);②生产每吨闸门的固定资产原值为 8 245 元(1993 年价格);③生产每吨闸门占用流动资金为 300 元;④固定资产形成率为 95%;⑤建设期为 2 年;⑥各年投资比例为 1:1。

解:按下列步骤分解:

(1)投资调整。每吨钢闸门耗用固定资产投资为:8 245 ÷ 95% = 8 679(元)

已知固定资产投资中建筑费用约占 25%,根据现行规定(《建设项目经济评价方法与参数》),建筑工程影子价格换算系数为 1.1,设备安装工程、其他工程及费用影子价格换算系数为 1.0,于是每吨钢闸门耗用固定资产投资影子投资为:8 679 × (0.25 ×1.1 + 0.75 ×1.0) =8 896(元)。

表 5-1　钢闸门的财务成本表

项目	单位	耗用量	金额(元)
外购原材料、燃料动力			5 487.55
钢板	t	0.877	3 683.9
型钢	t	0.144	633.8
废钢	t	0.186	372
其他原料			485
电力	$\times 10^3$ kWh	0.82	108.45
铁路货运			115.3
汽车货运			89.1
工资			249.49
职工福利费			26.44
折旧费			630
修理费			230
流动资金利息支出			23
其他支出			490.96
单位成本			7 137.44

注:表中内容按生产费用要素计算。

钢闸门的建设期为 2 年,各年投资比例为 1:1,社会折现率为 12%,换算为生产期初的固定资产影子投资为:

$$I_F = \frac{8\ 896}{2} \times (1 + 12\%) + \frac{8\ 896}{2} = 9\ 430(\text{元})$$

(2)资金回收费和流动资金利息调整计算。设钢闸门运行期为 20 年,不考虑固定资产残值回收,查复利系数表知,资金回收系数为 0.133 9,则:

资金回收费用　$M_F = 9\ 430 \times 0.133\ 9 = 1\ 262.7(\text{元/t})$

流动资金利息调整　$M_w = 300 \times 0.12 = 36(\text{元/t})$

以上两项合计为　$1\ 262.7 + 36 = 1\ 298.7(\text{元/t})$

扣除财务成本表中的折旧费和流动资金利息,成本调高额为:

$$1\ 298.7 - 630 - 23 = 645.7(\text{元/t})$$

(3)外购原材料钢板、型钢为外贸货物,直接进口,到岸价格分别为 507 美元/t 和 517 美元/t,影子汇率为:5.76 ×1.08 =6.22 元/美元,贸易费用率为 6%,本项费用调低额为:

$$(507 \times 6.22 \times 0.877 \times 1.06 - 3\ 683.9) + (517 \times 6.22 \times 0.144 \times 1.06 - 633.8)$$
$$= (-752.3) + (-142.9) = -895.2(\text{元/t})$$

(4)电力。本项目地处华北,电力影子价格取华北电网平均电力影子价格 0.218 1 元/kWh,该项费用调高额为:

$$0.82 \times 1\ 000 \times 0.218\ 1 - 108.45 = 70.39(\text{元/t})$$

(5)铁路货运。铁路货运财务成本115.3元/t,价格换算系数为1.84,该项费用调高额为:

$$115.3 \times 1.84 - 115.3 = 96.85(\text{元}/t)$$

(6)汽车货运。汽车货运价格换算系数为1.26,该项费用调高额为:

$$89.1 \times 1.26 - 89.1 = 23.17(\text{元}/t)$$

(7)其他(如工资及福利费、修理费、其他费用等)均不予调整。

(8)综合以上调整结果,该钢闸门成本总计调高额为:

$$645.7 - 895.2 + 70.39 + 96.85 + 23.17 = -59.09(\text{元}/t)$$

由此,其分解成本为:

$$7\,137.44 - 59.09 = 7\,078.35(\text{元}/t)$$

5.3.3.3　特殊投入物影子价格的计算方法

特殊投入物主要是指劳动力和土地。它们影子价格或影子费用应反映劳动力、土地用于拟建项目而使社会为此放弃的效益及为其增加的资源消耗。

1.劳动力影子价格(影子工资)的计算

在工程项目费用效益分析中使用的工资是影子工资。影子工资就是工程项目工资成本的影子价格,即劳动力的影子价格。其含义是工程项目使用劳动力时,国家和社会所付出的代价。影子工资与财务分析中的工资含义是两个不同的概念。财务分析中的工资称为名义工资,即包括职工的工资与提取的职工福利基金等在内,也就是投资估(概)算中使用的工资。影子工资由两部分组成:一是因工程项目使用劳动力而导致别处被迫放弃的净收益(即在其他使用机会下可能创造的最大效益),即劳动力的机会成本;二是社会为安排劳动力的就业或转移所增加社会资源消耗,如交通运输费用、城市管理费用等,这部分费用劳动者本人并未得到。所以,确定影子工资时,应综合考虑劳动力的机会成本、劳动力资源、就业状况、熟练劳动力与非熟练劳动力的结构以及国家对发展劳动密集型项目与资金密集型项目的宏观意图等因素。为了计算方便,可将财务分析中名义工资乘以工资换算系数,以求得影子工资。

影子工资换算系数是项目的费用效益分析参数,是影子工资与财务分析中付给劳动力的工资加提取的福利基金之比,用以从财务工资推算影子工资,一般由国家统一制定发布。一般认为,非熟练劳动力的影子工资换算系数应小于1,理由是这些劳动力都是从全失业或半失业队伍中吸收来的,在此之前未给社会作出较大贡献。熟练劳动力的工资换算系数取大于或等于1,因为社会为此而放弃的效益要大于他们实际取得的财务工资。根据我国劳动力情况、结构以及就业水平,目前我国规定的一般工程项目的影子工资换算系数为1,即影子工资等于名义工资,某些特殊工程项目,在有充分依据论证的前提下,可根据当地劳动力的充裕程度及项目所用劳动力的技术熟练程度,适当提高或降低影子工资换算系数。如在就业压力很大的地区、占用大量非熟练劳动力的项目,可取小于1的工资换算系数;而对占用大量短缺的专业技术人员的项目,可取大于1的工资换算系数。

中外合资经营项目,由于录用的职工技术熟练程度一般较高,国家和社会为此付出的代价较大,因此中方人员的工资换算系数定为1.5,即影子工资是同行业国内项目名义工资的1.5倍。

2. 土地影子价格的计算

工程项目占用土地,国民经济要为此付出代价,这一代价就是土地的影子价格。它应包括该土地用于拟建工程项目而使社会放弃的原有效益即土地的机会成本,以及由于工程项目使用土地而使社会增加的资源消耗(如拆迁的资源耗费等)两部分。其中,土地的机会成本是指土地不被该项目使用时,其作其他用途为社会创造的净效益。即由于项目使用土地,而使社会为此而放弃的原有效益。用公式表示:

$$OC = \sum_{t=1}^{n} NB_0(1+g)^{t+r-1}(1+i_s)^{-t} \tag{5-14}$$

式中　OC——土地机会成本;

NB_0——基年(即土地在可行替代用途中的净收益测算年)的土地"最好可替代用途"的单位面积净效益;

n——项目占用土地年限,一般取项目计算期;

t——测算年距项目占用土地开始年(一般为建设开始年)年数;

g——土地最好可替代用途年净效益的平均增长率;

i_s——社会折现率;

r——基年(即土地在可行替代用途中的净收益测算年)距项目开工年年数。

工程项目占用土地,除要损失土地的机会成本外,还要引起一些新增的资源消耗。但工程项目所占用土地的类型不同,影子价格的计算范围也不同。按照工程项目所占用土地的类型不同,土地影子价格的计算大致归纳为以下四种类型:

(1)如果工程项目占用的土地是没什么用处的荒山或不毛之地,其影子价格为零,也就是说项目占用土地,国家不受任何损失,费用为零。

(2)如果工程项目占用的土地是农业用地,其机会成本为该土地原来的农业净效益,则该土地的影子价格为该土地原来的农业净效益。

(3)如果工程项目占用的土地是其他经济用途用地(商业、工业等),其机会成本是该土地用于原经济用途的净效益,该土地的影子价格除包括其机会成本外,还要包括原经济用途单位(商店、工厂等)的搬迁费用和原经济用途单位的新址土地的机会成本。

(4)如果工程项目占用土地是非经济用地(如住宅等),该土地的影子价格包括原用地非经济单位搬迁费(搬迁后应维持原使用条件)和搬迁新址土地的机会成本。

土地的影子价格计算可直接从机会成本和新增资源消耗两方面计算,但很多情况下,土地影子价格可从财务分析中土地的征地费用出发调整计算。按照国民经济费用效益划分的原则,工程项目实际征地费用可以划分为三部分:

(1)属于机会成本性质的费用,如土地补偿费、青苗补偿费等。

(2)新增资源消耗费用,如拆迁费用、剩余劳动力安置费用、养老保险费等。

(3)转移支付,如粮食开发基金、耕地占用税等。

另外,在费用效益分析中,对于属于机会成本性质的费用,要按照机会成本方法计算调整,对于新增资源消耗,要按影子价格计算调整;对于转移支付,则不计为费用。项目分析人员在实际分析中,应根据当地实际征地费用情况,将实际征地费划分为上述四个部分,再分别调整各部分费用得到土地的影子价格。

5.4　费用效益分析参数

费用效益分析参数是指按一定的经济分析理论与分析方法制定的,用以计算、衡量工程项目费用、效益的经济数值。这些参数仅供工程项目分析及决策使用,并不在任何意义上表征或暗示现行价格、汇率及利率等的变动趋势,也不是国家分配投资、财政核算以及部门间、企业间商品交换和结算的依据。但对一些重要的参数,如社会折现率、影子汇率等,必须反映国家宏观的调控意图,这就决定了费用效益分析参数通常是由国家决策部门制定并定期公布的,作为全国范围内统一使用的计算标准,因此一般又把这种参数称为国家参数。国家对每个建设项目所提供的有关数据都是一致的,使各项目之间具有可比性。由于各方面经济情况总是在发展变化的,所以各类参数都有一定的时效性。从理论上讲,参数应随时调整,但参数的测算工作需要投入大量人力和时间,实践中只能作阶段性调整。

我国工程项目分析参数是由国家发展和改革委员会组织制定的,其解释和调整由国家发展和改革委员会负责。目前使用的通用参数是2006年7月由国家发展和改革委员会、建设部共同发布的(发改投资[2006]1325号)。发布的参数包括社会折现率、影子汇率、影子工资、贸易费用率、影子价格、财务三率等6种参数。这里主要介绍社会折现率、影子汇率和贸易费用率。

5.4.1　社会折现率

5.4.1.1　社会折现率的含义

采用动态方法对工程项目进行费用效益分析,必须确定社会折现率。社会折现率(Social Rate of Discount,常简写成SRD)又名计算利率,是指根据国家经济政策的需要,由有关部门统一制定的,将不同时间发生的各种费用和效益的现金流量折算成现值的系数,它既是资金占用所应获得的最低动态收益率,也是不同年份之间资金价值的折算率。其实质是对社会投放到将来的收益和成本的价值的定量估计。它既表征社会对资金时间价值的估量,又在一定程度上体现国家的经济发展目标、宏观调控意图及国家的经济政策。在我国工程项目的费用效益分析中,社会折现率实质上表现为国家基准投资收益率,是分析工程项目经济上是否可行的主要判别依据。社会折现率的高低直接影响计算期的长短和经济净现值的大小,是工程项目费用效益分析中除价格外的又一个重要参数。

社会折现率作为工程项目费用效益分析的重要参数,对于分析项目和国家调控投资活动起着重要作用。其在工程项目费用效益分析中不仅作为计算经济净现值、经济外汇净现值、经济换汇成本、经济节汇成本时使用的折现率,也是用以衡量经济内部收益率的基准值。当工程项目的经济内部收益率大于或等于社会折现率时,则认为项目的经济效益达到或超过了最低要求;反之,当项目的内部收益率小于社会折现率时,则认为项目的经济效益没有达到最低要求,项目的经济效益是不好的。社会折现率是项目经济可行性和方案比选的主要判据。

社会折现率表示从国民经济角度对资金机会成本和资金时间价值的估量,也即资金的影子价格,具有宏观调节功能,它不仅是工程项目社会经济分析的一个基本的国家参数,而且是国家宏观投资决策的重要杠杆。适当的折现率有助于合理分配建设资金,引导资金投向对国民经济贡献大的工程项目,调节资金供求关系,促进资金在短期和长期项目间的合理配置。

5.4.1.2 社会折现率的确定

社会折现率的选择和制定是一项政策性很强的工作。其数值的选择适当与否,对国民经济能否得到顺利的发展具有极为重要的影响。制定合理、统一的社会折现率的目的,是借助于这个参数把国家有限的资金分配到最理想的用途上去,换句话说,就是使国家的投资资金能得到最佳的分配和最有效的利用。

社会折现率的确定应体现国家的经济发展目标和宏观调控意图。从原则上讲,选择社会折现率应能使投资资金的供需基本平衡,又能反映货币的时间价值差异。如果社会折现率定得偏高,实际上是过高地估计了资金的时间价值,在进行经济分析中会有许多项目不易通过检验而被否定,这样就可能使许多资金得不到及时安排而不能发挥其应有的作用,使投资资金供过于求,导致资金积压,投资者偏爱短期工程项目;反之,如果定得偏低,实际上是过低地估计了资金的时间价值,在经济分析中就会有过多的项目能顺利地通过检验而付诸实施,这样,工程项目对国家投资的需要就会大大增加,甚至远远超过自身的能力,其结果就必然出现国家的基本投资规模过大,战线过长,甚至会出现许多项目因资金和物资得不到保证而被下马停建的被动局面。因此,正确地确定社会折现率是一项既细致又复杂的工作,必须认真对待。

1. 确定社会折现率的基础

社会折现率制定得是否恰当,直接关系到基本建设规模的大小以至国民经济的发展。一般来说,社会折现率的确定应该以一个国家实际能够贷款、能够投资,或者能够从国际资本市场上借到的资金利率作为一个客观的基础,在这个基础上,再根据其他各种情况来选择或制定出合适的社会折现率。

在国际资本市场上现有的利率中,长期贷款的利率是比较客观、公正的。因此,一般通行的做法是把长期贷款利率作为制定社会折现率的基础,然而长期贷款的利率并不是一成不变的,它通常随着贷款性质和贷款国家的不同而有所区别。

就贷款的性质来看,长期贷款利率的高低往往是:政府对政府、中央银行对中央银行之间的贷款利率略微低些;一般银行对一般银行之间的贷款利率就要高些。有附加条件的贷款,利率可以低一些;无附加条件的贷款,利率就会高一些。

就贷款的国家来看,长期贷款利率的高低往往是:对已经实现了国有化的单位(企业或公司)的贷款,利率稍低些;对没有实现国有化的单位,利率稍高些。对还款信誉好的单位的贷款,利率稍低些;对还款信誉差的单位的贷款,利率稍高些。

因此,以国家资本市场上长期贷款的利率作为制定社会折现率的基础,往往存在一定的变化幅度。

2. 社会折现率的调整

显然,以长期贷款为参考基础制定出来的社会折现率,对于大多数行业的大多数项目是完全适用的,对于大多数地区也是完全适用的。但是,对于根据国家政策需要限制或鼓励发展的那些行业或地区并不完全适用。对于这些行业或地区的社会折现率往往需要再作一些调整。一般会有以下 4 种情况。

1) 对向国外贷款国家社会折现率的调整

对于向国外贷款的国家来说,向国外投资不如向国内投资有利。这些国家应该用降低其将来收益和成本的折现率的办法,给国内工程项目一些贴水,把多余的资金引向国内,促使更多的项目能在国内建设。这样考虑的目的是很明显的,从政治上分析,向国内投资就能取得国内人民更多的支持,可以处于主动、有利的地位。从经济上考虑,向国外投资,对本、利能否如期回收和受通货膨胀影响的大小等方面的情况,都不易及时掌握;而向国内投资,这方面的情况要比国外清楚得多,而且也可及时采取措施,能较好地控制势态的发展。

对向国外贷款国家的社会折现率有必要进行一些调整,调整的原则是使社会折现率的标准低于世界资本市场上通行的利率。从折现系数的定义 $\alpha=(1+i)^{-n}$ 中可以看出:如果利率值较低,则折现系数的值就会较大,因而工程项目的净现值也会较大,随着净现值的增大,必然会有更多的工程项目能够顺利地通过经济效益筛选检验而保留下来。所以,只要制定一个比世界通行的利率低的社会折现率就能够达到促使更多的工程项目在国内建设的目的。其调整计算公式是:

$$SRD=(1-P_d)r_w \tag{5-15}$$

式中　SRD——社会折现率;

P_d——国家给国内项目的贴水;

r_w——世界资本市场的实际利率。

2) 对要向国外借款国家社会折现率的调整

这种标准同全社会折现率的调整,应使其社会折现率的标准等于甚至大于国际资本市场上通行的利率,即:

$$SRD \geqslant r_w$$

采取这种标准来制定社会折现率具有两方面的意义:一是由于利率高于市场上的通行利率,贷方愿意贷款,因此可以吸引更多的国内外的资金,满足国内工程项目的资金需要;二是由于利率较高,很可能使相当数量的工程项目因为增值太少,不能通过经济效益筛选检验而被淘汰。实际上,这是对工程项目的数量起到了限制作用,以免负债太多,给将来国家经济的发展造成更大的困难。

3) 对某些基础工业或不发达的边远地区社会折现率的调整

从长远观点来看,国家应设法加快这类带战略性的基础工业和边远地区的发展速度,以促进国家的全面繁荣。为了达到这一目的,最好的办法是采用比全国统一的社会折现率低的折现率,以便使更多的建设项目都能顺利地通过经济效益筛选检验。对于降低社

会折现率所付出的代价,则由国家以贴水的形式予以补贴。其调整计算公式为:

$$r_i = SRD - P_i \tag{5-16}$$

式中　r_i——某些特定的工业或地区制定的具有特殊促进作用的社会折现率;

P_i——国家为使某些特定的工业或地区社会折现率的降低所付出的贴水。

4)对某些需要限制或放慢发展速度的工业和地区社会折现率的调整

对于这类工业或地区的社会折现率的标准,应高于全国统一的社会折现率。作为需要限制发展的那些工业或地区的社会折现率,其调整计算公式为:

$$r_i = SRD + P_i \tag{5-17}$$

从计算公式可以看出,它是在全国统一社会折现率的基础上再加上一些贴水。

3.我国费用效益分析中的社会折现率

社会折现率是资金的影子价格或机会成本,它所反映的资金的机会成本是对社会而言的,应从全社会的角度考察资金的来源和运用两个方面的各种机会,确定资金的机会成本和社会折现率,体现国家的经济发展目标,从而有利于间接调控宏观投资规模。这也是确定社会折现率的理论基础和基本原则。同时,社会折现率又是动态的、变化的,它取决于在现时条件下社会经济技术的发展水平、资源开发程度和人们组织管理社会生产的综合水平。根据我国目前社会经济发展目标、发展战略、发展优先顺序、发展水平、宏观调控意图、社会成员的费用效益时间偏好、社会投资收益水平、资金供求状况、资金机会成本等因素综合分析,2006 年国家发展和改革委员会、建设部发布的《建设项目经济评价方法与参数》中规定,我国社会折现率为 8%,但对远期收益较大的工程项目,可以采用较低的折现率,但不应低于 6%。

5.4.2　影子汇率

5.4.2.1　影子汇率的含义

每个国家都会根据本国实际规定,有自己的外汇兑换率。对于国家规定的这种汇率,我们一般称为官方汇率(简写为 *OER*)。官方汇率能否完全代表其真实的社会价值,通常是与该国当时的外汇收支平衡情况密切相关的,同时与国家的政策有关。如果国家的外汇收入情况较好,而且长期处于顺差状态,则其所规定的外汇汇率,大体上能够反映外汇的社会价值或通行的市场价值,在这样的情况下,进行工程项目经济分析的各种计算时,可以直接使用国家规定的官方汇率;反之,如果国家的外汇收入情况不好,长期处于逆差状态,则所规定的外汇汇率一般都高于其社会价值,不能反映其实际价值或通行的市场价值,在这种情况下,进行工程项目经济分析的各种计算时,就不能直接使用国家规定的官方汇率,而要进行必要的调整。这样,调整后的汇率称为计算汇率(或称修正汇率、调整汇率),简写为 *ARE*,我国称为影子汇率(*SER*)。

影子汇率即外汇的影子价格,是指不同于国家外汇牌价或称官方汇率的、能正确反映外汇对国民经济真实价值的汇率,即项目费用效益分析中,将外汇换算为人民币的系数。因此,影子汇率也是工程项目费用效益分析的重要参数,它代表从国民经济角度对外汇价值的估量。项目费用效益分析中引入影子汇率是为了正确计算外汇这种特殊资源的实际价值。一般在国家实行外贸管制和不允许外汇自由兑换的条件下,官方汇率往往低估外汇的实际价值。因此,引入影子汇率来反映外汇这种特殊资源的实际价值十分必要。

通常以美元与人民币的比价表示影子汇率,对于美元以外的其他国家货币,应参照一段时期内中国银行公布的该种外币对美元的比价,先折算为美元,然后用影子汇率换算为人民币。在费用效益分析中,影子汇率用于外汇与人民币之间的换算,同时又作为经济换汇成本和经济节汇成本指标的依据。影子汇率取值的高低直接影响项目分析中的进出口抉择,影响采用进口设备还是国产设备的选择,影响产品进口替代型项目和产品出口型项目的决策。

5.4.2.2　影子汇率的换算

影子汇率的换算就是根据影子汇率换算系数,把官方汇率换算为影子汇率的过程。影子汇率换算系数是影子汇率与国家外汇牌价的比值系数。按原国家计划委员会方法规定,我国进行费用效益分析时,用国家外汇牌价(或称官方汇率)乘以影子汇率换算系数即可得到影子汇率。其计算公式为:

$$\text{影子汇率} = \text{影子汇率换算系数} \times \text{官方汇率} \tag{5-18}$$

其中,影子汇率换算系数通常由国家统一测定发布。根据我国现阶段的进出口结构水平、外汇机会成本及其发展趋势、外汇供需状况等因素,影子汇率换算系数目前规定为1.08,供各类工程项目费用效益分析时统一使用。

5.4.3　贸易费用及贸易费用率

贸易费用是指物资部门、各级批发站、外贸公司等商贸部门花费在生产资料流通过程中的除长途运输费用外的费用,在工程项目的费用效益分析中用以计量货物在商贸部门的流通费用。它包括货物的经手、储存、再包装、短距离倒运、装卸、保险、检验等所有流通环节上的费用支出,也包括流通过程中的损耗以及按一定的社会折现率计算的资金回收费用,但不包括长途运输费用。

贸易费用率是反映贸易费用相对于货物影子价格的一个综合比率,是用以计算贸易费用的一个系数。货物的离岸价格或到岸价格乘以贸易费用率即等于贸易费用。贸易费用率的高低取决于物资流通的效率、生产资料价格总水平、人民币与外币的比价等因素。在没有特殊要求的情况下,贸易费用率一般取6%,同时允许项目分析人员根据工程项目的具体情况对不同的货物使用不同的贸易费用率计算贸易费用,对于价格高、体积小、重量轻的货物,可适当降低贸易费用率。

用贸易费用率计算贸易费用的计算公式为:

$$\text{进口货物的贸易费用} = CIF \cdot SER \cdot r \tag{5-19}$$

式中　r—— 贸易费用率。

$$\text{出口货物的贸易费用} = (FOB \cdot SER - T) \div (1 + r) \cdot r \tag{5-20}$$

式中　T—— 国内长途运输费用。

$$\text{非外贸货物的贸易费用} = \text{出厂影子价格} \times r \tag{5-21}$$

必须注意的是,对于没有通过商业部门经手而由生产厂家直供的投入物,不必计算贸易费用。

5.5 费用效益分析指标

5.5.1 费用效益分析指标计算表

工程项目费用效益分析的目的是更合理地使用人力、物力、财力,使有限的能量资源最大限度地促进国民经济的增长和人民物质文化生活水平的提高,其实质就是研究工程项目对国民经济所作的贡献。其主要包括国民经济盈利能力分析和外汇效果分析。其中,盈利能力分析需要计算经济内部收益率、经济净现值等分析指标。对涉及外贸及其他外汇流入、流出的工程项目,如出口创汇及替代进口节汇的项目,当其有直接或间接的外汇效果时,除计算上述指标,进行盈利能力分析外,还应进行外汇效果分析,并根据具体情况计算经济外汇净现值、经济换汇成本以及经济节汇成本等补充指标。

为计算国民经济各项分析指标,与财务分析相似,需要利用各种费用效益分析基本报表。费用效益分析基本报表是计算国民经济各项分析指标的基础,主要包括:全部投资国民经济效益费用流量表,主要用以计算全部投资(不分国内借款、国外投资)的经济内部收益率、经济净现值等指标。国内投资国民经济效益费用流量表,主要用以计算以国内投资为基础的各项指标。与财务分析不同,对于国内投资国民经济效益费用流量表,在现金流出中固定资产投资及流动资金中只包括国内投资部分,在现金流出中又增加了一项流至国外的资金,包括国外借款本金偿还、利息支付及其他,因为这三部分均不属于国内投资的收益,故应从现金流入中扣除。如果项目有出口创汇或替代进口节汇的直接或间接外汇效果,应编制经济外汇流量表,用以计算经济外汇净现值、经济换汇成本或经济节汇成本。费用效益分析指标与基本报表的对应关系如表 5-2 所示。

表 5-2　国民经济分析报表与分析指标的对应关系

评价内容	基本报表	国民经济评估指标
盈利能力分析	国民经济效益费用流量表(全部投资)	经济内部收益率、经济净现值
	国民经济效益费用流量表(国内投资)	经济内部效益率、经济净现值
外汇效果分析	经济外汇流量表	经济外汇净现值、经济换汇成本、经济节汇成本
其他分析		价值指标或实物指标

5.5.1.1 全部投资国民经济效益费用流量表

全部投资国民经济效益费用流量表主要用来综合反映工程项目计算期内各年的按全部投资口径计算的国民经济各项效益与费用流量及净效益流量,并可用来计算项目经济内部收益率、经济净现值指标。其基本格式如表 5-3 所示。

表 5-3　全部投资国民经济效益费用流量表　（单位：万元）

序号	项目	建设期		投产期		达到设计能力生产期				合计
		1	2	3	4	5	6	…	*n*	
	生产负荷（%）									
1	效益流量									
1.1	产品销售（营业）收入									
1.2	回收固定资产残值									
1.3	回收流动资金									
1.4	项目间接效益									
2	费用流量									
2.1	固定投资									
2.2	流动资金									
2.3	经营费用									
2.4	项目间接费用									
3	净效益流量（1－2）									

计算指标：经济内部收益率：　　　经济净现值（i_s =　　%）：

注：生产期发生的更新改造投资作为费用流量单独列入固定资产投资项中。

5.5.1.2　国内投资国民经济效益费用流量表

国内投资国民经济效益费用流量表综合反映工程项目建设期内各年按国内投资口径计算的国民经济各项效益与费用流量及净效益流量。当工程项目不涉及利用外资时，项目国内投资等于全部投资。也就是说，只有工程项目涉及利用外资时，才需编制国内投资国民经济效益费用流量表，并应以据此计算的分析指标为项目决策的主要依据。计算的分析指标包括国内投资的经济内部收益率、经济净现值等。其基本格式如表 5-4 所示。

表 5-4　国内投资国民经济效益费用流量表　（单位：万元）

序号	项目	建设期		投产期		达到设计能力生产期				合计
		1	2	3	4	5	6	…	*n*	
	生产负荷（%）									
1	效益流量									
1.1	产品销售（营业）收入									
1.2	回收固定资产残值									
1.3	回收流动资金									
1.4	项目间接效益									
2	费用流量									
2.1	固定资金中国内资金									
2.2	流动资金中国内资金									
2.3	经营费用									

续表 5-4

序号	项目	建设期		投产期		达到设计能力生产期				合计
		1	2	3	4	5	6	…	n	
2.4	流至国外的资金									
2.4.1	国外借款本金偿还									
2.4.2	国外借款利息支付									
2.4.3	其他									
2.5	项目间接费用									
3	净效益流量(1-2)									

计算指标:经济内部收益率:　　经济净现值(i_s =　%):

全部投资经济现金流量表和国内投资经济现金流量表所列现金流出及现金流入各项,均按影子价格、影子工资计算,凡属国民经济内部转移支付部分应予以剔除。

5.5.1.3　经济外汇流量表

对于涉及产品出口创汇或替代进口节汇的工程项目,除编制国民经济效益流量表外,还应编制经济外汇流量表。经济外汇流量表集中显示项目建设期内各年各项外汇收入和支出流量及产品替代进口使国家节约外汇的数量,表明项目对国民经济的净外汇效果,反映项目对国家外汇收支的直接或间接影响。其基本格式如表 5-5 所示。

表 5-5　经济外汇流量表　（单位:万美元）

序号	项目	建设期		投产期		达到设计能力生产期				合计
		1	2	3	4	5	6	…	n	
	生产负荷(%)									
1	外汇流入									
1.1	产品销售外汇收入									
1.2	外汇借款									
1.3	其他外汇收入									
2	外汇流出									
2.1	固定资产投资使外汇支出									
2.2	进口原材料									
2.3	进口零部件									
2.4	技术转让费									
2.5	偿付外汇借款本息									
2.6	其他外汇支出									
3	净外汇流量(1-2)									
4	产品替代进口收入									
5	净外汇效果(3+4)									

计算指标:经济外汇净现值(i_s =　%),经济换汇成本或经济节汇成本:

注:技术转让费是指生产期支付的技术转让费。

5.5.2 费用效益分析指标

费用效益分析指标主要是经济内部收益率。此外,根据项目的特点还可计算经济净现值和经济净现值率等指标。

5.5.2.1 经济内部收益率($EIRR$)

经济内部收益率是反映工程项目对国民经济净贡献的相对指标,是使项目计算期内的经济净现值累计等于零时的折现率。其计算公式为:

$$\sum_{t=1}^{n}[(CI-CO)_t(1+EIRR)^t]=0 \tag{5-22}$$

式中 CI——现金流入量;

CO——现金流出量;

$(CI-CO)_t$——第 t 年的现金净流量;

n——计算期。

其经济含义是项目占用的投资对国民经济净贡献能力。当经济内部收益率大于社会折现率时,说明项目投资的净贡献能力超过了社会折现率的水平;当经济内部收益率等于社会折现率时,说明项目投资的净贡献能力刚好达到或满足规定的社会折现率的水平;当经济内部收益率小于社会折现率时,则说明其投资净贡献能力未能达到规定的社会折现率水平。在一般情况下,只有当经济内部收益率大于或等于社会折现率时,项目才被认为是可以接受的。

经济内部收益率一般用于常规项目独立方案的分析。进行互斥方案的选择时,由于用该指标得出的结论同净现值法可能有矛盾,此时应采用差额内部收益率法。

5.5.2.2 经济净现值($ENPV$)及经济净现值率($ENPVR$)

经济净现值是反映项目对国民经济净贡献的绝对指标,它是指用社会折现率将项目计算期内各年的净现金流量折算到建设期初的现值之和,或者说它是用给定的社会折现率计算的项目全部效益现值减去项目全部费用现值的差额。其经济含义是在整个计算期内的投资对国民经济的净贡献。其计算公式为:

$$ENPV=\sum_{t=1}^{n}[(CI-CO)_t(1+i_s)^{-t}] \tag{5-23}$$

式中 i_s——社会折现率。

其经济含义是在整个计算期内项目投资对国民经济的净贡献。当经济净现值大于零时,表明工程项目不仅达到了社会折现率的水平,还带来了净现值等值的超额净贡献,也可以表述为国家为拟建项目付出代价后,除得到符合社会折现率的社会盈余外,还可得到以现值计算的超额社会盈余;净现值等于零,表明项目投资的净贡献刚好满足社会折现率的水平;净现值小于零,表明项目投资的净贡献达不到社会折现率的水平。

经济净现值率是反映工程项目单位投资为国民经济所作净贡献的相对指标,它是经济净现值与投资现值之比。其经济含义是单位投资(现值)对国民经济的超额净贡献。其计算公式为:

$$ENPVR = \frac{ENPV}{I_p} \tag{5-24}$$

式中 I_p——投资(包括固定资产投资和流动资金)的现值。

经济净现值可用于单一项目的分析,也可用于多项目的比选。当经济净现值大于或等零时,则拟建项目可以接受。在多项目比较时,一般应选择经济净现值最大的项目;当各项目的投资额不同时(或资金受到限制时),由于经济净现值反映的只是项目的投资对国民经济净贡献的总额,不能说明单位投资的效率,所以此时除比较各项目的净现值外,还应进一步用经济净现值率来衡量。

5.5.2.3 经济外汇净现值($ENPV_F$)

经济外汇净现值是按费用效益分析中效益、费用的划分原则,采用影子价格、影子工资和社会折现率计算、分析、评价工程项目实施后对国家外汇收支影响的重要指标。通过经济外汇流量表可以直接求得经济外汇净现值,用以衡量项目对国家外汇真正的净贡献(创汇)或净消耗(用汇)。其计算公式为:

$$ENPV_F = \sum_{t=1}^{n} \left[(FI - FO)_t (1 + i_s)^{-t} \right] \tag{5-25}$$

式中 FI——外汇流入量;

FO——外汇流出量;

n——项目计算期。

经济外汇净现值一般就按项目的实际外汇净收支计算,但折现率应使用社会折现率。有些项目有较大的产品以产顶进,也可按净外汇效果计算经济外汇净现值(国家节约的用于进口的外汇支出)。当有产品替代进口时,应按净外汇效果计算经济外汇净现值。

5.5.2.4 经济换汇成本和经济节汇成本

当有产品直接出口时,应计算经济换汇成本;当有产品替代进口时,应计算经济节汇成本。经济换汇成本和经济节汇成本的定义及计算方法如下。

1. 经济换汇成本

对有产品直接出口的项目,应计算其经济换汇成本。它是用货物影子价格、影子工资和社会折现率计算的为生产出口产品而投入的国内资源现值(以人民币表示)与生产出口产品的经济外汇净现值(通常以美元表示)之比。其计算公式为:

$$\text{经济换汇成本} = \frac{\sum_{t=1}^{n} \left[DR_t (1 + i_s)^{-t} \right]}{\sum_{t=1}^{n} \left[(FI' - FO')_t (1 + i_s)^{-t} \right]} \tag{5-26}$$

式中 DR_t——项目在第 t 年为出口产品投入的国内资源(包括投资、原材料、工资、其他投入和贸易费用),元;

FI'——生产出口产品的外汇流入,美元;

FO'——生产出口产品的外汇流出(包括应由出口产品分摊的固定资产投资及经营费用中的外汇流出),美元;

n——项目计算期;

i_s——社会折现率。

换汇成本是分析工程项目产品出口的国际竞争能力，判断项目产品是否应当出口的指标。经济换汇成本(元/美元)小于或等于影子汇率，表明该项目国际竞争力强，则项目产品出口有利。

2. 经济节汇成本

对有产品替代进口的项目，应计算其经济节汇成本。它是用货物影子价格、影子工资和社会折现率计算的为生产替代进口产品投入的国内资源的现值与生产替代进口产品的经济外汇净现值之比，即节约1美元外汇所需投入的国内资源。其计算公式为：

$$\text{经济节汇成本} = \frac{\sum_{t=1}^{n}[DR''_t(1+i_s)^t]}{\sum_{t=1}^{n}[(FI''-FO'')_t(1+i_s)^{-t}]} \tag{5-27}$$

式中　DR''_t——项目在第 t 年为生产替代进口产品投入的国内资源(包括投资、原材料、工资、其他投入和贸易费用)，元；

FI''——生产替代进口产品所节约的外汇，美元；

FO''——生产替代进口产品的外汇流出(包括应由替代进口产品分摊的固定资产投资及经营费用中外汇流出)，美元。

经济节汇成本(元/美元)小于或等于影子汇率时，表示项目产品替代进口是有利的。

上述费用效益分析指标都是在折现的基础上进行的。一般来说，内部收益率比较直观，能直接表示项目投资对国民经济的净贡献能力，但内部收益率过高或过低时，往往缺乏实际意义。当工程项目在生产期有大量追加投资时，可能有多个收益率，从而得不到正确的解答。这种非常规项目在实践中并不多见，当出现这种情况时，应对现金流量作适当处理，使之成为常规项目，也可得到一个内部收益率。净现值指标没有上述缺点，但它只能表明项目投资对国民经济的净贡献能力超过、等于或达不到社会折现率要求的水平，而该项目的贡献能力究竟比社会折现率的要求高多少或低多少，则表示不出来。另外，净现值的大小与投资额的大小并无直接联系，过分强调这个指标，易导致片面追求净现值最大化，忽视有限资金的合理利用。净现值率是在净现值基础上发展起来的，可作为净现值的一个补充指标，它反映净现值与投资现值的关系。净现值率的最大化，将有利于实现有限投资的净贡献最大化。

评估独立方案和项目时，这三个指标得出的结论是一致的。进行互斥方案的选择时，三个指标有可能导致相反的结论，此时应采用差额投资内部收益率法。当差额投资内部收益率大于社会折现率时，投资大的方案是比较好的方案；反之，投资小的方案比较好。这与净现值得出的结论也是一致的。

进行多个方案和项目排队时，在资金不受限制的情况下，可用净现值法，在资金受限制的情况下需要用净现值率法。不过最理想的方法，还是净现值法和净现值率法并用，才能正确地确定工程项目(方案)的优先顺序。

第6章 工程项目不确定性分析

6.1 不确定性分析的基本含义

6.1.1 工程项目经济分析的不确定性

工程项目经济分析作为项目可行性研究的重要组成部分，是对项目建设、生产和经营等过程的经济效益状况进行的估算和预测。但由于人们认识的局限性和外界环境因素的复杂性，对于影响项目效益的有关因素很难进行准确、全面的估算和预测，致使项目效益的实际情况和预测结果往往存在一定的差异，也就是说，这种基于估算和预测所进行的项目经济分析的结果往往具有不确定性。所谓工程项目经济分析结果的不确定性，是指由于对影响工程项目效益的因素及其变化缺乏足够了解而无法作出正确估计，或没有全面考虑所有这些因素致使工程项目预期经济效果与实际经济效果之间出现的差异，它是所有拟建工程项目经济分析活动中所固有的内在特性。影响拟建工程项目经济分析不确定性的因素很多，其中比较重要且普遍存在的有以下一些因素：

(1)在工程项目经济分析所采用的各种参数中，往往收入数字比任何其他部分包含更多的差错，因为干扰收入数字的不确定性因素很多，如价格的波动、市场状况、开工率不足等。在很大程度上，收入数字的不确定性将给投资决策带来很大的风险。

(2)对各项费用的估计不足，也将加大工程项目的不确定性。如投资及经营费用的增加，贷款利率及税率的波动，建设期的延长等。

(3)企业的类型也是影响风险的重要因素。一般来说，投资于一个新兴的行业或新型企业，不确定性常常是比较大的。

(4)厂房及其设备的类型也将影响工程项目的不确定性。例如，一台良好的普通车床几乎在任何一家制造厂中都有多种用途，因此具有较明确的经济寿命和转卖价值，而一台专用车床的价值几乎完全依靠于它所负担的特殊工作的需要。因此，当投资于特殊的厂房和设备时，应该慎重考虑这一影响因素。

(5)确定项目寿命期的长短也是影响不确定性的重要因素之一。在一个较长的经济寿命年限内进行经济分析，必然会增加各种预测结果的误差。因此，投资于具有较长寿命期的项目，不确定性也将更大。

此外，影响不确定性的因素还有社会、政治、经济的稳定程度，技术进步与经济发展状况，国家的投资政策，投资决策部门的预测能力，项目设计的质量与可靠性，项目施工与经营的管理水平，可替代方案不足、资料运用的误差等。

6.1.2　不确定性分析的含义及意义

为了分析不确定性因素对经济分析指标的影响,需要对其进行不确定性分析。不确定性分析是对影响目标的一些不确定因素可能发生的各种趋势进行定性和定量分析,找出不确定性因素变化导致目标变化的可能性程度。工程项目经济分析中的不确定性分析就是指对拟建工程项目经济分析的可靠性进行检验的一种方法。它一般通过研究各种因素经济分析指标的影响,从而推断项目可能承担的风险,进一步确认工程项目在财务、经济上的可靠性。因此,对工程项目的不确定性分析也称为风险性分析。对不确定性分析与风险分析的含义,有些文献倾向于两者是有差别的。在许多情况下,当我们对评估中所预测的参数,其变化发生的可能性无法给出用概率表达的定量估计时,称此种分析为不确定性分析;而把能用概率描述的变化发生的可能性的分析称为风险分析。在不确定性条件下,未来可能状态的结果是已知的,但发生的可能性是未知的。

可行性研究最重要的目的是为拟建的工程项目提供决策依据。它要求研究报告提供的经济分析指标切实可靠,因此在工程项目经济分析中,不仅要进行投资收益性、资产负债性等财务方面的分析研究,而且要进行不确定性的风险分析研究。工程项目的不确定性是客观存在的,对它进行正确的分析和评价将有助于提高投资决策的可靠性。因为在项目经济分析中所涉及和探讨的问题都是未来的问题,随着人们所处环境、条件及相关因素的发展变化,根据过去的数据资料和经验所作的预测很难完全符合未来的事物发展规律和实际状况,而且时间距离越远,预测的误差也越大,所以关于工程项目分析,只有在进行确定性分析的同时,进行不确定性分析,才能弄清在各种不确定情况下的经济效益情况,了解项目或方案的优势和劣势,从而使工程项目的决策建立在正确、可靠的基础上。同时,对工程项目进行不确定性分析对投资决策也有着特殊重要的作用:一方面,投资决策是一种长期决策,与短期经营决策相比,不仅工程项目耗费资金多,涉及面广,延续时间也较长,如果事先对项目投资的风险和不确定性缺乏正确的估计,一旦决策失误,其带来的损失必然是巨大的,甚至是难以补救的;另一方面,有关工程项目的各种预测多为长期预测,与短期预测相比,其可靠性较低,因而面临的风险和不确定性也较大。

不确定性经济分析的方法很多,传统分析方法有直觉判断法、保守估计法、敏感性分析法、盈亏平衡分析法、风险测算法和概率分析法等。目前,应用比较普遍的主要有敏感性分析法、盈亏平衡分析法和概率分析法。其中,盈亏平衡分析法只用于工程项目的财务分析,敏感性分析法和概率分析法可同时用于工程项目的财务分析和国民经济分析。随着计算机的出现和软件技术的发展,近代又发展了决策树分析和蒙特卡罗分析等。

6.2　盈亏平衡分析

盈亏平衡分析就是利用工程项目生产中的产量、成本、利润三者之间的关系,通过测算项目达到正常生产能力后的盈亏平衡点来考察分析项目承担风险能力的一种不确定性分析方法。通过盈亏平衡分析,可以预测工程项目投产后每年度收支的平衡情况和盈亏的可能程度。所谓盈亏平衡点,是指工程项目在正常生产条件下,项目的收入等于支出的那一点。在这一点上,项目既不盈利,也不亏损。如果低于这一点所对应的生产水平,那么项目就会发生亏损;反之,则会获得盈利。盈亏平衡分析的实质就是找出盈亏平衡点,盈亏平衡点越低,表明工程项目盈利的可能性越大,亏损的可能性越小,项目的抗风险能力越强。因此,盈亏平衡分析也叫保本分析、损益平衡分析和量本利分析。根据是否考虑货币时间价值,盈亏平衡分析可以分为静态盈亏平衡分析和动态盈亏平衡分析两种方法。

6.2.1　静态盈亏平衡分析

静态盈亏平衡分析就是不考虑货币时间价值,通过考察项目达到设计生产能力后的一个正常生产年份的盈亏平衡点来进行工程项目不确定性分析的一种方法。它包括线性盈亏平衡分析和非线性盈亏平衡分析。

6.2.1.1　线性盈亏平衡分析

如果所分析的不确定性因素为产量(假定产量等于销售量),并且假定项目的总销售收入和总成本均是产量的线性函数,那么,我们所进行的平衡点分析,称为线性盈亏平衡分析。

为便于分析,设:总销售收入用 TR 表示,总成本用 TC 表示,盈利用 TP 表示,产量(或销售量)用 Q 表示,产品价格用 P 表示,总固定成本用 TFC 表示,单位产品可变成本用 AVC 表示,则有:

$$TC = TFC + AVC \cdot Q = C_F + V \cdot Q \tag{6-1}$$

$$TR = P \cdot Q \tag{6-2}$$

根据盈利 = 总销售收入 - 总成本,则有:

$$TP = TR - TC = (P - AVC) \cdot Q - TFC \tag{6-3}$$

当盈亏平衡时,$TP = 0$,即:$(P - AVC) \cdot Q - TFC = 0$,从而,盈亏平衡点产量 Q_b 为:

$$Q_b = \frac{TFC}{P - AVC} \tag{6-4}$$

盈亏平衡点销售收入 TR_b 为:

$$TR_b = P \cdot Q_b = \frac{P \cdot TFC}{P - AVC} \tag{6-5}$$

盈亏平衡点生产负荷率 R 为:

$$R = \frac{Q_b}{Q_c} \times 100\% = \frac{TFC}{Q_c(P - AVC)} \times 100\% \tag{6-6}$$

式中　Q_c——生产装置的设计生产能力。

对于多产品结构下的综合盈亏平衡点,可以采用以下公式确定:

$$TR = \frac{TFC \cdot \sum_{i=1}^{n}(Q_i \cdot P_i)}{\sum_{i=1}^{n}(m_i \cdot Q_i \cdot P_i)} \tag{6-7}$$

式中　TFC——该产品结构所分摊的总固定成本;

Q_i——产品结构中第 i 种产品产量;

P_i——产品结构中第 i 种产品的单位产品价格;

m_i ——产品结构中第 i 种产品的边际贡献；

n ——产品结构中含有的产品品种数。

上面盈亏平衡点公式未考虑销售税金因素，从工程项目的实际情况来看，还应考虑销售税金。因为销售税金（包括消费税、增值税、营业税、资源税等）虽不在产品成本中开支，却是直接从销售收入中支付的，所以在计算项目盈亏平衡点时应考虑销售税金。

在考虑销售税金的条件下，我们还可以推导出以不同指标表示的盈亏平衡公式。

盈亏平衡点产量 Q_b 为：

$$Q_b = \frac{TFC}{P - AVC - T} \tag{6-8}$$

盈亏平衡点销售收入 TR_b 为：

$$TR_b = P \cdot Q_b = \frac{P \cdot TFC}{P - AVC - T} \tag{6-9}$$

盈亏平衡点生产负荷率 R 为：

$$R = \frac{Q_b}{Q_c} \times 100\% = \frac{TFC}{Q_c(P - AVC - T)} \times 100\% \tag{6-10}$$

式中　T ——单位产品销售税金。

当然，根据盈亏平衡点的分析原理，还可以推导出其他形式的盈亏平衡点分析表示方式。例如，以产品销售价格表示的盈亏平衡点，以固定或可变成本表示的盈亏平衡点等。但无论怎样，各种形式都是围绕盈亏平衡点的分析展开的。

对于以生产能力表示的盈亏平衡点来说，工程项目的盈亏平衡点太低，说明当项目投产后其实际生产能力和项目设计生产能力偏差较大时，项目仍能保本，因而可以经受较大的风险；相反，如果这一盈亏平衡点太高，则说明项目投产后必须尽快达到生产能力，否则，一旦其实际生产能力有所下降，就会影响盈亏水平，说明经受风险的能力较弱。其他形式的分析也一样。工程项目的盈亏平衡点的高低有助于分析和判断工程项目适应市场变化的能力和承受风险的能力。

线性产量盈亏平衡分析图如图 6-1 所示。

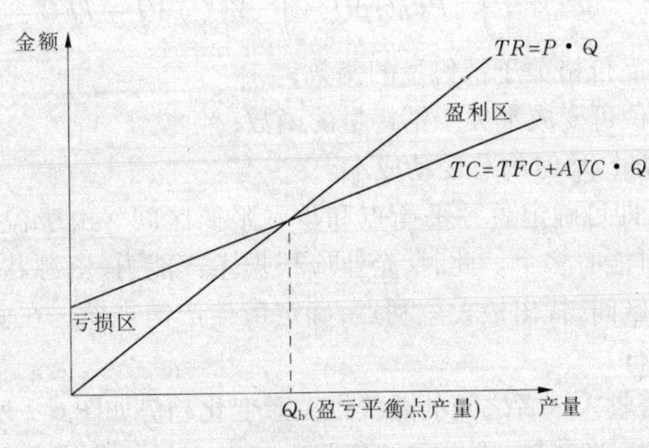

图 6-1　线性产量盈亏平衡分析图

【例 6-1】　某项目设计年产量为 6 000 t，产品售价为 1 335 元/t，其年总固定成本为

1 430 640 元，单位可变成本为 930.65 元/t，假定产量—成本—盈利之间的关系均为线性关系，试进行平衡点分析。

解：盈亏平衡点产量为：

$$Q_b = \frac{TFC}{P - AVC} = \frac{1\,430\,640}{1\,335 - 930.65} = 3\,538(\text{t})$$

盈亏平衡点销售收入为：

$$TR_b = P \times Q_b = 1\,335 \times 3\,538 = 4\,723\,230(\text{元})$$

盈亏平衡点生产负荷率为：

$$R = \frac{Q_b}{Q_c} \times 100\% = \frac{3\,538}{6\,000} \times 100\% = 58.97\%$$

结论是若该项目产量大于 3 538 t，销售额超过 4 723 230 元，生产负荷率大于 58.97%，则该项目处于盈利状态；反之，则处于亏损状态。

6.2.1.2　非线性盈亏分析

上述的盈亏平衡分析是基于两个假定（即成本性态的线性假设和产销一致假设）前提下进行的。但从企业的实际生产经营活动和短期生产成本理论的角度来看，产销难以完全一致，可变成本与销售收入随产销量变化关系受到生产要素市场和供求关系的影响，从而使得相应的可变成本和产品价格发生波动。在这种情况下，销售收入与销售量不再是线性函数关系，而存在着非线性函数关系。这时，对应于销售量 Q_0，则有：

$$TR = \int_0^{Q_0} P(Q)\,\mathrm{d}Q \tag{6-11}$$

同时，可变成本也不再是销售量的线性函数关系，而存在着非线性函数关系。这时，对应于销售量 Q_0，则有：

$$TVC = \int_0^{Q_0} V(Q)\,\mathrm{d}Q \tag{6-12}$$

对于单一产品而言，此时盈利 TP 计算公式为：

$$\begin{aligned} TP &= TR - TC \\ &= \int_0^{Q_0} P(Q)\,\mathrm{d}Q - \int_0^{Q_0} V(Q)\,\mathrm{d}Q - TFC \end{aligned} \tag{6-13}$$

式中　$P(Q)$ ——产品价格关于销售量的函数；

$V(Q)$ ——单位可变成本关于销售量的函数；

TVC ——销售量 Q_0 时的总变动成本。

只要使 $TP = 0$，即可确定盈亏平衡点和盈亏平衡区间。由于盈利函数是非线性函数，因此盈亏平衡点可能有多个。此时，企业应根据生产能力、资源状况和市场需求等条件确定最合适的盈利区间，找出最大盈利点，确定最佳产销规模。在确定盈亏平衡点时，可采用极值原理来进行。

产量、成本和销售收入三者之间的非线性关系变化趋势如图 6-2 所示。

由图 6-2 可以看出，当产量、成本和销售收入三者之间呈非线性关系时，可能出现几个盈亏平衡点。一般把最后出现的盈亏平衡点叫盈利限制点。在图 6-2 中，只有当产量 Q 在 Q_{b1} 与 Q_{b2} 之间时才能盈利，并可以找到最大盈利所对应的产量 Q_{pmax}。

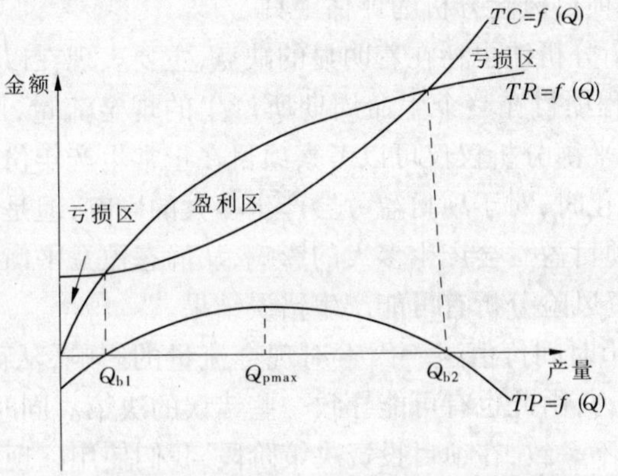

图 6-2　非线性产量盈亏平衡分析图

【例 6-2】　某工程项目的最终产品为一种专用小型设备,年总销售收入与产量的关系为:

$$TR = (300 - 0.01Q)Q(\text{元})$$

年总成本与产量的关系为:

$$TC = 180\,000 + 100Q + 0.01Q^2(\text{元})$$

试进行盈亏平衡分析。

解:其盈利函数为:

$$\begin{aligned} TP &= TR - TC \\ &= (300 - 0.01Q)Q - (180\,000 + 100Q + 0.01Q^2) \\ &= 200Q - 0.02Q^2 - 180\,000 \end{aligned}$$

所以,有:$-0.02Q^2 + 200Q - 180\,000 = 0$

解方程得:$Q_{b1} = 1\,000$ 台,$Q_{b2} = 9\,000$ 台。这说明可使该项目盈利的产量范围在 1 000 ~9 000 台内,若产量 $Q < 1\,000$ 台或 $Q > 9\,000$ 台,都会发生亏损。

若对盈利函数求导数,并令其等于零,可求出最大盈利时的产量值,即:

$$\begin{aligned} \frac{dTP}{dQ} &= \frac{d(200Q - 0.02Q^2 - 180\,000)}{dQ} \\ &= -0.04Q + 200 \end{aligned}$$

令 $\frac{dTP}{dQ} = 0$,即 $-0.04Q + 200 = 0$,则得 $Q_{pmax} = 5\,000$ 台。

最大盈利为:

$$\begin{aligned} TP_{pmax} &= -0.02 \times 5\,000^2 + 200 \times 5\,000 - 180\,000 \\ &= 320\,000(\text{元}) \end{aligned}$$

6.2.1.3　静态盈亏平衡分析

静态盈亏平衡分析是企业在投资决策时常用的一种不确定性分析方法,它有如下主要优点,即计算简便,成本不高而使用起来又很方便。因此,静态盈亏平衡分析法在投资决策中被企业广为采用。即使在计算机技术日益发达的今天,尤其是在进行小型投资决策时,由于使用复杂方法而产生的成本往往会超过该方法所能带来的效益,企业依旧以静态盈亏平衡分析法作为项目风险分析的评估工具。

另外，静态盈亏平衡分析法也存在着明显的缺点，主要表现在以下两个方面：

(1)它没有考虑工程项目在整个生命周期所产生的现金流量，因此其计算结果和结论是粗略的。通过盈亏平衡分析仅仅可以考察项目在正常生产年份的产量、销售价格、生产能力利用率等发生变化时，对于项目盈亏会产生多大的影响，但是项目整个生命周期的现金流量的变化，对于项目盈亏会产生多大的影响，从静态盈亏平衡分析中看不出来。因此，运用此方法进行投资风险分析有可能产生错误结果。

(2)它并未考虑货币时间价值这一因素对现金流量的影响，从而也就难以正确分析项目投资抵御风险的能力，由此也有可能导致一些错误的决策。同时，项目投资决策指标与项目实施后分析指标不一致，在项目投资决策阶段，我们使用以现金流量为基础的净现金流量、净现值等指标，对项目实施后进行盈亏平衡分析时，却使用税前会计利润指标，而净现金流量与税前会计利润是截然不同的两个概念，这违背了“预算和分析同口径”的最基本原则。

6.2.2　动态盈亏平衡分析

产销的不完全一致和可变成本受生产要素市场变化影响等因素要求在盈亏分析中采用非线性处理的方式。同样，产销不一致引起的时差必然产生资金的时间价值问题，而且在企业生产经营活动中，正常生产年份的产销状况能保证盈亏平衡或有所盈余，并不能完全反映整个产品寿命周期内的盈亏状况。如要综合考虑产品寿命周期内某一阶段的盈亏平衡状况，就必然涉及资金的时间价值，从而使盈亏的动态分析成为必要。

所谓动态盈亏平衡分析，就是考虑货币时间价值，通过考察项目在整个寿命期内的产量、现金流入、现金流出三者的关系，测算工程项目的盈亏平衡点，进行项目不确定性分析的一种方法。与静态分析方法有所不同的是，此时的盈亏平衡点是指工程项目在整个寿命期内，项目的现金流入现值等于现金流出现值的那一点。在这一点上，项目刚好实现最低收益率，获得平均回报，即项目的净现值正好等于零。如果低于这一点所对应的生产水平，那么项目就会发生亏损；反之，则会获得超额利润。动态盈亏平衡分析法的运用也同样服从静态盈亏平衡分析法的应用条件。为了推导动态盈亏平衡分析的公式，这里进一步作以下假设：项目投产后即达到正常设计生产能力，项目结束后固定资产残值为零且流动资金不再回收。

根据上述假设条件可知：

$$CI_{\mathrm{P}} = \sum_{t=n_1+1}^{n} [PQ(1+i)^{-t}] \tag{6-14}$$

$$\begin{aligned} CO_{\mathrm{P}} &= \sum_{t=1}^{n_1} [I_t(1+i)^{-t}] + \sum_{t=n_1+1}^{n} [TFC(1+i)^{-t}] + \sum_{t=n_1+1}^{n} [AVC \cdot Q(1+i)^{-t}] \\ &= \sum_{t=1}^{n_1} [I_t(1+i)^{-t}] + (TFC + AVC \cdot Q) \sum_{t=n_1+1}^{n} (1+i)^{-t} \end{aligned} \tag{6-15}$$

式中　CI_{P}——项目现金流入现值；

CO_P——项目现金流出现值；

I_t——项目第 t 年的建设投资；

TFC——项目经营成本中不包括可变成本的固定成本总额；

AVC——单位产品变动成本；

n——项目的寿命周期；

n_1——项目投资建设期；

i——项目的贴现率。

根据盈亏平衡的定义，在项目盈亏平衡时，项目现金流入现值等于项目现金流出现值，即：

$$CI_P = CO_P$$

也就是：

$$\sum_{t=n_1+1}^{n}[PQ(1+i)^{-t}] = \sum_{t=1}^{n_1}[I_t(1+i)^{-t}] + (TFC + AVC \cdot Q)\sum_{t=n_1+1}^{n}(1+i)^{-t}$$

盈亏平衡点销售量 Q_b 为：

$$Q_b = \left\{\frac{\sum_{t=1}^{n_1}[I_t(1+i)^{-t}]}{\sum_{t=n_1+1}^{n}(1+i)^{-t}} + TFC\right\} \div (P - AVC) \tag{6-16}$$

同静态盈亏分析一样，工程项目的动态盈亏平衡点的高低也可用于分析和判断项目适应市场变化的能力和承受风险的能力。工程项目的盈亏平衡点太低，则说明当项目投产后，即使其实际产销量和项目设计产销量存在较大偏差，项目仍能获得预期最低回报，因而可以承受较大的风险；相反，如果这一盈亏平衡点太高，则说明其经受风险的能力较弱。

根据动态盈亏平衡分析的原理，同样可以推导出考虑税金因素的影响，以及以产品销售价格、销售收入、生产能力利用率等其他形式表示的盈亏平衡点分析表示方式。

为了推导的方便，在服从静态盈亏平衡分析法应用条件的同时，动态盈亏平衡分析法又作了进一步的假设。其实，在项目决策的实际应用中，我们只要坚持静态盈亏平衡分析法的应用条件即可。至于动态分析法所作的其他假设条件，可根据实际情况灵活处置。

【例6-3】 某企业新建一个化肥厂项目，项目投资总额为43 000万元，建设期为2年，项目投产后当年达到设计生产能力，设计年产量为16.65万t，项目整个生命周期为12年。假定项目投产时支付流动资金6 000万元，项目结束时全部收回；项目投资形成的固定资产在项目结束时残值为3 000万元；已知每吨钢铁的销售价格为1 370元，可变成本为400元/t，达到设计生产能力后的年经营成本为8 160万元，企业销售税率和所得税率分别为10%、33%，项目贴现率为10%。根据上述数据编制利润及现金流量表，并进行静态和动态盈亏平衡分析。

解：根据所给数据，该工程项目的利润及现金流量表如表6-1所示。

表6-1　工程项目的利润及现金流量　　（单位：万元）

项目	年份					合计
	1	2	3	4~11	12	
销售收入			22 810.5	22 810.5	22 810.5	228 105
固定资产残值					3 000	3 000
回收流动资金					6 000	6 000
固定资产投资	23 000	20 000				43 000
流动资金投资		6 000				6 000
销售税金			2 281	2 281	2 281	22 810
经营成本			8 160	8 160	8 160	81 600
所得税			2 761.9	2 761.9	2 761.9	27 619
净现金流量	−23 000	−26 000	9 607.6	9 607.6	18 607.6	56 076
折旧			4 000	4 000	4 000	40 000
税前利润			8 369.5	8 369.5	8 369.5	83 695
税后利润			5 607.6	5 607.6	5 607.6	56 076

(1)静态盈亏平衡分析。

由固定成本的性质，项目的年固定成本包括折旧和经营成本扣除可变成本的剩余部分，因此：$TFC = 4\ 000 + 8\ 160 - 400 \times 16.65 = 5\ 500$（万元）

盈亏平衡点产量 Q_b 为：

$$Q_b = \frac{TFC}{P - AVC - T} = \frac{5\ 500}{1\ 370 - 400 - 137} \approx 6.6(\text{万 t})$$

盈亏平衡点生产负荷率 R 为：

$$R = \frac{TFC}{Q_c(P - AVC - T)} \times 100\% = \frac{5\ 500}{16.65 \times (1\ 370 - 400 - 137)} \times 100\% \approx 39.66\%$$

(2)动态盈亏平衡分析。

在动态盈亏平衡分析中，项目的年固定成本仅包括经营成本中扣除可变成本的剩余部分，因此：$TFC = 8\ 160 - 400 \times 16.65 = 1\ 500$（万元），并设项目贴现率为10%。

盈亏平衡点产量 Q_b 计算为：

$$\begin{aligned} CI_P &= \sum_{t=3}^{12} [1\ 370Q(1 + 10\%)^{-t}] + (3\ 000 + 6\ 000) \times (1 + 10\%)^{-12} \\ &= 1\ 370Q \times (P/A, 10\%, 10) \times (P/F, 10\%, 2) + 9\ 000 \times (P/F, 10\%, 12) \\ &= 1\ 370Q \times 6.144\ 6 \times 0.826\ 4 + 9\ 000 \times 0.318\ 6 \\ &= 6\ 956.72Q + 2\ 867.4 \end{aligned}$$

$$CO_P = \sum_{t=1}^{n_1} [I_t(1 + i)^{-t}] + (TFC + AVC \cdot Q) \sum_{t=n_1+1}^{n} (1 + i)^{-t}$$

$$= 23\,000 \times (1+10\%)^{-1} + 26\,000 \times (1+10\%)^{-2} + (1\,500 + 137Q + 400Q)$$

$$\sum_{t=3}^{12}(1+10\%)^{-t} + 0.33 \times (1\,370Q - 137Q + 400Q - 1\,500 - 4\,000)\sum_{t=3}^{12}(1+10\%)^{-t}$$

$$= 23\,000 \times (P/F,10\%,1) + 26\,000 \times (P/F,10\%,2) + (537Q + 1\,500) \times$$

$$(P/A,10\%,10) \times (P/F,10\%,2) + (833Q + 5\,500) \times 0.33 \times$$

$$(P/A,10\%,10) \times (P/F,10\%,2)$$

$$= 23\,000 \times 0.909\,1 + 26\,000 \times 0.826\,4 + (537Q + 1\,500) \times 6.144\,6 \times 0.826\,4 +$$

$$(274.89Q - 1\,815) \times 6.144\,6 \times 0.826\,4$$

$$= 40\,796.16 + 4\,122.69Q$$

在项目盈亏平衡时，项目现金流入现值等于项目现金流出现值，即：$CI_P = CO_P$

也就是，$6\,956.72Q + 2\,867.4 = 40\,796.16 + 4\,122.69Q$

从而盈亏平衡点产量 $Q_b \approx 13.38$（万 t）

盈亏平衡点生产负荷率 R 计算为：

$$CI_P = \sum_{t=3}^{12}[1\,370 \times 16.65R(1+10\%)^{-t}] + 9\,000 \times (1+10\%)^{-12}$$

$$= 1\,370 \times 16.65R \times (P/A,10\%,10) \times (P/F,10\%,2) + 9\,000 \times (P/F,10\%,12)$$

$$= 22\,810.5R \times 6.144\,6 \times 0.826\,4 + 9\,000 \times 0.318\,6$$

$$= 115\,829.38R + 2\,867.4$$

$$CO_P = 23\,000 \times (1+10\%)^{-1} + 26\,000 \times (1+10\%)^{-2} + (1\,500 + 2\,281R + 16.65 \times 400R)$$

$$\sum_{t=3}^{12}(1+10\%)^{-t} + 0.33 \times (22\,810.5R - 2\,281R - 16.65 \times 400R - 1\,500 - 4\,000)$$

$$\sum_{t=3}^{12}(1+10\%)^{-t}$$

$$= 23\,000 \times (P/F,10\%,1) + 26\,000 \times (P/F,10\%,2) +$$

$$(8\,941R + 1\,500) \times (P/A,10\%,10) \times (P/F,10\%,2) +$$

$$(13\,869.5R - 5\,500) \times 0.33 \times (P/A,10\%,10) \times (P/F,10\%,2)$$

$$= 23\,000 \times 0.909\,1 + 26\,000 \times 0.826\,4 + (8\,941R + 1\,500) \times 6.144\,6 \times 0.826\,4 +$$

$$(4\,576.935R - 1\,815) \times 6.144\,6 \times 0.826\,4$$

$$= 40\,796.16 + 68\,642.69Q$$

在项目盈亏平衡时，项目现金流入现值等于项目现金流出现值，即：$CI_P = CO_P$。

解方程求得：$R \approx 80.4\%$。

由上可知，用静态盈亏平衡分析法求得的保本产量和保本生产能力分别为 6.6 万 t 和 39.66%，而用动态分析法求得的相应保本指标分别为 13.38 万 t 和 80.4%。两种结果相比，动态分析法的保本指标都要远远高于静态分析法的保本指标。

事实上，静态分析法是从会计核算的角度，依据工程项目达到正常生产能力的某一年份的收入和成本资料，测算用销售收入收回全部会计成本的各种保本指标。它既没有从项目整个寿命周期的角度去考虑项目的现金流量及其时点分布，更没有考虑货币时间价值和资金的机会成本。当工程项目盈亏相抵时，项目的账面利润为零。而动态分析法则是在全面考虑工程项目整个寿命周期内的现金流量及其时点分布的基础上,通过考虑货币时间价值和资金的机会成本来测算用项目现金流入现值收回项目全部现金流出现值的各种保本指标。当工程项目盈亏相抵时,项目获得的是预期投资收益率,其账面利润不是零。由于动态分析法的各种保本指标暗含着已获得了预期最低投资收益,因而其保本指标必然高于静态分析法的各种保本指标。

显然,与静态分析法相比,动态分析法较好地克服了静态分析法的主要缺点,运用该方法进行盈亏平衡分析能够比较准确地分析和判断各个备选项目适应市场变化的能力和承受风险能力的大小,从而为企业投资决策提供较为客观的参考依据。

但是,无论是静态盈亏平衡分析还是动态盈亏平衡分析,都有其不足。因为它们都是建立在生产量等于销售量的基础上,即每年的产品能够全部销售而无积压。这实际上有些理想化,因为在实际经济活动中,尤其是在市场竞争日益激烈的环境下,这些条件并不一定成立;并且它们采用的一些数据是某一正常年份的数据,由于工程项目投产后各年的情况往往不尽相同,致使正常年份的数据不易选定,因此用盈亏平衡分析法很难得到一个全面的结论,同时盈亏平衡分析只能从整体上反映各个不确定因素的影响程度。事实上,导致工程项目产生风险的因素有许多。那么,哪些因素对项目的影响更大,这些因素变化的概率有多大,所有这些问题仅靠盈亏平衡分析法是难以解决的,还需要用其他方法进行分析和评价。

6.3 敏感性分析

6.3.1 敏感性分析的含义

敏感性分析是一种“如果……会怎样”的分析技术,在许多领域中都得到广泛的应用。它要研究的是,当决策模型中的期望值遇到输入的重要因素的数据发生变化时,将会产生怎样的影响。工程项目经济分析中的敏感性分析就是研究影响项目现金流量的主要因素(如产品售价、产量、经营成本、投资等)发生变化时,所导致的项目经济分析指标(内部收益率、净现值等)的变化幅度。工程项目经济分析指标随其现金流量中某个或某几个因素的变化而变化称为投资经济分析指标对因素的敏感性。它可以是某因素单独变化的影响,也可以是多种因素同时变化对项目经济分析指标的影响。在各个不确定因素中,有一些因素稍有改变即可引起项目某一经济分析指标的明显变化,也有一些不确定因素,当其改变时,只能引起项目某一经济分析指标有一般性变化或者看不出有任何变化,经济分析指标对这些因素的改变而反映的灵敏程度各不相同,能引起明显变化者称为敏感性因素,或称经济分析指标对该因素的敏感性大;反之,则称为不敏感因素或经济分析指标对该因素的敏感性小。拟建工程项目对某种因素的敏感程度,可以表示为该因素按一定比例变化时引起分析指标的变动幅度,也可以表示为分析指标达到临界点时允许某个因素变化的最大幅度,即极限变化。敏感性分析既可用于财务分析,也可用于国民经济分析,对财务分析所作的敏感性分析称为财务敏感性分析,对国民经济分析所作的敏感性分析称为经济敏感性分析。

在工程项目经济分析中,敏感性分析的主要作用在于以下几方面:

(1)通过对工程项目经济分析指标对不同因素的敏感性的比较,可以使投资决策者了解不确定因素对项目经济分析指标的影响程度,从而发现对经济分析指标的不确定性影响较大的因素,这样在项目的施工和以后的经营管理中就能有的放矢地重点控制这些最敏感的因素,以提高决策的准确性,并保证项目预期经济效益的实现。

(2)通过敏感性分析,可以大体揭示工程项目经济分析指标的变化范围或幅度,它在一定程度上反映了工程项目的风险和不确定程度。在进行方案选择时,风险和不确定性大小是取舍方案的重要依据之一。因此,进行敏感性分析还有利于方案的优选。

6.3.2　敏感性分析的步骤和内容

(1)确定需要分析的不确定因素,并分析这些因素可能变动的范围。影响项目经济分析指标的因素很多,如投资、成本、价格、汇率、建设期等,在实际中没有必要对所有因素进行分析,而应选择对项目经济分析指标影响较大的,即主要的不确定因素进行分析。在选择影响因素时,可从以下两方面考虑:①预计在可能的变动幅度内,该因素的变动将会比较强烈地影响项目的经济分析指标;②对在确定性分析中采用的该因素的数据的准确性把握不大。

通常从以下因素中选择敏感性分析的因素:

①项目投资额,包括固定资产投资和流动资金投资。

②项目建设期、投产期限,以及投产时产出能力和达到设计生产能力所需时间。

③产品产量、销售量。

④产品价格、产品成本,尤其是经营成本与变动成本。

⑤项目寿命期及期末资产残值。

⑥基准收益或折现率、汇率等。

在对具体工程项目经济分析作敏感性分析时,应根据实际情况,选择几个主要的影响因素,并分析这些因素可能变动范围。

(2)确定分析指标。一般地,敏感性分析的指标应与经济分析指标相一致,最好不超出确定性分析所用指标的范围另立指标。当指标较多时,可围绕一个或几个最重要的指标进行,如进行财务敏感性分析,可选择财务内部收益率、财务净现值作为分析指标。

(3)计算因素变动导致的经济分析指标变动数量。计算各不确定性因素在可能的变动范围内发生不同幅度变化时所导致的项目经济分析指标的变动结果。其方法是,首先对某特定因素设定变动数量或幅度,其他因素固定不变,并计算经济分析指标的变动结果。对每一选定因素的每一变动,均重复以上计算,然后把因素变动及相应指标变动结果绘图或列表,以便测定敏感因素。

(4)确定敏感性因素。通过计算分析,判断哪些因素是对项目经济分析指标影响程度较大的因素,即强敏感性的因素。其判别方法有以下两种:

①相对测定法。设定要分析的各因素均从确定性经济分析中所采用的数值开始变动,且各因素每次变动的幅度相同,计算每次变动对经济分析指标的影响效果,并通过比较在同一变动幅度下各因素对项目经济效益指标的影响大小来判断各因素的敏感性。

②绝对测定法。即使各因素均向对项目不利的方向变动,并取其有可能出现对项目不利的数值,据此计算项目的经济分析指标,看其是否达到使项目无法接受的程度。如果某因素可能出现的最不利的数值能使项目变得不可接受,则表明该因素是项目的敏感性因素。项目能否接受的依据是各经济效果指标的临界值(如 $NPV>0$ 或 $IRR>i_s$,i_s 一般为社会折现率或基准收益率)。绝对测定方法的另一个变通的方式是,先设定有关经济分析指标的临界值,然后求待分析因素的最大允许变化幅度,并与可能出现的变动幅度相比较,如果某因素可能出现的变动幅度超过最大允许变动幅度,则表明该因素是项目的敏感性因素。

6.3.3　工程项目经济分析的敏感性分析

根据其一次变动因素的多少,敏感性分析可分为单因素敏感性分析、双因素敏感性分析和多因素敏感性分析。

6.3.3.1　单因素敏感性分析

单因素敏感性分析是分析单个因素的变动对项目经济分析指标的影响程度,即每次只有一个因素发生变化,而其他因素不变时所作的敏感性分析。

单因素敏感性分析的基本步骤是:

(1)按照最可能的情况预测出现金流量中各因素的数值,并计算工程项目的经济效益(如净现值或内部收益率等)。

(2)以上述各因素的预测值为基点,设想某一因素以其预测值为基点沿正负方向发生变化(变化幅度一般用百分数表示),而其他因素保持预测值不变,并计算变化后相应工程项目的经济效益。

(3)将所得数据列成表或绘成单参数敏感性分析图。

【例6-4】　已知各因素的最初预测值如表6-2所示。试对年收入、年支出、寿命、残值4个因素逐一进行单因素敏感性分析。

表6-2　项目现金流量　　(单位:元)

因素	预测值
初始投资	170 000
年收入	35 000
年支出	3 000
残值	20 000
寿命	10 年
贴现率	12%
净现值	17 240

解:取各因素的变化分别以 ±10%、±20%、±30% 取值,项目相应的净现值计算结果如表6-3和图6-3所示。

表 6-3　因素变动敏感性分析　（单位:千元）

因素	不同因素变化下项目净现值						
	-30%	-20%	-10%	0	10%	20%	30%
年收入	-42.08	-22.30	-2.53	17.24	37.02	56.79	76.57
年支出	22.33	20.63	18.94	17.24	15.55	13.85	12.16
残值	15.37	15.96	16.60	17.24	17.89	18.53	19.16
寿命	-17.52	-4.60	6.94	17.24	26.44	34.66	41.99

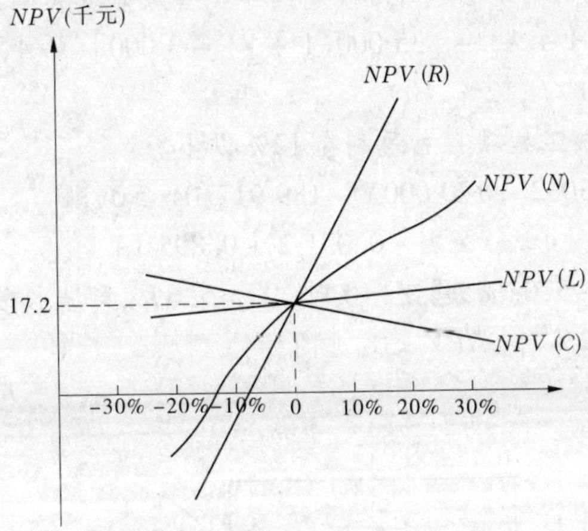

图 6-3　单因素敏感性分析图

图 6-3 中，$NPV(R)$ 表示年收入变化引起的项目净现值变化，$NPV(N)$ 表示寿命变化引起的项目净现值变化，$NPV(L)$ 表示残值变化引起的项目净现值变化，$NPV(C)$ 表示年支出变化引起的项目净现值变化。

根据图 6-3 可作如下分析：

(1)经济效益对某一因素的敏感性大，则此因素对净现值关系曲线的斜率也大；反之，则小。此项目经济效益对年收入和寿命两因素的敏感性较大，年支出次之，残值最小。

(2)各曲线与横轴的交点坐标值称为临界值。因素的临界值是项目经济效益处于临界状态(由盈转亏，或由亏转盈)时的关键值。图中年收入因素的临界值接近于原预测值的 90%，寿命因素的临界值接近原预测值的 85%。决策时，可以通过临界值来估计某一因素对项目盈亏的影响，并在实施过程中着力对其进行控制，以保证项目预期经济效益的实现。

6.3.3.2　多因素敏感性分析

单因素敏感性分析实际上是在一个假定条件下进行的，即假定一个因素变化时，其他因素不变，这实际上是很难成立的，实际上可能会有多个因素同时变动，此时单因素敏感性分析就不能反映项目能够承担风险的情况，因此若有可能，有必要进行多因素敏感性分析。

进行多因素敏感性分析时，假定同时变动几个因素都是相互独立的，一个因素的变动幅度、方向与其他因素无关。

多因素敏感性分析要考虑可能发生的各种因素在不同变动幅度下的多种组合，如果需要分析的不确定因素不超过 3 个，而且经济效果指标的计算比较简单，可以用解析法与作图法相结合的方法进行分析。

【例 6-5】 某项目固定资产投资(I)为 170 000 元，年销售收入(S)为 35 000 元，年经营费用(C)为 3 000 元，该项目的基准收益率为 12%，试就最关键的两个因素，即投资和年销售收入，对项目的净现值指标进行双因素的敏感性分析。

解：因为：$NPV = -K(S-C)(P/A,12\%,10) + (P/F,12\%,10)$

设 X 表示投资变化率，Y 表示同时改变的年销售收入变化率，则有：

$$NPV = -170\,000(1+X) + [35\,000(1+Y) - 3\,000](P/A,12\%,10) + 20\,000 \times (P/F,12\%,10)$$

如果 $NPV \geqslant 0$，则该工程项目可盈利在 12% 以上。

令 $NPV \geqslant 0$ 即 $9\,530.2 - 170\,000X + 189\,917.0Y \geqslant 0$，则：

$$Y \geqslant -0.051\,2 + 0.895\,1X$$

当 $X=0$ 时，$Y=-5.02\%$，当 $Y=0$ 时，$X=5.6\%$，即当投资变化增加超过 5.6%，销售收入降低超过 5.02% 时，$NPV<0$，见图 6-4。

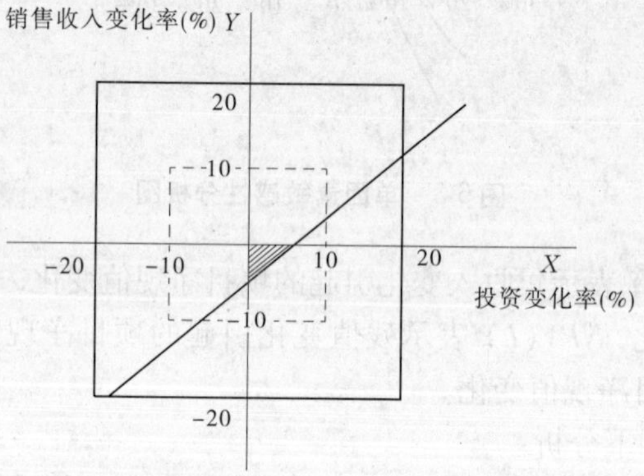

图 6-4　双因素敏感性分析图

由图 6-4 可看出，$Y \geqslant -0.051\,2 + 0.895\,1X$，$NPV \geqslant 0$，即斜线以上区域 $NPV(12\%) \geqslant 0$，而斜线以下区域 $NPV(12\%) \leqslant 0$，并显示了两因素同时允许变化的幅度，投资增加、销售收入减少时，项目 $NPV(12\%) \geqslant 0$ 的区域如图中打斜纹的区域。

同理，根据上例可以继续进行三因素的敏感性分析，即对投资、销售收入、经营成本同时变化时进行三因素的敏感分析。

敏感性分析是研究工程项目的主要不确定因素发生变化时，项目的经济效益分析指标发生变化的程度。它通过寻找对项目最有影响的不确定因素，分析各敏感性因素对项目经济分析指标的影响，确定影响项目经济效益的敏感因素，从而有利于抓住主要矛盾，对这些因素进行更全面的分析，以提高预测的可靠性。此外，通过敏感性分析大体上可以揭示分析指标的变动幅度,预测项目承担的风险。但是,敏感性分析虽可对项目经济效益的不确定性进行初步的定量描述,但对因素不同数值发生的可能性并未加以估计,因此项目的风险和不确定性还不能得到更符合实际的反映。分析不确定因素对项目经济指标的影响程度总是假定各个不确定因素以同等概率出现,并且各个不确定因素之间都是相互独立的,即一个因素的变动幅度、方向与其他因素无关,这在一定程度上影响了分析结论的实用性和准确性。另外,各个不确定性因素的变化方向可能相同,也可能不同,它们究竟如何影响着项目的经济效益指标,这些问题都是敏感分析无法解决的,而要借助于概率分析方法。

6.4　概率分析

6.4.1　概率分析的基本含义

普通意义上的概率又称几率或机会,是以事物或特定情况发生和出现的频率来表示它出现的可能性,通常把以客观统计数据为基础的概率称为客观概率,以人为预测和估计为基础的概率称为主观概率。而在项目经济分析中所使用的概率,是特指各种基本变量(如投资、成本、收益率等)出现的频率。工程项目经济分析所使用的大部分数据(如产品售价、产量、成本、投资等)都来自预测或估算,不管使用何种方法预测或估算,其中一定含有不确定性。这些因素的不确定性,使项目的可行性研究具有较大的潜在风险,因而容易造成决策上的失误。概率分析就是运用概率论的基本原理和方法,通过研究各种不确定性因素发生不同幅度变动的概率分布及其对项目经济分析指标的影响,从而对项目可能发生的损益或风险作出比较准确判断的一种定量分析方法。概率分析结果的可靠性在很大程度上取决于对每个变量概率值判断的正确性。简单的概率分析是根据经验设定各种情况发生的可能性(即概率)后,计算项目净现值的期望值及净现值大于零时的累积概率。累积概率值越大,说明项目承担的风险越小。

预测和估算发生误差的原因很多,如政治经济形势的变化、通货膨胀、工艺技术方案和生产能力的改变、建设资金不足和工期延长、其他不可预见的因素等。目前,广为应用的敏感性分析是确定建设项目主要因素发生变化时对项目经济分析指标的影响程度,尤其是那些如果与估算和预测发生偏离,就会严重影响投资可行性的因素。工程项目的经济分析,重要的是不仅要确定关键的因素及它们可能的价值和影响,而且也应当确定什么时候会发生与预测不同的偏离。同时,不是所有因素都会向同一方向作同样程度的偏离,这种偏离可能会发生在投资的建设及生产时期的任何时间上。概率分析的目的就是确定影响工程项目经济效益的关键变量及其可能的变动范围,在对有关数据进行统计处理的基础上,求得项目关键变量在此范围内的各种可能性,即概率,并利用这些概率对项目具有的潜在风险作出分析,得出定量分析的结果,为在不确定性情况下投资决策提供科学依据。因此,概率分析是更深层次的不确定性分析,它不仅可以了解不确定性因素对项目经济分析指标的影响程度,还可以了解这种影响发生的可能性有多大,进而判断项目经济分析指标的可靠性。

概率分析需对大量数据进行统计和分析处理,工作量较大,有一定难度,目前较少使用,但是随着计算机技术的飞速发展,那些复杂、烦琐的数据处理可以交给计算机来完成,因此概率分析必将得到广泛的应用。通常,对于易受影响、偏离较大的项目,当需要定量描述项目的风险程度时,需要进行概率分析。

6.4.2　概率分析的基本原理和方法

概率分析的方法有多种,在工程项目经济分析中最常用的是简单概率分析法。简单概率分析是根据经验设定各种情况发生的可能性,即概率,计算项目净现值的期望值及净现值大于或等于零时的累积概率。累积概率值越大,说明项目承担的风险就越小;累积概率值越小,说明项目承担的风险就越大。

简单概率分析法的基本原理是:首先,假设影响工程项目经济分析指标的各因素是服从某种分布的相互独立的随机变量,相应地,工程项目经济效益作为因素的函数必然也是一个随机变量;然后,估计各种影响因素的概率,并以此为基础计算项目的经济效益;最后,通过计算工程项目经济效益期望值、累积概率、标准差及离差系数等定量反映工程项目的风险和不确定程度。

简单概率分析法的具体计算步骤是:

(1)列出各种需要考虑的不确定性因素(如投资、成本、收益率等)即敏感性因素,这些不确定性因素应相互独立,即独立事件。

(2)估计各种不确定因素可能出现的概率,每种不确定性因素可能发生情况的概率之和必须等于1。这种估计需要借助历史统计资料和评估人员的丰富经验,以先验概率为依据进行估计和推算。

(3)分别求出各种可能发生情况的净现值、加权净现值,然后求出净现值的期望值。

(4)由变量因素的期望值,求出净现值大于或等于零的累积概率,绘出累积概率图。如果净现值大于或等于零的累积概率大于项目要求的概率,说明项目在所假设的不确定性条件下仍然可以满足要求。其中,在工程项目经济分析中,确定各因素发生变化的概率是概率分析的第一步,也是十分关键的一步。概率分为客观概率和主观概率,通常把以客观统计数据为基础的概率称为客观概率,以人为估计和预测为基础的概率称为主观概率。概率分析的结果在很大程度上取决于概率的确定。客观概率是在某因素长期历史数据基础上,进行统计归纳得到的,由于缺乏足够的历史统计资料,因而大部分都不能完全用建立在大量统计数据基础上的客观概率来表达。在实践中,经常使用建立在主观估计基础上的主观概率,而主观概率主要根据决策者的经验和对未来情况的估计。确定主观概率应十分慎重,否则会对分析结果产生影响。

6.4.3　概率分析有关指标的计算

概率分析使用的指标通常包括经济效益期望值、经济效益累积概率、经济效益标准差和经济效益离差系数等。这里的经济效益主要是指工程项目的净现值,有时也包括工程项目的内部收益率。

6.4.3.1　经济效益期望值的计算

投资经济效益期望值是指在影响因素不确定的条件下，投资经济效益可能达到的平均水平。其计算公式为：

$$E(x) = \sum_{i=1}^{k}(X_i p_i) \tag{6-17}$$

式中　$E(x)$ ——变量 x 的期望值；

X_i ——变量 x 的第 i 个值；

p_i —— X_i 发生的概率。

【例 6-6】　某工程项目年产量为 150 万件，产品销售价格、销售量与经营成本相互独立，其投资、产品售价和年经营成本可能发生的数值及概率如表 6-4 所示，同时设基准收益率为 10%。

表 6-4　工程项目的可能投资、经营成本与售价及概率

项目	投资（万元）				产品售价（元/件）			年经营成本（万元）		
年份	1		2		3 ~ 12			3 ~ 12		
可能情况	Ⅰ	Ⅱ	Ⅰ	Ⅱ	Ⅰ	Ⅱ	Ⅲ	Ⅰ	Ⅱ	Ⅲ
数值	1 000	1 200	2 000	2 400	5	6	7	150	200	250
概率	0.8	0.2	0.7	0.3	0.4	0.4	0.2	0.2	0.6	0.2

解：该工程项目经济效益的期望值——净现值期望值计算如下：

首先，计算该工程项目各年净现金流量 Y_t 的期望值 $E(Y_t)$：

$$E(Y_1) = -1\,000 \times 0.8 - 1\,200 \times 0.2 = -1\,040（万元）$$

$$E(Y_2) = -2\,000 \times 0.7 - 2\,400 \times 0.3 = -2\,120（万元）$$

$$E(Y_{3\sim12}) = 150 \times (5 \times 0.4 + 6 \times 0.4 + 7 \times 0.2) - (150 \times 0.2 + 200 \times 0.6 + 250 \times 0.2) = 670（万元）$$

其次，计算净现值（NPV）的期望值 $E(NPV)$：

$$E(NPV) = \sum_{t=1}^{12}[E(Y_t)(1+i)^{-t}] = 704.35（万元）$$

6.4.3.2　经济效益累积概率的计算

在风险与不确定性分析中，为了提高工程项目成本概算的精确性以及盈利率预测的准确性，一般需要计算工程项目经济效益——净现值的期望值及净现值大于或等于零的累积概率，以分析工程项目经济效益值发生在某一区间的可能性。

【例 6-7】　某工程项目投资 20 万元，当年投资当年投产运营。根据预测，项目生产期的年收入为 5 万元、10 万元和 12.5 万元的概率分别为 0.3、0.5 和 0.2。在每一收入水平下生产期为2年、3年、4年和5年的概率分别为0.2、0.2、0.5和0.1。基准收益率或折现率为10%。讨论净现值大于或等于零的概率。

解:首先,计算工程项目的净现值和加权净现值。

年收入5万元,生产期2年时净现值和加权净现值计算分别为:

$$NPV = -200\ 000 + 50\ 000 \times (P/F, 10\%, 1) + 50\ 000 \times (P/F, 10\%, 2)$$
$$= -200\ 000 + 50\ 000 \times 0.909\ 1 + 50\ 000 \times 0.826\ 4$$
$$= -113\ 225(\text{元})$$

$$\text{联合概率} = 0.3 \times 0.2 = 0.06(\text{元})$$

$$\text{加权净现值} = -113\ 225 \times 0.06 = -6\ 794(\text{元})。$$

同理,可计算其他情况工程项目净现值、联合概率和加权净现值。具体计算结果列于表6-5。

表6-5　工程项目净现值、加权净现值计算结果

年收入(万元)	生产期(年)	联合概率	净现值(元)	加权净现值(元)
5(概率0.3)	2(概率0.2)	0.06	-113 225	-6 794
	3(概率0.2)	0.06	-75 660	-4 540
	4(概率0.5)	0.15	-41 510	-6 227
	5(概率0.1)	0.03	-10 465	-314
10(概率0.5)	2(概率0.2)	0.10	-26 450	-2 645
	3(概率0.2)	0.10	48 680	4 868
	4(概率0.5)	0.25	116 980	29 245
	5(概率0.1)	0.05	179 070	8 954
12.5(概率0.2)	2(概率0.2)	0.04	16 938	678
	3(概率0.2)	0.04	110 850	4 434
	4(概率0.5)	0.10	196 225	19 623
	5(概率0.1)	0.02	273 838	5 477

其次,将上述净现值由小到大排序,计算工程项目净现值累积概率如表6-6所示,并据此绘制净现值累积概率图。

根据图 6-5，工程项目净现值在 0 ~ 150 000 元区间的可能性略大于 40%；超过 150 000元的可能性约为 15%。这些数字从不同角度反映了项目的风险和不确定程度。

最后，根据上述计算结果，计算该工程项目的净现值期望值和净现值大于或等于零的累积概率。

工程项目净现值期望值为：

$$E(NPV) = \sum_{i=1}^{12} E_i(NPV) = 52\ 759(元)$$

式中　$E_i(NPV)$ ——工程项目第 i 种情况的加权净现值。

净现值大于或等于零的累积概率为：

$$p(NPV \geqslant 0) = 1 - p(NPV < 0) = 1 - 0.4 = 0.6$$

即工程项目净现值大于或等于零的累积概率为 0.6，这意味着工程项目盈利的可能性占 60%。

表 6-6　净现值及累积概率

净现值(元)	联合概率	累积概率
-113 225	0.06	0.06
-75 660	0.06	0.12
-41 510	0.15	0.27
-26 450	0.10	0.37
-10 465	0.03	0.40
16 938	0.04	0.44
48 680	0.10	0.54
110 850	0.04	0.58
116 980	0.25	0.83
179 070	0.05	0.88
196 225	0.10	0.98
273 838	0.02	1.00

6.4.3.3　经济效益标准差的计算

在某些情况下，仅仅计算期望值是不够的，为了提高投资决策的准确性，还需要计算工程项目经济效益的标准差。标准差是一个反映随机变量实际发生值对其期望值离散程度的重要指标。在项目经济效益分析中，标准差说明经济效益实际值对期望值的偏离度。这种偏离度也可作为度量项目风险与不确定性的一种尺度。在两个经济效益期望值相同的项目中，标准差大的意味着经济效益存在的风险大；反之，则小。标准差的计算公式为：

$$\sigma = \sqrt{\sum_{i=1}^{n} [p_i(X_i - EX)^2]} \tag{6-18}$$

式中　σ——变量 x 的标准差；

X_i——变量 x 的第 i 个值；

p_i——X_i 发生的概率；

EX——变量 x 发生的期望值。

【例 6-8】　某工程项目，估计其预计寿命期限为 3 年、5 年和 7 年的概率分别是 0.3、0.4 和 0.3。该项目的预计期初投资为 10 000 元，回收固定资产残值为 2 000 元，预计年收入为 5 000 元，年支出为 2 200 元，若最低收益率为 10%，计算该工程项目净现值的期望值和标准值。

解：首先，计算工程项目净现值的期望值。

预计寿命期为 3 年时的净现值为：

$$NPV(3) = -10\,000 + (5\,000 - 2\,200) \times (P/A,10\%,3) + 2\,000 \times (P/F,10\%,3) = -1\,534.1(\text{元})$$

预计寿命期为 5 年时的净现值为：

$$NPV(5) = -10\,000 + (5\,000 - 2\,200) \times (P/A,10\%,5) + 2\,000 \times (P/F,10\%,5) = 1\,856.0(\text{元})$$

预计寿命为 7 年时的净现值为：

$$NPV(7) = -10\,000 + (5\,000 - 2\,200) \times (P/A,10\%,7) + 2\,000 \times (P/F,10\%,7) = 4\,657.9(\text{元})$$

其次，计算净现值的期望值为：

$$E(NPV) = -1\,534.1 \times 0.3 + 1\,856.0 \times 0.4 + 4\,657.9 \times 0.3 = 1\,679.54(\text{元})$$

最后，计算净现值的方差。根据方差的计算公式有：

$$\sigma^2 = \sqrt{\sum_{i=1}^{3} \{p_i[NPV(i) - E(NPV)]^2\}} = 5\,772\,459(\text{元})$$

$$\sigma = \sqrt{\sigma^2} = \sqrt{5\,772\,459} = 2\,402.59(\text{元})$$

如果工程项目的净现值服从正态分布，则净现值大于或等于零的累积概率为：

$$P(NPV < X) = P\left(Z < \frac{X - \mu}{\sigma}\right)$$

$$P(NPV < 0) = P\left(Z < \frac{0 - 1\,679.54}{2\,402.59}\right) = P(Z < -0.699)$$

查正态分布表：

$$P(Z < -0.699) = 0.247$$

$$P(NPV < 0) = 24.7\%$$

$$P(NPV > 0) = 1 - P(NPV < 0) = 1 - 24.7\% = 75.3\%$$

即该工程项目净现值小于零的累积概率为 24.7%，说明该工程项目存在一定的风险。

6.4.3.4　经济效益离差系数的计算

由标准差计算公式可知，标准差的大小与变量及其期望值的大小有关。在进行工程项目比较时，若某一项目的期望值及标准差均比其他工程项目大，就不能简单地说标准差大的工程项目的风险也一定大，还必须作进一步的分析和比较。为了更准确地比较工程项目的风险,需要计算工程项目经济效益离差系数。离差系数是标准差(σ)与期望值(μ)之比,由于它是一个相对数,不会受变量和期望值绝对值大小的影响,所以用它来反映工程项目经济效益的风险和不确定性比标准差更好。其计算公式为:

$$R = \frac{\sigma}{\mu} \tag{6-19}$$

【例6-9】　已知工程项目A、B的净现值及其概率预测值如表6-7所示。试分析判断哪个项目风险大。

表6-7　工程项目净现值及概率

工程项目A		工程项目B	
净现值(元)	概率	净现值(元)	概率
200	0.1	200	0.2
300	0.8	400	0.6
400	0.1	600	0.2

解:工程项目的标准差及离差系数计算如下。

首先,分别计算工程项目A、B的净现值、期望值、标准差及离差系数:

$$NPV(\text{A}) = 200 \times 0.1 + 300 \times 0.8 + 400 \times 0.1 = 300(\text{元})$$

$$NPV(\text{B}) = 200 \times 0.2 + 400 \times 0.6 + 600 \times 0.2 = 400(\text{元})$$

$$\sigma_{\text{A}} = \sqrt{(200-300)^2 \times 0.1 + (300-300)^2 \times 0.8 + (400-300)^2 \times 0.1} = 44.7(\text{元})$$

$$\sigma_{\text{B}} = \sqrt{(200-400)^2 \times 0.2 + (400-400)^2 \times 0.6 + (600-400)^2 \times 0.2} = 126.49(\text{元})$$

$$R_{\text{A}} = \frac{\sigma_{\text{A}}}{NPV(\text{A})} = \frac{44.7}{300} = 14.9\%$$

$$R_{\text{B}} = \frac{\sigma_{\text{B}}}{NPV(\text{B})} = \frac{126.49}{400} = 31.6\%$$

其次,根据计算结果进行风险和不确定性分析,从期望值来看,工程项目B比工程项目A大,说明在风险和不确定性存在的条件下,工程项目B的平均获利水平比工程项目A高。从标准差来看,$\sigma_{\text{B}} > \sigma_{\text{A}}$,但因$NPV(\text{B})$也大于$NPV(\text{A})$,所以必须比较离差系数才能作出最后判断;根据离差系数的计算结果,$R_{\text{B}} > R_{\text{A}}$,故可以断定,工程项目B的净现值要接近或达到期望值水平,其风险比工程项目A大。

必须注意的是,与盈亏平衡分析和敏感性分析相比,虽然概率分析能够相对准确地判断工程项目经济效益的风险和不确定性,但其分析结果的可靠性在很大程度上取决于对每个变量概率值判断的正确性。概率分析是投资前进行的工作,所有的主观概率值都是通过预测得到的,因此这些主观概率值本身就含有大量的主观因素,这些主观因素将给概率分析带来某种程度的不可靠性。

上面简述了工程项目的风险和不确定性分析方法，一般的项目选择原则当然是要选择经济效益好、风险小的项目进行投资，但实际情况往往是经济效益越大，所需投资也越大，所冒风险也越大，风险小而盈利大的项目是很少的。因此，具体采取何种决策，主要还是看投资者对待风险的态度。

第 7 章　工程项目价值工程分析

7.1　价值工程概述

7.1.1　价值工程的产生与发展

价值工程(Value Engineering,简称 VE),在 20 世纪 40 年代起源于美国,通用电器公司工程师迈尔斯 (L. D. Miles)是价值工程的创始人。第二次世界大战以后,原材料供应短缺,采购工作困难重重,迈尔斯发现这些短缺材料能够被一些不太短缺的材料有效替代,进而发现了商品的功能与成本之间的关系,并在此基础上提出了如果得不到所需的材料或物品,可以想办法得到它的功能的观点。1947 年,迈尔斯发表的《价值分析》一文,标志着这门学科的正式诞生。价值工程显著的实施效果,引起了美国政府的极大重视。1950 年,美国海军成立专门机构,从事价值工程的开发工作;1956 年,价值工程扩大到民间造船业。据统计,1964 ~ 1972 年,美国国防部因推行价值分析而节约的金额在 10 亿美元以上。1955 年,日本引进价值工程,并于 1965 年前后广泛应用。中国于 1979 年引进价值工程,现已在机械、电气、化工、纺织、建材、冶金等多种行业中应用这种方法。

7.1.2　价值工程的含义及相关概念

7.1.2.1　价值工程的含义

价值工程,是指以对象(产品、工作、劳务)的功能分析为核心,以提高对象的价值为目的,力求以最低寿命周期成本实现对象的必要功能的有组织的创造性活动。

价值工程的特点是:

(1)目的是提高研究对象的价值,即用最低的寿命成本实现对象的必要功能,使企业和用户的经济效益实现最大化。

(2)核心是对研究对象的功能进行系统分析。分清产品的基本功能和辅助功能,并与用户的需求相联系,找出各功能之间的联系。

(3)价值工程所进行的创造性活动是集体智慧的结晶,要充分协调好集体成员之间的关系,为集体智慧的发挥创造一个良好的环境。

7.1.2.2　价值工程的基本要素

价值、功能、成本是价值工程的三个基本要素。

1. 价值(Value)

价值工程中的价值是指所研究对象的功能与获得该功能的成本或全部费用的比值,是对研究对象功能和成本的综合性评价。其计算公式为:

$$V = \frac{F}{C} \tag{7-1}$$

式中　V——研究对象的价值；

F——研究对象的功能；

C——研究对象的成本或费用。

2. 功能(Function)

功能是指研究对象的性能或用途，对于产品来说，其功能就是产品的使用价值，功能代表了产品的有用性。任何一种产品都有自身特定的功能，否则产品将卖不出去，无任何价值。例如，彩电的功能是可以收看彩色电视节目，电冰箱的功能是可以冷藏食品，汽车的功能是可以行驶等。产品的功能是连接用户与企业之间的纽带，功能分析是价值工程分析的核心。

3. 成本(Cost)

研究对象的成本指的是寿命周期成本，包括产品从研发、设计、制造、销售、使用到报废的整个期间的全部成本。一般将成本分为生产成本和使用成本，生产成本是从企业角度考虑的研发、设计、制造成本等；使用成本是用户购买产品或劳务后在使用过程中发生的所有成本之和。对于生产成本低但使用成本高的产品，用户买得起却用不起；对于生产成本高但使用成本低的产品，用户买不起，企业的利益也得不到满足。在价值工程活动中，企业要将产品的生产成本和使用成本结合起来考虑，把企业的利益与用户的利益紧密结合起来。

如图 7-1 所示，一般情况下，生产成本随产品功能的提高而上升，使用成本随产品功能的提高而下降。全寿命周期成本则先逐渐下降，后逐渐上升。图中 C_{min} 为全寿命周期成本最小值，F_{opt} 为与最小成本对应的最优化功能。

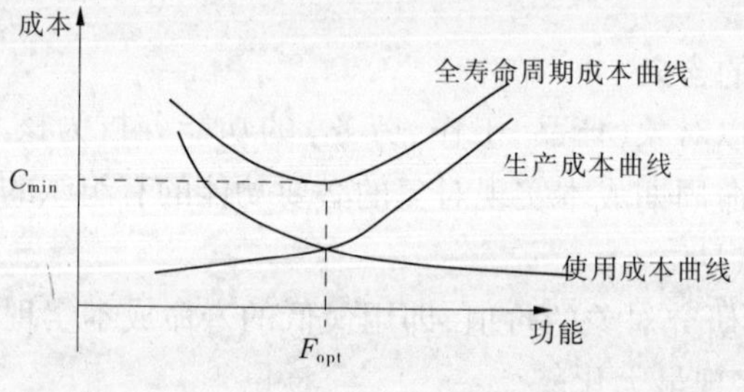

图 7-1　功能和成本之间的关系图

7.1.2.3　提高价值的基本途径

提高价值是价值工程的目的，其不仅是技术和经济问题，更是经营思想和策略问题，若仅从公式 $V = \frac{F}{C}$ 方面考虑，则有以下 5 种途径来提高价值：

(1)应用新技术，提高功能，降低成本，则价值会得到很大提高，即：

$$\frac{F\uparrow}{C\downarrow} = V\uparrow\uparrow$$

(2)改进设计，使成本下降，但功能保持不变，则价值会得到提高，即：

$$\frac{F \rightarrow}{C \downarrow} = V \uparrow$$

(3)改进设计,使功能提高,但成本保持不变,则价值会得到提高,即:

$$\frac{F \uparrow}{C \rightarrow} = V \uparrow$$

(4)改进设计,以成本的上升换来功能大幅度提高,则价值会得到提高,即:

$$\frac{F \uparrow \uparrow}{C \uparrow} = V \uparrow$$

(5)在不严重影响使用要求的情况下,以某些非主要方面的功能降低换取成本大幅度的降低,则价值会得到提高,即:

$$\frac{F \downarrow}{C \downarrow \downarrow} = V \uparrow$$

其中,第一种途径是最理想的途径,是最受消费者欢迎的产品,是真正意义上的物美价廉。企业在进行价值工程活动时,要从项目所处的阶段出发,一般来说,不同阶段的价值工程活动对价值的提高有不同的影响。例如,大型建设项目的价值工程活动应在工程设计阶段开展,因为一旦图纸已经设计完毕并投入生产,项目的价值基本上不会改变太大。

7.2　价值工程的对象选择和情报收集

7.2.1　对象选择

7.2.1.1　对象选择的重要考虑因素

价值工程的对象范围很广,它可以是一个系统、一项工程、一台设备或一件产品,也可以是它们中的某些部分。有的建设项目,通过价值工程活动可以节约的潜力大,而有的建设项目节约潜力却很小,那么应该选择哪些项目作为价值工程的对象呢?一般情况下,我们在选择价值工程对象时,从以下几个方面重点考虑:

(1)投资额大的项目。

(2)结构复杂、工序繁多,有可能简化的项目。

(3)没有先例或采用新技术的独特项目。

(4)工程数量大、材料用量多的项目。

(5)质量差、用户意见多的项目。

(6)工程预算限制严格的项目。

(7)受公众关注、适应社会需求的项目。

当然,以上 7 个方面并不能涵盖所有的情况,我们在进行价值工程活动时要具体情况具体分析。

7.2.1.2　对象选择的方法

价值工程对象选择的方法包括定性分析法和定量分析法。下面我们重点介绍几种常用的分析方法。

1. ABC 分析法

ABC 分析法,是进行价值工程对象选择时常用的方法之一。这种方法的思想最早是由意大利经济学家帕累托在研究本国收入规律时总结出来的。他从大量的统计资料中发现,占人口比例小的少数人拥有绝大多数社会财富,而占人口比例大的多数人却只拥有少量的社会财富。后来,这种思想被管理学家戴克应用于库存管理,这就是现在常用的 ABC 分析法。如图 7-2 所示,ABC 分析法将数量占 10% 但成本占 70% 的那部分零部件划为 A 类,将数量占 30% 且成本也占 20% 的零部件划为 B 类,将数量占 60% 但成本占 10% 的零部件划为 C 类。A 类库存应作为管理的重点,实行重点控制、严格管理;而 B 类和 C 类库存的重视程度则可依次降低,采取一般管理。该分析方法的核心思想是"关键的少数,次要的多数",抓住关键的少数可以解决问题的大部分。

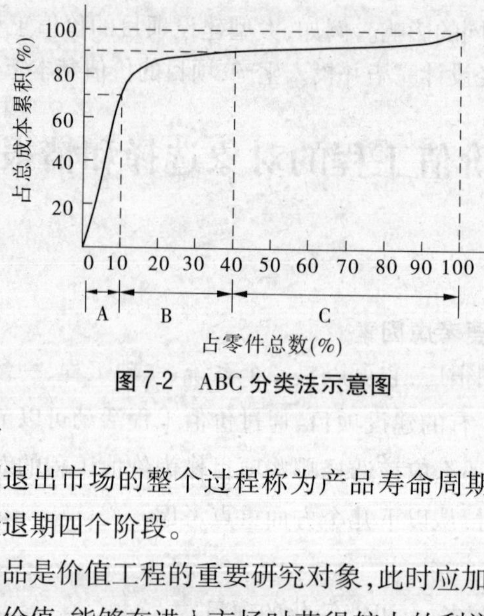

图 7-2　ABC 分类法示意图

2. 产品寿命周期法

产品从设计开发到退出市场的整个过程称为产品寿命周期。产品一般会经过投产期、成长期、成熟期和衰退期四个阶段。

处在投产期的新产品是价值工程的重要研究对象,此时应加大对新产品的研究开发,使其具有较大的功能和价值,能够在进入市场时获得较大的利润;处于成长期的产品,价值工程的研究对象是如何获得较大的市场份额;处于成熟期的产品,价值工程的研究对象是如何提高产品的功能和降低产品的成本;处于衰退期的产品,价值工程的研究对象是如何保持现有的市场份额并开发新的产品。

3. 强制确定法

强制确定法(Forced Decision Method)是国内外应用十分广泛的方法之一,简称 FD 法。它是建立在研究对象的功能与成本应协调一致的基础之上的,认为研究对象的成本应与其功能的重要性相匹配,其具体做法如下。

1)确定功能评价系数

在确定功能评价系数时,最常用的是 0 – 1 评分法和 0 – 4 评分法。

(1)0－1评分法。

0－1评分法先将工程项目的各项目因素排列成矩阵,就其功能的重要性逐一进行比较,重要的得1分,不重要的得0分。然后用每个项目因素所得的分数除以全部项目因素得分总和,求得各自的功能评价系数,如表7-1所示。

$$功能评价系数=\frac{各项目因素的功能得分}{全部项目因素的功能总分} \tag{7-2}$$

(2)0－4评分法。

0－4评分法与0－1评分法的原理基本相同,只是在进行项目因素的逐一比较时,将比较打分的距离拉大,即将重要程度融入了重要性比较中。在两两比较的过程中功能非常重要的项目因素打4分,很不重要的项目因素打0分;功能比较重要的项目因素打3分,比较不重要的项目因素打1分;功能相同的两个项目因素各打2分;功能很不重要的项目因素打0分,相对很重要的项目因素打4分。具体过程如表7-2所示。

0－4打分法避免了0－1打分法造成的过于绝对、无法表示程度的不足,使得各项目因素的功能系数更加接近实际。

表7-1　0－1评分法功能评价系数计算表

项目因素名称	A	B	C	D	E	F	得分	功能评价系数
A	×	1	1	1	0	1	4	0.267
B	0	×	1	0	1	1	3	0.200
C	0	0	×	0	1	1	2	0.133
D	0	1	1	×	1	1	4	0.267
E	1	0	0	0	×	1	2	0.133
F	0	0	0	0	0	×	0	0
总分	—	—	—	—	—	—	15	1.000

表7-2　0－4评分法功能系数计算表

项目因素名称	A	B	C	D	E	F	得分	功能评价系数
A	×	4	2	3	0	1	10	0.167
B	0	×	1	2	2	2	7	0.117
C	2	3	×	0	3	4	12	0.200
D	1	2	4	×	4	3	14	0.233
E	4	2	1	0	×	1	8	0.133
F	3	2	0	1	3	×	9	0.150
合计	—	—	—	—	—	—	60	1.000

2) 计算成本系数

成本系数是指各个项目因素的现实成本占工程项目总成本的比重，即：

$$各个项目因素的成本系数 = \frac{单个项目因素的现实成本}{整个工程项目的总成本} \tag{7-3}$$

3) 确定价值系数

价值系数是功能评价系数与成本系数的比重，即：

$$价值系数 = \frac{功能评价系数}{成本系数} \tag{7-4}$$

根据公式计算价值系数的值，当价值系数 =1 时，说明项目因素的功能与成本相当，不必进行价值分析；当价值系数 >1 时，说明项目因素的成本偏低，此时应分析是否存在过剩的功能；当价值系数 <1 时，说明项目因素的成本偏高，这时的项目因素是价值分析的重点。价值系数计算表见表 7-3。

表 7-3 价值系数计算表

项目因素名称	功能评价系数	目前成本(万元)	成本系数	价值系数	价值工程对象
A	0.167	1 800	0.278	0.601	√
B	0.117	3 100	0.479	0.244	√
C	0.200	295	0.046	4.348	
D	0.233	265	0.041	5.683	
E	0.133	600	0.093	1.430	
F	0.150	408	0.063	2.381	
合计	1.000	6 468	1.000		

7.2.2 情报收集

情报收集贯穿于价值工程工作的始终，它是指为实现价值工程的目标所需的技术和经济方面的信息、资料及知识。在收集情报时，要做到目标明确，及时掌握资料并对资料进行分类整理，要注重资料来源的可靠性，收集情报的完整性和准确性。不同价值工程对象所收集的情报内容不同，应具体问题具体分析，一般来说，应包括以下几个方面：①用户需求；② 市场情报；③产品的设计开发情况；④企业自身的情况；⑤当前的经济环境；⑥当前的法律环境；⑦政府政策。

企业在收集情报的过程中，可以通过查阅相关资料、观察法、询问法、购买样品、试销试用法等方法来进行，在收集情报的过程中，要注意情报资料的简明易懂、条理清楚，便于价值工程的研究人员容易理解消化。

7.3 功能系统分析

功能分析是价值工程的核心，是区别于其他管理技术的重要特征。通过功能分析，可以认识价值工程研究对象的功能性质及功能之间的逻辑关系,找出应该改进的低价值功能区,进一步设计合理的功能结构,提高价值工程研究对象的价值。功能系统分析包括功能定义、功能分类、功能整理和功能评价。

7.3.1　功能的定义和分类

7.3.1.1　功能的定义

功能定义就是通过对研究对象的具体效用进行解剖,并用明确简练的语言对之进行描述的过程,是透过现象看本质的过程。功能定义便于区分各种功能的概念,进一步把握用户所需的功能,利于功能评价。在功能定义中,要求抓住功能本质,表达准确简明,并具有全面性和系统性。每一个研究对象都有自己独特的功能。

功能按照不同的标准,有不同的分类。

7.3.1.2　功能的分类

1.按功能的重要程度分类

按功能的重要程度分为基本功能与辅助功能。基本功能是实现产品用途必不可少的功能,决定了产品的本质属性。辅助功能是指除基本功能外的附加功能,是次要功能。例如,手机的基本功能是联系他人,辅助功能是显示时间、储存、照相、音乐等。辅助功能可以依据用户的需求而丰富发展。

2.按功能的性质分类

按功能的性质分为使用功能和美观功能。使用功能是实现产品使用价值的功能,是用户购买产品的首要因素。美观功能是产品的外在表现,具有欣赏价值。例如,照相机的使用功能是照相,但不同的照相机具有不同的颜色、图案、结构设计,这就是美观功能。

3.按用户的需求分类

按用户的需求分为必要功能和不必要功能。必要功能是满足用户需求的功能,是用户承认并为之购买的功能。不必要功能是用户不需要的、过剩或多余的功能。不必要功能会增加用户的经济负担,且造成资源的浪费。价值工程就是要通过功能分析发现并消除不必要功能,进一步满足顾客需求,降低成本,提高价值。

7.3.2　功能整理

功能整理就是在功能定义的基础上,依据研究对象之间的逻辑关系,对功能进行分析、归类,并按一定的关系进行整理排列,编制功能系统图,分别从局部和整体两个角度把握问题,发现并剔除不必要功能,进一步提升研究对象的价值。

功能整理的关键是建立功能系统图。图7-3绘制了地基基础功能系统。

7.3.3　功能评价

产品功能的重要性需要通过功能评价确定。功能评价就是评价产品的功能价值和实现该功能的最低成本,即所要解决的是"成本是多少"和"价值是多少"的问题。功能评价的基本程序是:

(1)计算实现功能的目前成本。

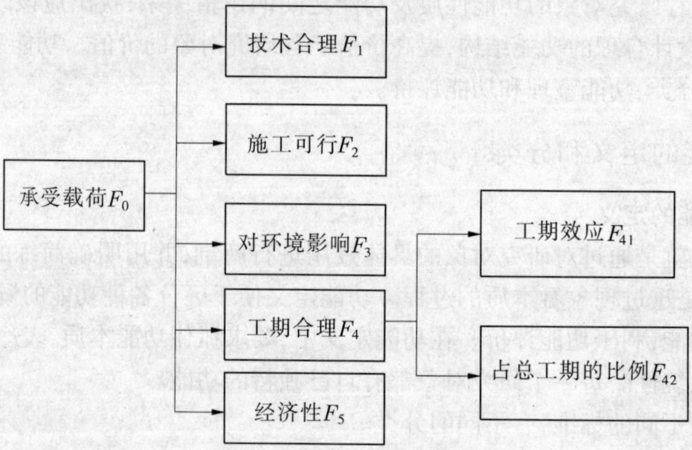

图 7-3 地基基础功能系统

(2)确定功能的评价值,即目标成本。

(3)计算功能的价值(价值系数)。

(4)计算成本改善期望值。

(5)选择价值系数低、成本改善期望值大的功能作为重点改进对象。

7.4 方案创新与评价

7.4.1 方案创新

价值工程本质是创新工程,方案创新对价值工程的成败起到关键作用。方案创新是指在功能分析和评价的基础上,从改善研究对象的价值出发,通过创造性的思维活动,提出实现研究对象功能的各种改进方案。方案创新是在情报收集和功能分析的基础上,对方案本身包含的技术和知识进行分析、提炼、组合、创新的过程。在价值工程的实际工作中,方案创新主要有以下几种方式。

7.4.1.1 头脑风暴法(Brain Storming)

头脑风暴法是1941年由美国BBDO广告公司的奥斯本提出的,与我国常用的开“神仙会”的方法类似。该方法不同于普通的会议模式,其要求与会者畅所欲言,自由开放地提出自己的意见,提出的方案越多越好,但是不评价别人的方案,可以在别人建议的基础上进一步改进,提出新的创新方案。其目的是集思广益,使与会人员头脑中产生出创造性的思想火花,在实际中也收到了较好的效果。

7.4.1.2 哥顿法

哥顿法是美国人哥顿于1964年提出的。此方法的指导思想是把要研究的问题适当抽象,摆脱现有实物对思维的束缚,以利于开阔思路。会议开始时,会议主持人并不把要解决的问题全部摊开,只向专家提出一个抽象化的问题,要求专家对问题尽可能多地提出各种设想。当问题讨论到适当程度时,会议主持人才提出具体问题,让与会者进一步思考讨论,最终从备选方案中选出可行方案。例如,要研究一种新型的收割机,主持人首先将该问题抽象为如何把东西分开和割断,让与会人畅所欲言,海阔天空地思考,等到讨论进行一定程度时,主持人才把具体问题讲明,供与会者进一步研究。在该方法中,主持人要善于引导,对具体问题的研究步步深入。

7.4.1.3　德尔菲法

德尔菲法又称函询调查法,是20世纪40年代由赫尔姆和达尔克首创,后经过戈尔登和兰德公司进一步发展而成的。它采用函询的方式,征求各方面专家的意见,各专家在互不沟通的情况下,根据自己的观点和方法进行预测,然后由企业把各个专家的意见汇集在一起,通过不记名的方式反馈给各专家,请他们参考别人的意见修正本人原来的判断,如此反复数次,最终确定预测结果。该种方法的最大特点是专家们彼此不见面,可以无顾忌地提出自己的意见,避免受到权威专家的影响。

7.4.1.4　专家检查法

专家检查法和前3种方法不同,它不是靠大家想办法,而是由主管设计的工程师提出完成研究对象功能的办法和具体的生产工序,然后由各方面的专家对之进行审查,在此基础上改进创新,以达到最优的方案。该方法由于事前已由工程师作出设计,所以工作效率相对较高。

7.4.2　方案评价

方案评价是从创新阶段提出的众多方案中选出最佳可行方案,并在评价过程中对其进行进一步完善的过程。方案评价的标准是价值的高低,而不是成本的优劣。方案评价包括概略评价和详细评价两个方面的内容,其评价内容基本相同,只是深浅程度有别。概略评价比较粗略,方法简单,用时较短,目的是尽快筛选出有价值的设想,集中精力对优秀方案进行评价;详细评价是在经概略评价筛选出的优秀方案的基础上进行的细致评价,详细评价必须内容详尽,说服力强,以便筛选出最佳的可行方案。概略评价和详细评价均包括技术评价、经济评价和社会评价等方面的内容,将这三个方面联系起来进行权衡则称为综合评价。

技术评价是围绕功能所进行的评价,看研究对象在技术上能否实现;经济评价是围绕经济效果所进行的评价,主要是分析实现目标成本的可行性;社会评价是围绕社会效益所进行的评价,主要分析创新方案对社会效益的影响。综合评价将上述三个方面加以综合,比较优劣,目的是分析创新方案能否使研究对象的功能和价值得到提高。

7.4.3　方案实施及成果评价

在创新方案的实施过程中,要对实施情况进行跟踪检查,发现问题要及时解决。等方案实施完成后,还要按照一定的方法从企业和社会两个角度对方案的成果进行评价。

附表　间断复利系数表

i=3%

年份 n	一次支付终值系数 (F/P,i,n)	一次支付现值系数 (P/F,i,n)	等额系列终值系数 (F/A,i,n)	偿债基金系数 (A/F,i,n)	资金回收系数 (A/P,i,n)	等额系列现值系数 (P/A,i,n)
	1	2	3	4	5	6
1	1.030 0	0.970 9	1.000 0	1.000 0	1.030 0	0.970 9
2	1.060 9	0.942 6	2.030 0	0.492 6	0.522 6	1.913 5
3	1.092 7	0.915 1	3.090 9	0.323 5	0.353 5	2.828 6
4	1.125 5	0.888 5	4.183 6	0.239 0	0.269 0	3.717 1
5	1.159 3	0.862 6	5.309 1	0.188 4	0.218 4	4.579 7
6	1.194 1	0.837 5	6.468 4	0.154 6	0.184 6	5.417 2
7	1.229 9	0.813 1	7.662 5	0.130 5	0.160 5	6.230 3
8	1.266 8	0.789 4	8.892 3	0.112 5	0.142 5	7.019 7
9	1.304 8	0.766 4	10.159 1	0.098 4	0.128 4	7.786 1
10	1.343 9	0.744 1	11.463 9	0.087 2	0.117 2	8.530 2
11	1.384 2	0.722 4	12.807 8	0.078 1	0.108 1	9.252 6
12	1.425 8	0.701 4	14.192 0	0.070 5	0.100 5	9.954 0
13	1.468 5	0.681 0	15.617 8	0.064 0	0.094 0	10.635 0
14	1.512 6	0.661 1	17.086 3	0.058 5	0.088 5	11.296 1
15	1.558 0	0.641 9	18.598 9	0.053 8	0.083 8	11.937 9
16	1.604 7	0.623 2	20.156 9	0.049 6	0.079 6	12.561 1
17	1.652 8	0.605 0	21.761 6	0.046 0	0.076 0	13.166 1
18	1.702 4	0.587 4	23.414 4	0.042 7	0.072 7	13.753 5
19	1.753 5	0.570 3	25.116 9	0.039 8	0.069 8	14.323 8
20	1.806 1	0.553 7	26.870 4	0.037 2	0.067 2	14.877 5
21	1.860 3	0.537 5	28.676 5	0.034 9	0.064 9	15.415 0
22	1.916 1	0.521 9	30.536 8	0.032 7	0.062 7	15.936 9
23	1.973 6	0.506 7	32.452 9	0.030 8	0.060 8	16.443 6
24	2.032 8	0.491 9	34.426 5	0.029 0	0.059 0	16.935 5
25	2.093 8	0.477 6	36.459 3	0.027 4	0.057 4	17.413 1
26	2.156 6	0.463 7	38.553 0	0.025 9	0.055 9	17.876 8
27	2.221 3	0.450 2	40.709 6	0.024 6	0.054 6	18.327 0
28	2.287 9	0.437 1	42.930 9	0.023 3	0.053 3	18.764 1
29	2.356 6	0.424 3	45.218 9	0.022 1	0.052 1	19.188 5
30	2.427 3	0.412 0	47.575 4	0.021 0	0.051 0	19.600 4

续附表

i=5%						
年份 n	一次支付终值系数 (F/P,i,n)	一次支付现值系数 (P/F,i,n)	等额系列终值系数 (F/A,i,n)	偿债基金系数 (A/F,i,n)	资金回收系数 (A/P,i,n)	等额系列现值系数 (P/A,i,n)
	1	2	3	4	5	6
1	1.050 0	0.952 4	1.000 0	1.000 0	1.050 0	0.952 4
2	1.102 5	0.907 0	2.050 0	0.487 8	0.537 8	1.859 4
3	1.157 6	0.863 8	3.152 5	0.317 2	0.367 2	2.723 2
4	1.215 5	0.822 7	4.310 1	0.232 0	0.282 0	3.546 9
5	1.276 3	0.783 5	5.525 6	0.181 0	0.231 0	4.329 5
6	1.340 1	0.746 2	6.801 9	0.147 0	0.197 0	5.075 7
7	1.407 1	0.710 7	8.142 0	0.122 8	0.172 8	5.786 4
8	1.477 5	0.676 8	9.549 1	0.104 7	0.154 7	6.463 2
9	1.551 3	0.644 6	11.026 6	0.090 7	0.140 7	7.007 8
10	1.628 9	0.613 9	12.577 9	0.079 5	0.129 5	7.720 7
11	1.710 3	0.584 7	14.206 8	0.070 4	0.120 4	8.306 4
12	1.795 9	0.556 8	15.917 1	0.062 8	0.112 8	8.863 0
13	1.885 6	0.530 3	17.713 0	0.056 5	0.106 5	9.393 6
14	1.979 9	0.505 1	19.598 6	0.051 0	0.101 0	9.899 6
15	2.078 9	0.481 0	21.578 6	0.046 3	0.096 3	10.379 7
16	2.182 9	0.458 1	23.657 5	0.042 4	0.092 3	10.837 8
17	2.292 0	0.436 3	25.840 4	0.039 7	0.088 7	11.274 1
18	2.406 6	0.415 5	28.132 4	0.035 6	0.085 6	11.389 6
19	2.527 0	0.395 7	30.539 0	0.032 8	0.082 8	12.085 3
20	2.653 3	0.376 9	33.066 0	0.030 2	0.080 2	12.462 2
21	2.786 0	0.358 9	35.719 3	0.028 0	0.078 0	12.821 2
22	2.925 3	0.341 8	38.505 2	0.026 0	0.076 0	13.163 0
23	3.071 5	0.325 6	41.430 5	0.024 1	0.074 1	13.488 6
24	3.225 1	0.310 1	44.502 0	0.022 5	0.072 5	13.798 6
25	3.386 4	0.295 3	47.727 1	0.021 0	0.071 0	14.093 9
26	3.555 7	0.281 2	51.113 5	0.019 6	0.069 6	14.375 2
27	3.733 5	0.267 8	54.669 1	0.018 3	0.068 3	14.643 0
28	3.920 1	0.255 1	58.402 6	0.017 1	0.067 0	14.898 1
29	4.116 1	0.242 9	62.322 7	0.016 1	0.066 1	15.141 1
30	4.321 9	0.231 4	66.438 8	0.011 5	0.065 1	15.372 5

续附表

$i=7\%$						
年份 n	一次支付终值系数 $(F/P,i,n)$	一次支付现值系数 $(P/F,i,n)$	等额系列终值系数 $(F/A,i,n)$	偿债基金系数 $(A/F,i,n)$	资金回收系数 $(A/P,i,n)$	等额系列现值系数 $(P/A,i,n)$
	1	2	3	4	5	6
1	1.070 0	0.934 6	1.000 0	1.000 0	1.070 0	0.934 5
2	1.144 9	0.873 4	2.070 0	0.483 1	0.553 1	1.808 0
3	1.225 0	0.816 3	3.214 9	0.311 1	0.381 1	2.624 3
4	1.310 8	0.762 9	4.439 9	0.225 2	0.295 2	3.387 2
5	1.402 6	0.713 0	5.750 7	0.173 9	0.243 9	4.100 2
6	1.500 7	0.666 3	7.153 3	0.139 8	0.209 8	4.766 5
7	1.605 8	0.622 7	8.654 0	0.115 6	0.185 6	5.389 3
8	1.718 2	0.582 0	10.259 8	0.097 5	0.167 5	5.971 3
9	1.838 5	0.543 9	11.978 0	0.083 5	0.153 5	6.515 2
10	1.967 2	0.508 3	13.816 4	0.072 4	0.142 4	7.023 6
11	2.104 9	0.475 1	15.783 6	0.063 4	0.133 4	7.499 7
12	2.252 2	0.444 0	17.888 5	0.055 9	0.125 9	7.942 7
13	2.409 8	0.415 0	20.140 6	0.049 7	0.119 7	8.357 7
14	2.578 5	0.387 8	22.550 5	0.044 3	0.114 3	8.745 5
15	2.759 0	0.362 4	25.129 0	0.039 8	0.109 8	9.107 9
16	2.952 2	0.338 7	27.888 1	0.035 9	0.105 9	9.446 7
17	3.158 8	0.316 6	30.840 2	0.032 4	0.102 4	9.763 2
18	3.379 9	0.295 9	33.999 0	0.029 4	0.099 4	10.059 1
19	3.616 5	0.276 5	37.379 0	0.026 8	0.096 8	10.335 6
20	3.869 7	0.258 4	40.995 5	0.024 4	0.094 4	10.594 0
21	4.140 6	0.241 5	44.865 2	0.022 3	0.092 3	10.835 5
22	4.430 4	0.225 7	49.005 7	0.020 4	0.090 4	11.061 2
23	4.740 5	0.210 9	53.436 1	0.018 7	0.088 7	11.272 2
24	5.072 4	0.197 1	58.176 7	0.017 2	0.087 2	11.469 3
25	5.427 4	0.184 2	63.249 0	0.015 8	0.085 8	11.653 6
26	5.807 4	0.172 2	68.676 5	0.014 6	0.084 6	11.825 8
27	6.213 9	0.160 9	74.483 8	0.013 4	0.083 4	11.986 7
28	6.648 8	0.150 4	80.697 7	0.012 4	0.082 4	12.137 1
29	7.114 3	0.140 6	87.346 5	0.011 4	0.081 4	12.277 7
30	7.612 3	0.131 4	94.460 8	0.010 6	0.070 6	12.409 0

续附表

i=8%

年份 n	一次支付终值系数 (F/P,i,n)	一次支付现值系数 (P/F,i,n)	等额系列终值系数 (F/A,i,n)	偿债基金系数 (A/F,i,n)	资金回收系数 (A/P,i,n)	等额系列现值系数 (P/A,i,n)
	1	2	3	4	5	6
1	1.080 0	0.925 9	1.000 0	1.000 0	1.080 0	0.925 9
2	1.166 4	0.857 3	2.080 0	0.408 1	0.560 8	1.783 3
3	1.259 7	0.793 8	3.246 4	0.308 0	0.388 0	2.577 1
4	1.360 5	0.735 0	4.506 1	0.221 9	0.301 9	3.312 0
5	1.469 3	0.680 6	5.866 6	0.170 5	0.250 5	3.992 7
6	1.586 9	0.630 2	7.335 9	0.136 3	0.216 3	4.622 9
7	1.713 8	0.583 5	8.922 8	0.112 1	0.192 1	5.206 4
8	1.850 9	0.540 3	10.636 6	0.094 0	0.174 0	5.746 6
9	1.999 0	0.500 2	12.487 6	0.080 1	0.160 1	6.246 9
10	2.158 9	0.463 2	14.486 6	0.069 0	0.149 0	6.710 1
11	2.331 6	0.428 9	16.645 5	0.060 1	0.140 1	7.139 0
12	2.518 2	0.397 1	18.977 1	0.052 7	0.132 7	7.536 1
13	2.719 6	0.367 7	21.495 3	0.046 5	0.126 5	7.903 8
14	2.937 2	0.340 5	24.214 9	0.041 3	0.121 3	8.244 2
15	3.172 2	0.315 2	27.152 1	0.036 8	0.116 8	8.559 5
16	3.425 9	0.291 9	30.324 3	0.032 9	0.112 9	8.851 4
17	3.700 0	0.270 3	33.750 2	0.029 6	0.109 6	9.121 6
18	3.996 0	0.250 2	37.450 2	0.026 7	0.106 7	9.371 9
19	4.315 7	0.231 7	41.446 3	0.024 1	0.104 1	9.603 6
20	4.661 0	0.214 5	45.762 0	0.021 9	0.101 9	9.818 1
21	5.033 8	0.198 7	50.422 9	0.019 8	0.099 8	10.016 8
22	5.436 5	0.183 9	55.456 8	0.018 0	0.098 0	10.200 7
23	5.871 5	0.170 3	60.893 3	0.016 4	0.096 4	10.371 1
24	6.341 2	0.157 7	66.764 8	0.014 9	0.095 0	10.528 8
25	6.848 5	0.146 0	73.105 9	0.013 7	0.093 7	10.674 8
26	7.396 4	0.135 2	79.954 4	0.012 5	0.092 5	10.810 0
27	7.988 1	0.125 2	87.350 8	0.011 5	0.091 5	10.935 2
28	8.627 1	0.115 9	95.338 8	0.010 5	0.090 5	11.051 1
29	9.317 3	0.107 3	103.965 9	0.009 6	0.089 6	11.158 4
30	10.062 7	0.099 4	113.283 2	0.008 8	0.088 8	11.257 8

续附表

i=10%						
年份 n	一次支付终值系数 (F/P,i,n)	一次支付现值系数 (P/F,i,n)	等额系列终值系数 (F/A,i,n)	偿债基金系数 (A/F,i,n)	资金回收系数 (A/P,i,n)	等额系列现值系数 (P/A,i,n)
	1	2	3	4	5	6
1	1.100 0	0.909 1	1.000 0	1.000 0	1.100 0	0.909 1
2	1.210 0	0.826 4	2.100 0	0.476 2	0.576 2	1.735 5
3	1.331 0	0.751 3	3.310 0	0.302 1	0.402 1	2.486 9
4	1.464 1	0.683 0	4.641 0	0.215 5	0.315 5	3.169 9
5	1.610 5	0.620 9	6.105 1	0.163 8	0.263 8	3.790 8
6	1.771 6	0.564 5	7.715 6	0.129 6	0.229 6	4.355 3
7	1.948 7	0.513 2	9.487 2	0.105 4	0.205 4	4.868 4
8	2.143 6	0.466 5	11.435 9	0.087 4	0.187 4	5.334 9
9	2.357 9	0.424 1	13.579 5	0.073 6	0.173 6	5.759 0
10	2.593 7	0.385 5	15.937 4	0.062 8	0.162 8	6.144 6
11	2.853 1	0.350 5	18.531 2	0.054 0	0.154 0	6.495 1
12	3.138 4	0.318 6	21.384 3	0.046 8	0.146 8	6.813 7
13	3.452 3	0.289 7	24.522 7	0.040 8	0.140 8	7.103 4
14	3.797 5	0.263 3	27.975 0	0.035 8	0.135 8	7.366 7
15	4.177 2	0.239 4	31.772 5	0.031 5	0.131 5	7.606 1
16	4.595 0	0.217 6	35.949 7	0.027 8	0.128 8	7.823 7
17	5.054 5	0.197 8	40.544 7	0.024 7	0.124 7	8.021 6
18	5.559 9	0.179 9	45.599 2	0.021 9	0.121 9	8.201 4
19	6.115 9	0.163 5	51.159 1	0.019 6	0.119 6	8.364 9
20	6.727 5	0.148 6	57.275 0	0.017 5	0.117 5	8.513 6
21	7.400 2	0.135 1	64.002 5	0.015 6	0.115 6	8.648 7
22	8.140 3	0.122 8	71.402 7	0.014 0	0.114 0	8.771 5
23	8.954 3	0.111 7	79.543 0	0.012 6	0.112 6	8.883 5
24	9.849 7	0.101 5	88.497 3	0.011 3	0.111 3	8.984 7
25	10.834 7	0.092 3	98.347 1	0.010 2	0.110 2	9.077 0
26	11.918 2	0.083 9	109.181 8	0.009 2	0.109 2	9.160 9
27	13.110 0	0.076 3	121.099 9	0.008 3	0.108 3	9.237 2
28	14.421 0	0.069 3	134.209 9	0.007 5	0.107 5	9.306 6
29	15.863 1	0.063 0	148.630 9	0.006 7	0.106 7	9.369 6
30	17.449 4	0.057 3	164.494 0	0.006 1	0.106 1	9.426 9

续附表

$i=12\%$

年份 n	一次支付终值系数 $(F/P,i,n)$	一次支付现值系数 $(P/F,i,n)$	等额系列终值系数 $(F/A,i,n)$	偿债基金系数 $(A/F,i,n)$	资金回收系数 $(A/P,i,n)$	等额系列现值系数 $(P/A,i,n)$
	1	2	3	4	5	6
1	1.120 0	0.892 9	1.000 0	1.000 0	1.120 0	0.892 9
2	1.254 4	0.797 2	2.120 0	0.471 7	0.591 7	1.690 1
3	1.404 9	0.711 8	3.374 4	0.296 4	0.416 4	2.401 8
4	1.573 5	0.635 5	4.779 3	0.209 2	0.329 2	3.037 3
5	1.762 3	0.567 4	6.352 8	0.157 4	0.277 4	3.604 8
6	1.973 8	0.506 6	8.115 2	0.123 2	0.243 2	4.111 4
7	2.210 7	0.452 3	10.089 0	0.099 1	0.219 1	4.563 8
8	2.476 0	0.403 9	12.299 7	0.081 3	0.201 3	4.967 9
9	2.773 1	0.360 6	14.775 7	0.067 7	0.187 7	5.328 2
10	3.105 8	0.322 0	17.548 7	0.057 0	0.177 0	5.650 2
11	3.478 5	0.287 5	20.654 6	0.048 0	0.168 4	5.927 7
12	3.896 0	0.256 7	24.133 1	0.041 4	0.161 4	6.194 4
13	4.363 5	0.229 2	28.029 1	0.035 7	0.155 7	6.423 5
14	4.887 1	0.204 6	32.392 6	0.030 9	0.150 9	6.628 2
15	5.473 6	0.182 7	37.279 7	0.026 8	0.146 8	6.810 9
16	6.130 4	0.163 1	42.753 3	0.023 4	0.143 4	6.974 0
17	6.866 0	0.145 6	48.883 7	0.020 5	0.140 5	7.119 6
18	7.690 0	0.130 0	55.749 7	0.017 9	0.137 9	7.249 7
19	8.612 8	0.116 1	63.439 7	0.015 8	0.135 8	7.365 8
20	9.646 3	0.103 7	72.052 4	0.013 9	0.133 9	7.469 4
21	10.803 9	0.092 6	81.698 7	0.012 2	0.132 2	7.562 0
22	12.100 3	0.082 6	92.502 6	0.010 8	0.130 8	7.644 6
23	13.552 4	0.073 8	104.602 9	0.009 6	0.129 6	7.718 4
24	15.178 6	0.065 9	118.155 2	0.008 5	0.128 5	7.784 3
25	17.000 1	0.058 8	133.333 9	0.007 5	0.127 5	7.843 1
26	19.040 1	0.052 5	150.333 9	0.006 7	0.126 6	7.897 5
27	21.324 9	0.046 9	169.374 0	0.005 9	0.125 9	7.942 6
28	23.883 9	0.041 9	190.698 9	0.005 2	0.125 2	7.984 4
29	26.749 9	0.037 4	214.582 8	0.004 7	0.124 7	8.021 8
30	29.959 9	0.033 4	241.332 7	0.004 1	0.124 1	8.055 2

续附表

年份 n	一次支付终值系数 $(F/P,i,n)$	一次支付现值系数 $(P/F,i,n)$	等额系列终值系数 $(F/A,i,n)$	偿债基金系数 $(A/F,i,n)$	资金回收系数 $(A/P,i,n)$	等额系列现值系数 $(P/A,i,n)$
	$i=15\%$					
	1	2	3	4	5	6
1	1.150 0	0.869 6	1.000 0	1.000 0	1.150 0	0.869 6
2	1.322 5	0.756 1	2.150 0	0.465 1	0.615 1	1.625 7
3	1.520 9	0.657 5	3.472 5	0.287 9	0.438 0	2.283 2
4	1.749 0	0.571 8	4.993 4	0.200 3	0.350 3	2.855 0
5	2.011 4	0.497 2	6.742 4	0.148 3	0.298 3	3.352 2
6	2.313 1	0.432 3	8.753 7	0.114 2	0.264 2	3.884 5
7	2.660 0	0.375 9	11.066 8	0.090 4	0.240 4	4.160 4
8	3.059 0	0.326 9	13.726 8	0.072 9	0.222 9	4.487 3
9	3.517 9	0.284 3	16.785 8	0.059 6	0.209 6	4.771 6
10	4.045 6	0.247 2	20.303 7	0.049 3	0.199 3	5.018 8
11	4.652 4	0.214 9	24.349 3	0.041 1	0.191 1	5.233 7
12	5.350 3	0.186 9	29.001 7	0.034 5	0.184 5	5.420 6
13	6.152 8	0.162 5	34.351 9	0.029 1	0.179 1	5.583 1
14	7.075 7	0.141 3	40.504 7	0.024 7	0.174 7	5.724 5
15	8.137 1	0.122 9	47.580 4	0.021 0	0.171 0	5.847 0
16	9.357 6	0.106 9	55.717 5	0.018 0	0.168 0	5.954 2
17	10.761 3	0.092 9	65.075 1	0.015 4	0.165 4	6.047 2
18	12.375 5	0.080 8	75.836 4	0.013 2	0.163 2	6.128 0
19	14.231 8	0.070 3	88.211 8	0.011 3	0.161 3	6.198 2
20	16.366 5	0.061 1	102.443 6	0.009 8	0.159 8	6.259 3
21	18.821 5	0.053 1	118.810 1	0.008 4	0.158 4	6.312 5
22	21.644 8	0.046 2	137.631 6	0.007 3	0.157 3	6.359 6
23	24.891 5	0.040 2	159.276 4	0.006 3	0.156 3	6.398 8
24	28.625 2	0.034 9	184.167 8	0.005 4	0.155 4	6.433 8
25	32.919 0	0.030 4	212.793 0	0.004 7	0.154 7	6.464 1
26	37.856 8	0.026 4	245.712 0	0.004 1	0.154 1	6.490 6
27	43.535 3	0.023 0	283.568 8	0.003 5	0.153 5	6.513 5
28	50.065 6	0.020 0	327.104 1	0.003 1	0.153 1	6.533 5
29	57.575 5	0.017 4	377.169 7	0.002 7	0.152 7	6.550 9
30	66.211 8	0.015 1	434.745 1	0.002 3	0.152 3	6.566 0

续附表

$i=18\%$

年份 n	一次支付终值系数 $(F/P,i,n)$	一次支付现值系数 $(P/F,i,n)$	等额系列终值系数 $(F/A,i,n)$	偿债基金系数 $(A/F,i,n)$	资金回收系数 $(A/P,i,n)$	等额系列现值系数 $(P/A,i,n)$
	1	2	3	4	5	6
1	1.180 0	0.847 5	1.000 0	1.000 0	1.180 0	0.847 5
2	1.392 4	0.718 2	2.180 0	0.458 7	0.638 7	1.565 6
3	1.643 0	0.608 6	3.572 4	0.279 9	0.459 9	2.174 3
4	1.938 8	0.515 8	5.215 4	0.191 7	0.371 7	2.690 1
5	2.287 8	0.437 1	7.154 2	0.139 8	0.319 8	3.127 2
6	2.699 6	0.370 4	9.442 0	0.105 9	0.285 9	3.497 6
7	3.185 5	0.313 9	12.141 5	0.082 4	0.262 4	3.811 5
8	3.758 9	0.266 0	15.327 0	0.065 2	0.245 2	4.077 6
9	4.435 5	0.225 5	19.085 9	0.052 4	0.232 4	4.303 0
10	5.233 8	0.191 1	23.521 3	0.042 5	0.222 5	4.494 1
11	6.175 9	0.161 9	28.755 1	0.034 8	0.214 8	4.656 0
12	7.287 6	0.137 2	34.931 1	0.028 6	0.208 6	4.793 2
13	8.599 4	0.116 3	42.218 7	0.023 7	0.203 7	4.909 5
14	10.147 2	0.098 5	50.818 0	0.019 7	0.199 7	5.008 1
15	11.973 7	0.083 5	60.965 3	0.016 4	0.196 4	5.091 6
16	14.129 0	0.070 8	72.939 0	0.013 7	0.193 7	5.162 4
17	16.672 2	0.060 0	87.068 0	0.011 5	0.191 5	5.222 3
18	19.673 3	0.050 8	103.740 3	0.009 6	0.189 6	5.273 2
19	23.214 4	0.043 1	123.413 5	0.008 1	0.188 1	5.316 2
20	27.393 0	0.036 5	146.628 0	0.006 8	0.186 8	5.352 7
21	32.323 8	0.030 9	174.021 0	0.005 7	0.185 7	5.383 7
22	38.142 1	0.026 2	206.344 8	0.004 8	0.184 8	5.409 9
23	45.007 6	0.022 2	244.486 8	0.004 1	0.184 1	5.432 1
24	53.109 0	0.018 8	289.494 5	0.003 5	0.183 5	5.450 9
25	62.668 6	0.016 0	342.603 5	0.002 9	0.182 9	5.466 9
26	73.949 0	0.013 5	405.272 1	0.002 5	0.182 5	5.480 4
27	87.259 8	0.011 5	479.221 1	0.002 1	0.182 1	5.491 9
28	102.966 6	0.009 7	566.480 9	0.001 8	0.181 8	5.501 6
29	121.500 5	0.008 2	669.447 5	0.001 5	0.181 5	5.509 8
30	143.370 6	0.007 0	790.948 0	0.001 3	0.181 3	5.516 8

续附表

	i=20%					
年份 n	一次支付终值系数 (F/P,i,n)	一次支付现值系数 (P/F,i,n)	等额系列终值系数 (F/A,i,n)	偿债基金系数 (A/F,i,n)	资金回收系数 (A/P,i,n)	等额系列现值系数 (P/A,i,n)
	1	2	3	4	5	6
1	1.200 0	0.833 3	1.000 0	1.000 0	1.200 0	0.833 3
2	1.440 0	0.694 4	2.200 0	0.454 5	0.654 5	1.527 8
3	1.728 0	0.578 7	3.640 0	0.274 7	0.474 7	2.106 5
4	2.073 6	0.482 3	5.368 0	0.186 3	0.386 3	2.588 7
5	2.488 3	0.401 9	7.441 6	0.134 4	0.334 4	2.990 6
6	2.986 0	0.334 9	9.929 9	0.100 7	0.300 7	3.325 5
7	3.583 2	0.279 1	12.915 9	0.077 4	0.277 4	3.604 6
8	4.299 8	0.232 6	16.499 1	0.060 6	0.260 6	3.837 2
9	5.159 8	0.193 8	20.798 9	0.048 1	0.248 1	4.031 0
10	6.191 7	0.161 5	25.958 7	0.038 5	0.238 5	4.192 5
11	7.430 1	0.134 6	32.150 4	0.031 1	0.231 1	4.327 1
12	8.916 1	0.112 2	39.580 5	0.025 3	0.225 3	4.439 2
13	10.699 3	0.093 5	48.496 6	0.020 6	0.220 6	4.532 7
14	12.839 2	0.077 9	59.195 9	0.016 9	0.216 9	4.610 6
15	15.407 0	0.064 9	72.035 1	0.013 9	0.213 9	4.675 5
16	18.488 4	0.054 1	87.442 1	0.011 4	0.211 4	4.729 6
17	22.186 1	0.045 1	105.930 6	0.009 4	0.209 4	4.774 6
18	26.623 3	0.037 6	128.116 7	0.007 8	0.207 8	4.812 2
19	31.948 0	0.031 3	154.740 0	0.006 5	0.206 5	4.843 5
20	38.337 6	0.026 1	186.688 0	0.005 4	0.205 4	4.869 6
21	46.005 1	0.021 7	225.025 6	0.004 4	0.204 4	4.891 3
22	55.206 1	0.018 1	271.030 7	0.003 7	0.203 7	4.909 4
23	66.247 4	0.015 1	326.236 9	0.003 1	0.203 1	4.924 5
24	79.496 8	0.012 6	392.484 2	0.002 5	0.202 5	4.937 1
25	95.396 2	0.010 5	471.981 1	0.002 1	0.202 1	4.947 6
26	114.475 5	0.008 7	567.377 3	0.001 8	0.201 8	4.956 3
27	137.370 6	0.007 3	681.852 8	0.001 5	0.201 5	4.963 6
28	164.844 7	0.006 1	819.223 3	0.001 2	0.201 2	4.969 7
29	197.813 6	0.005 1	984.068 0	0.001 0	0.201 0	4.974 7
30	237.376 3	0.004 2	1 181.881 6	0.000 8	0.200 8	4.978 9

续附表

i=25%						
年份 n	一次支付终值系数 (F/P,i,n)	一次支付现值系数 (P/F,i,n)	等额系列终值系数 (F/A,i,n)	偿债基金系数 (A/F,i,n)	资金回收系数 (A/P,i,n)	等额系列现值系数 (P/A,i,n)
	1	2	3	4	5	6
1	1.250 0	0.800 0	1.000 0	1.000 0	1.250 0	0.800 0
2	1.562 5	0.640 0	2.250 0	0.444 4	0.694 4	1.440 0
3	1.953 1	0.512 0	3.812 5	0.262 3	0.512 3	1.952 0
4	2.441 4	0.409 6	5.765 6	0.173 4	0.423 4	2.361 6
5	3.051 8	0.327 7	8.207 0	0.121 8	0.371 8	2.689 3
6	3.814 7	0.262 1	11.258 8	0.088 8	0.338 8	2.951 4
7	4.768 4	0.209 7	15.073 5	0.066 3	0.316 3	3.161 1
8	5.960 5	0.167 8	19.841 9	0.050 4	0.300 4	3.328 9
9	7.450 6	0.134 2	25.802 3	0.038 8	0.288 8	3.463 1
10	9.313 2	0.107 4	33.252 9	0.030 1	0.280 1	3.570 5
11	11.641 5	0.085 9	42.566 1	0.023 5	0.273 5	3.656 4
12	14.551 9	0.068 7	54.207 7	0.018 4	0.268 4	3.725 1
13	18.189 9	0.055 0	68.759 6	0.014 5	0.264 5	3.780 1
14	22.737 4	0.044 0	86.949 5	0.011 5	0.261 5	3.824 1
15	28.421 7	0.035 2	109.686 8	0.009 1	0.259 1	3.859 3
16	35.527 1	0.028 1	138.108 5	0.007 2	0.257 2	3.887 4
17	44.408 9	0.022 5	173.635 7	0.005 8	0.255 8	3.909 9
18	55.511 2	0.018 0	218.044 6	0.004 6	0.254 6	3.927 9
19	69.388 9	0.014 4	273.555 8	0.003 7	0.253 7	3.942 4
20	86.736 2	0.011 5	342.944 7	0.002 9	0.252 9	3.953 9
21	108.420 2	0.009 2	429.680 9	0.002 3	0.252 3	3.963 1
22	135.525 3	0.007 4	538.101 1	0.001 9	0.251 9	3.970 5
23	169.406 6	0.005 9	673.626 4	0.001 5	0.251 5	3.976 4
24	211.758 2	0.004 7	843.032 9	0.001 2	0.251 2	3.981 1
25	264.697 8	0.003 8	1 054.791 2	0.000 9	0.250 9	3.984 9
26	330.872 2	0.003 0	1 319.489 0	0.000 8	0.250 8	3.987 9
27	413.590 3	0.002 4	1 650.361 2	0.000 6	0.250 6	3.990 3
28	516.987 9	0.001 9	2 063.951 5	0.000 5	0.250 5	3.992 3
29	646.234 9	0.001 5	2 580.939 4	0.000 4	0.250 4	3.993 8
30	807.793 6	0.001 2	3 227.174 3	0.000 3	0.250 3	3.995 0

参考文献

[1] 陈进,王永祥.建设项目经济分析[M].上海:同济大学出版社,2009.
[2] 国家发展和改革委员会,建设部.建设项目经济评价方法与参数[M].3版.北京:中国计划出版社,2006.
[3] 曹玉贵.投资项目经济评价理论与方法[M].郑州:黄河水利出版社,2006.
[4] 陆参.工程建设项目可行性研究实务手册[M].北京:中国电力出版社,2006.
[5] 李相然.工程经济学[M].北京:中国建筑工业出版社,2005.
[6] 陆宁,王成玉,蔡爱云.外部收益率替代内部收益率的适性分析[J].长安大学学报:社会科学版,2005(1):47-50.
[7] 戚安邦.项目论证与评估[M].北京:机械工业出版社,2004.
[8] 刘亚铮,李昊.对折现率的再探讨[J].技术经济与管理研究,2004(1):74-75.
[9] 黄文馨.净现值率是最好的评价指标[J].技术经济,2004(4):64-67.
[10] 杨春鹏.实物期权及其应用[M].上海:复旦大学出版社,2003.
[11] 陈宪.投资项目经济评价理论方法与实践[M].北京:企业管理出版社,2001.
[12] 宋维佳,屈哲.工程经济学[M].大连:东北财经大学出版社,2001.